# 現代財政を学ぶ

池上 岳彦 編

有斐閣ブックス

本書のコピー，スキャン，デジタル化等の無断複製は著作権法上での例外を除き禁じられています。本書を代行業者等の第三者に依頼してスキャンやデジタル化することは，たとえ個人や家庭内での利用でも著作権法違反です。

# はしがき

　私たちが国民として生活するなかで，学校，図書館，体育施設などの運営と助成，年金，医療，介護，子育て支援，道路・水道の整備・管理，廃棄物処理，治安維持，消防，防衛・外交等々，国と地方自治体の役割は意外なほど大きい。これらの公共サービスを行うための経費支出とそのための財源調達が財政と呼ばれる活動である。その原則を明らかにして現状を分析するのが財政学である。

　大学において，財政学は経済政策系の基幹科目として教授される。ただし，財政学は経済学の一分野にとどまるものではない。狭い意味での産業政策に限らず，社会保障，環境，教育・文化，国際関係，国土開発・保全など，国民生活に関係するすべての政策を財政が支えている。また，財政問題に対する視点も，租税を納めつつ公共サービスを受ける国民として，政府の仕事を受注する企業として，政府で働く公務員として等々，さまざまな「眼」がある。財政学は経済学のみならず，政治学，法律学，社会学など，すべての社会科学に深く関連した「国民の学問」である。さらに，政府の役割を完全に否定する人はまれであるが，「私が納めている税金は高すぎる」「政府は無駄なことばかりしている」と不満を語る人も珍しくない。財政に関する理解を深めることが重要である。

　財政学の教科書としてはすでに，財政制度と政策展開を資本主義経済の構造変化と結びつけて体系化した吉田震太郎『現代財政入門』（初版：1996年，第2版：2001年，同文舘出版），佐藤進『財政学入門』（初版：1981年，改訂版〔関口浩との共著〕：1998年，同文舘出版），財政社会学の視点を前面に掲げた神野直彦『財政学』（初版：2002年，改訂版：2007年，有斐閣）等の優れた書物が刊行されている。本書は，それらの書に導かれて財政研究の道を歩んできた研究者が参加してつくり上げたものであり，財政学体系を理解しやすくする，すなわち現代財政を学びやすくするために，経済学部の学生はもちろん，政策科学を主題とする学生および財政問題に関心をもつ社会人に向けて書かれている。本書の趣旨に賛同し，刊行にこぎ着けてくださった有斐閣の長谷川絵里氏に心からの謝意を表する。

　　2015年2月

池 上 岳 彦

# 執筆者紹介

執筆順

**池上　岳彦**（いけがみ　たけひこ）　序章，第 1，4，12，終章　（編者）
1959 年生まれ。東北大学大学院経済学研究科博士課程修了，博士（経済学）
現在，立教大学経済学部教授
　主要著作　『分権化と地方財政』岩波書店，2004 年；『租税の財政社会学』（共編著）税務経理協会，2009 年；『地方財政を学ぶ（新版）』（共著）有斐閣，2023 年

**赤石　孝次**（あかいし　たかつぐ）　第 2 章 1，2 節
1957 年生まれ。九州大学経済学研究科博士後期課程単位取得退学
現在，長崎大学経済学部教授
　主要著作　「日本型消費税政策の新政治経済学」日本財政学会編『グローバル化と現代財政の課題』財政研究第 1 巻，2005 年；"The Shoup Recommendations and Japan's Tax-Cutting Culture," W. E. Brownlee, E. Ide, Y. Fukagai eds., *The Political Eoconomy of Transnational Tax Reform*, Cambridge University Press, 2013.

**井手　英策**（いで　えいさく）　第 2 章 3 節
1972 年生まれ。東京大学大学院経済学研究科博士後期課程単位取得退学，博士（経済学）
現在，慶應義塾大学経済学部教授
　主要著作　*The Political Economy of Transnational Tax Reform*（共編著），Cambridge University Press, 2013；*Deficits and Debt in Industrialized Democracies*（共編著），Routledge, forthcoming.

**根岸　睦人**（ねぎし　むつひと）　第 3 章，第 7 章 2〜7 節
1977 年生まれ。立教大学大学院経済学研究科博士課程修了，博士（経済学）
現在，新潟大学経済科学部准教授
　主要著作　『格差で読み解くグローバル経済』（分担執筆）ミネルヴァ書房，2018 年；『少子化するアジア』（分担執筆）日本評論社，2023 年

**関口　浩**（せきぐち　ひろし）　第 5 章
1964 年生まれ。早稲田大学大学院商学研究科博士後期課程単位取得退学
元・法政大学大学院公共政策研究科・社会学部教授
　主要著作　『財政学入門（改訂版）』（共著）同文舘出版，1998 年；「満州国初期の税財政システムの基礎分析」環日本海国際学術交流協会編『環日本海地域の協力・共存・持続的発展』環日本海国際学術交流協会，2012 年

**関口　智**（せきぐち　さとし）　第 6 章，第 7 章 1 節
1972 年生まれ。東京大学大学院経済学研究科博士後期課程単位取得退学，博士（経済学）
現在，立教大学経済学部教授
　主要著作　"Corporate Income Tax in Postwar Japan and the Shoup Recommendations," W. E. Brownlee, E. Ide, Y. Fukagai eds., *The Political Economy of Transnational Tax Reform*, Cambridge University Press, 2013；『現代アメリカ連邦税制』東京大学出版会，2015 年

水 上 啓 吾（みずかみ　けいご）第 8 章
1980 年生まれ。東京大学大学院経済学研究科博士後期課程単位取得退学，博士（学術）
現在，大阪市立大学大学院創造都市研究科准教授
　　主要著作　「ブラジルにおける財政金融システムの変化と財政収支の改善」井手英策編『危機と再建の比較財政史』ミネルヴァ書房，2013 年；「資産・負債管理型国家の提唱」神野直彦・井手英策編『希望の構想』岩波書店，2006 年

谷　　達　彦（たに　たつひこ）第 9 章
1981 年生まれ。立教大学大学院経済学研究科博士課程後期課程単位取得退学，博士（経済学）
現在，立教大学経済学部助教
　　主要著作　「フィラデルフィア市の地方所得税」『地方財政』第 48 巻第 10 号，2009 年；「ニューヨーク市の通勤者税」『地方財政の理論的進展と地方消費税』日本地方財政学会研究叢書第 18 号，2011 年

沼　尾　波　子（ぬまお　なみこ）第 10 章
1967 年生まれ。慶應義塾大学大学院経済学研究科後期博士課程単位取得退学
現在，東洋大学国際学部教授
　　主要著作　『交響する都市と農山村』（編著）農山漁村文化協会，2016 年；『地方財政を学ぶ（新版）』（共著）有斐閣，2023 年；『多文化共生社会を支える自治体』（共著）旬報社，2023 年

木　村　佳　弘（きむら　よしひろ）第 11 章
1973 年生まれ。東京大学大学院経済学研究科博士後期課程単位取得退学
現在，後藤・安田記念東京都市研究所研究室長
　　主要著作　「現代日本における政府債務の受容構造」井手英策編『危機と再建の比較財政史』ミネルヴァ書房，2013 年；「アメリカ連邦政府の財務諸表」『都市問題』第 105 巻第 6 号，2014 年；『地方財政を学ぶ（新版）』（共著）有斐閣，2023 年

佐　藤　　滋（さとう　しげる）第 13 章
1981 年生まれ。横浜国立大学大学院国際社会科学研究科博士課程修了，博士（経済学）
現在，東北学院大学地域総合学部教授
　　主要著作　『租税抵抗の財政学』（共著）岩波書店，2014 年；『財政社会学とは何か』（共著）有斐閣，2022 年

高　端　正　幸（たかはし　まさゆき）第 14 章
1974 年生まれ。東京大学大学院経済学研究科博士後期課程単位取得退学，博士（経済学）
現在，埼玉大学人文社会科学研究科准教授
　　主要著作　『財政学の扉をひらく』（共著）有斐閣，2020 年；『揺らぐ中間層と福祉国家』（共編著）ナカニシヤ出版，2023 年；『地方財政を学ぶ（新版）』（共著）有斐閣，2023 年

# 目　次

　　はしがき　i
　　執筆者紹介　ii

## 序　章　現代財政を学ぶ視点 ――――――――――――――― 1
　財政学は国家構造を問う ……………………………………………… 1
　現代経済・政治史と国際比較 ………………………………………… 2
　財政社会学に基づく現代財政の学び ………………………………… 3
　本書の構成 ……………………………………………………………… 5

## 第 1 章　現代財政の課題と特徴 ――――――――――――― 10
　1　財政の課題――社会の統合 ……………………………………… 10
　　1.1　国家と財政　10
　　1.2　社会を統合する財政　11
　　1.3　財政の政治的側面と経済的側面　14
　2　市場と財政 ………………………………………………………… 14
　　2.1　経 費 支 出　14
　　2.2　収　　入　15
　　2.3　財政の特質　16
　　2.4　「公共財」のとらえ方について　16
　3　現代財政の特徴 …………………………………………………… 18
　　3.1　「大きな政府」　18
　　3.2　租税負担の増大　20
　　3.3　公債の活用　20
　　3.4　政府間関係の変容　21
　4　財政規模の多様性 ………………………………………………… 22
　　4.1　経済成長率と財政規模　22
　　4.2　社会保障制度の多様性　23
　　4.3　移民政策の多様性　23
　　4.4　「政府への信頼」の多様性　23
　5　日本財政の特徴 …………………………………………………… 24
　　5.1　相対的に「小さな政府」　24

5.2　租税負担の軽さ　24
　　5.3　巨大な財政赤字・債務残高　24

## 第2章　財政思想と財政社会学 ────────────── 27
　1　純粋経済学の応用領域としての財政論 ……………………………… 27
　　1.1　新古典派経済学と財政論　27
　　1.2　公共選択学派と財政論　29
　2　総合的社会科学としての財政論 ……………………………………… 31
　　2.1　スミス経済学と財政論　31
　　2.2　ケインズ経済学と財政論　32
　　2.3　ドイツ正統派財政学　34
　　2.4　古典的財政社会学　35
　3　財政社会学の新潮流 …………………………………………………… 37
　　3.1　社会契約としての「租税への同意」　37
　　3.2　租税抵抗を読みとく　39
　　3.3　財政社会学では歴史の変動をどのように理解するのか　41
　　3.4　財政と社会の相互作用を支える諸制度　43

## 第3章　近現代財政の展開 ──────────────── 46
　1　近代財政の確立と日本財政 …………………………………………… 46
　　1.1　近代財政の特徴　46
　　1.2　日本における近代財政の確立　47
　　1.3　日本の経済発展と日清・日露戦争　48
　2　現代財政の成立と日本財政 …………………………………………… 49
　　2.1　現代財政の特徴　49
　　2.2　大正デモクラシー体制下の日本財政　52
　　2.3　井上・高橋財政と戦時体制　53
　　2.4　日本の復興と戦後改革　54
　　2.5　高度経済成長と日本財政の展開　55
　3　財政改革のゆくえ ……………………………………………………… 57
　　3.1　現代財政のゆらぎ　57
　　3.2　転換期の日本財政　58
　　3.3　バブル崩壊後の財政運営　59

###### 3.4　日本の財政改革のゆくえ　61

## 第4章　財政の政策決定過程──予算と税制改革 ─── 64

### 1　現代国家の政治制度と財政政策決定過程 ……………………………… 64
#### 1.1　現代の財政民主主義　64
#### 1.2　財政政策決定過程の行為主体　65
#### 1.3　財政政策決定過程の多様性　67
### 2　予算制度の意義 …………………………………………………………… 68
#### 2.1　財政政策を事前に統制する予算制度　68
#### 2.2　民主主義の発展と予算制度　68
### 3　予算原則 …………………………………………………………………… 69
#### 3.1　予算の単年度原則　69
#### 3.2　予算の内容と形式にかんする原則　69
#### 3.3　予算の過程にかんする原則　70
#### 3.4　予算原則の現代化と予算改革　70
### 4　日本の予算制度 …………………………………………………………… 71
#### 4.1　予算の構成　71
#### 4.2　会計の区分　73
#### 4.3　予算過程　75
### 5　日本の税制改革 …………………………………………………………… 79
### 6　日本の予算と法律 ………………………………………………………… 80

## 第5章　経　費 ─── 82

### 1　経費の意義 ………………………………………………………………… 82
#### 1.1　経費の概念　82
#### 1.2　経費と3つのサブシステム維持機能　82
#### 1.3　財政学における経費論の変遷　84
#### 1.4　財政法と経費および国家の政策　85
#### 1.5　財政および市場経済と経費　85
### 2　経費膨張にかんする学説 ………………………………………………… 86
#### 2.1　ワグナーの経費膨張の法則　86
#### 2.2　ピーコック=ワイズマンの転位効果説　86
#### 2.3　ニスカネンおよびブキャナンにおける官僚制と経費　88

  2.4　ローゼンによる経費膨張の説明　89
 3　経費の生産性と費用便益分析 ……………………………………………… 89
  3.1　経費は生産的か，不生産的か　89
  3.2　費用便益分析　90
  3.3　普遍的サービスと選別的サービス　92
 4　日本の経費 ………………………………………………………………… 93
  4.1　財政制度と経費　93
  4.2　国民経済計算と経費　97

## 第6章　租税の理論 ──────────────────────── 102

 1　租税原則と分類 …………………………………………………………… 102
  1.1　租税の定義と目的　102
  1.2　租税の根拠と租税負担配分の原則の発展　103
  1.3　租　税　原　則　105
  1.4　租税の分類　108
  1.5　経済循環と租税分類　109
 2　代表的な租税理論──課税ベースと課税方法の選択 ………………… 112
  2.1　包括的所得税論　112
  2.2　支　出　税　論　113
  2.3　最適課税論　114
  2.4　小　　括　115
 3　税率の選択 ………………………………………………………………… 116
  3.1　比例税率と累進税率　116
  3.2　平均税率と限界税率　116
 4　課税単位の選択 …………………………………………………………… 117
 5　国境・行政区域と課税権の調整 ………………………………………… 118
  5.1　所得課税の調整　118
  5.2　消費課税の調整　119

## 第7章　税制の国際比較と日本税制 ────────────────── 121

 1　税制の国際比較 …………………………………………………………… 121
  1.1　租税・社会保障負担率の国際比較　121
  1.2　各税目の特徴と税目間の相互関連　123

1.3　公的社会支出を視野に入れた税制の国際比較　129
　2　日本の租税構造  131
　3　所　得　税  133
　　3.1　所得税の仕組み　133
　　3.2　所得税改革の論点　134
　4　法　人　税  135
　　4.1　法人税の仕組み　135
　　4.2　法人税改革の論点　136
　5　消　費　税  137
　　5.1　消費税の仕組み　137
　　5.2　消費税改革の論点　139
　6　相　続　税  140
　7　租税と社会保険料  141

# 第8章　公　債 ── 144

　1　現代財政における公債  144
　　1.1　公債の役割と分類　144
　　1.2　公債累積の問題点　147
　2　日本の財政赤字と累積債務  149
　　2.1　日本の累積債務　149
　　2.2　金融緩和のもとでの公債累積　152
　　2.3　財政赤字と公債残高増大の要因　153
　3　財政再建に向けて  154
　　3.1　財政再建の手法　154
　　3.2　「財政健全化」の可能性　156

# 第9章　政府間財政関係 ── 159

　1　中央政府と地方政府の政府間財政関係  159
　　1.1　政府間財政関係とは　159
　　1.2　連邦制国家と単一制国家　159
　　1.3　政府間財政関係を特徴づける概念　160
　　1.4　地方分権化の潮流　163

2 政府間財政関係の理論と実際 …………………………………………… 164
   2.1 中央政府と地方政府の役割分担　164
   2.2 中央政府と地方政府の税源配分　165
   2.3 課税自主権と政府間租税関係　167
   2.4 政府間財政移転　169
   2.5 地方債の起債　171
 3 地方分権化の意義 ………………………………………………………… 172
   3.1 地方公共財の効率的供給　172
   3.2 地方政府による対人社会サービス供給　173
   3.3 地域民主主義の促進　174

# 第10章　日本の地方財政 ── 176

 1 日本における国と地方 …………………………………………………… 176
   1.1 国と地方の関係──義務教育の場合　176
   1.2 地方財政の仕組み　177
 2 地方財政計画と地方予算 ………………………………………………… 180
   2.1 地方財政計画　180
   2.2 地方予算の特徴　182
   2.3 地方自治体の予算制度　182
   2.4 地方自治体の予算過程　183
 3 地方自治体の歳出構造 …………………………………………………… 185
   3.1 地方自治体の歳出　185
   3.2 地方歳出の推移　186
 4 地方自治体の歳入構造 …………………………………………………… 187
   4.1 日本の地方税とその特質　188
   4.2 地方交付税　191
   4.3 国庫支出金　194
   4.4 地　方　債　195
 5 地方財政を取り巻く問題 ………………………………………………… 196
   5.1 地方分権改革　196
   5.2 国の財政危機と地方財政　198
   5.3 効率的な行財政運営　198

## 第11章　公企業と財政投融資 ― 201

### 1　公企業と財政投融資 ― 201
- 1.1　公企業と現代国家の特徴　201
- 1.2　公企業の特色――私企業，政府との違い　201
- 1.3　財政投融資とはなにか　202

### 2　財政投融資の機能と制度 ― 203
- 2.1　「財政」と「財政投融資」――租税資金と融資資金　203
- 2.2　1953～2000年の財政投融資　206

### 3　公企業・財政投融資への「批判」と「財投改革」 ― 211
- 3.1　公企業に対する批判　211
- 3.2　財政投融資制度に対する批判　214

### 4　「財投改革」以後の財政投融資 ― 215
- 4.1　「財投改革」以降の資金の流れ　215
- 4.2　「株式会社化」と「民営化」　218

## 第12章　社会保障と教育の財政制度 ― 220

### 1　社会保障の論理と財政 ― 220
- 1.1　社会保障の論理　221
- 1.2　社会保障の拡大と財政制度　223
- 1.3　中央政府―地方政府―社会保障基金　223
- 1.4　「福祉レジーム」の多様性　225

### 2　日本の社会保障財政 ― 226
- 2.1　年　　金　227
- 2.2　医　　療　229
- 2.3　介　　護　232
- 2.4　労働保険と雇用政策　233
- 2.5　生活保護　234
- 2.6　子ども・子育て支援　235
- 2.7　「社会保障と税の一体改革」　235

### 3　教育の論理と財政 ― 236

### 4　日本の教育財政 ― 238
- 4.1　初等中等教育　238
- 4.2　高等教育　239

 4.3 生涯を通じた「学び」と科学・文化振興 240
 5 社会保障と教育の統一的把握 …………………………………………………… 240

## 第 13 章　経済政策と財政金融 ───────────── 243

 1 近代国家の生成・発展と経済政策の展開 ………………………………… 243
 1.1 「共同体の失敗」と経済政策 243
 1.2 主要先進国の経済政策の展開 245
 2 ケインズ主義の財政金融政策論 ………………………………………………… 247
 2.1 有効需要の創出と乗数効果の理論 247
 2.2 IS-LM 分析の考え方 249
 3 日本型経済政策の形成 …………………………………………………………………… 251
 3.1 経済システム維持機能に傾斜する日本型経済政策 252
 3.2 生活保障における限定的な社会政策 253
 4 日本型経済政策の変容 …………………………………………………………………… 254
 4.1 総需要管理政策の展開 254
 4.2 日本型経済政策の変容と財政・金融の一体化 257
 4.3 新たな経済政策の模索 259

## 第 14 章　グローバル化と財政 ───────────── 262

 1 グローバル化のインパクトと財政的課題 ……………………………… 262
 1.1 グローバル化の背景とインパクト 262
 1.2 グローバル化状況における財政的課題 264
 2 国際課税と租税競争 ……………………………………………………………………… 265
 2.1 国際課税の基本原則 265
 2.2 移転価格税制とタックス・ヘイブン税制 266
 2.3 租税競争と法人所得課税 268
 3 開発援助の財政とガバナンス ……………………………………………………… 269
 3.1 開発援助とその動向 269
 3.2 開発援助と発展途上国の財政・ガバナンス 271
 4 グローバル化と財政の役割 ………………………………………………………… 274
 4.1 財政政策の自律性低下と財政・金融の一体化 274
 4.2 グローバル化と社会保障財政 276
 5 多層的ガバナンスと財政学のフロンティア ………………………………… 278

終　章　現代社会と財政の課題 ―――――――――――――― 280
　普遍的サービスと選別的サービス ………………………………… 280
　地方分権と地域政策 ………………………………………………… 281
　少子高齢化対策と教育・文化政策 ………………………………… 282
　経済政策と環境政策 ………………………………………………… 283
　租税国家の課題 ……………………………………………………… 284
　世界的規模の生存権――格差是正・環境・平和 ………………… 285
　「財政健全化」の方向性 …………………………………………… 286
　おわりに――民主国家における財政の持続可能性 ……………… 288

　索　引　289

### Column

① もう1つのシュンペーター像　36
② 近代日本における地方税の成立　60
③ アメリカとカナダの政治制度と政策　66
④ 給料への課税は労働時間を減少させるか？　117
⑤ 消費税における「益税」と「損税」　140
⑥ 繰り返されるソブリン危機　146
⑦ アメリカにおける州税制の多様性　162
⑧ 地方自治体の独自課税　191
⑨ ターンパイク　205
⑩ 福祉レジームと福祉国家　241
⑪ 理論を批判的にとらえる態度　260
⑫ もはや経済成長は幸福度を高めない？　275

# 序章

## 現代財政を学ぶ視点

■ 財政学は国家構造を問う

　私たちは，経済活動を行いつつ社会生活を営むなかで，個人や家族だけでは解決しようのない問題に常に直面している。「経済や社会活動のルールはどのように決められ，またそれが守られることをどうやって保証するのか」「外国やそこに住む人々とどのように共存していけるのか」「なぜ一般の道路はただで通行できるのか，またそれをどれだけつくればよいのか」「生活に困っている人や病気・ケガに苦しんでいる人をどのように援助すべきか」「少子・高齢化が進行するのに対して，どのような対策をとるべきか」「災害の予防や復旧・復興は誰の責任なのか」「現世代は将来世代のことをもっと考えて，環境保全に尽力すべきではないか」等々。これらは，社会全体の課題である。

　人々が生活を営む社会は，自由・秩序・経済などのルールとその意思決定の仕組みをもつ独立した組織としてとらえた場合，国家（state）と呼ばれる。国家は「領土」「人民」「主権」を備えた政治組織である。

　国家は，平和と治安を維持し，国家に住む人民つまり国民の生命と権利を守り，経済発展をはかり，生活水準を保障して，社会を1つの持続可能なシステムとしてまとめあげなければならない。すなわち，国家は社会統合を課題とするのである。そのために，国家は政府として公共サービスを行い，その財源を調達するために国民から租税を徴収する。この活動が，本書において「学び」の対象となる財政（public finance）である。財政は，国家の政治システムを通じた経済活動，いわば「貨幣による統治」である。

　イギリスのピューリタン革命と名誉革命，フランス革命，アメリカ独立戦争に

代表される市民革命以来，国家における政策決定システムは，被統治者つまり統治される立場にある国民が統治に参加し，その意思に基づいて権力が行使される民主主義という形で発展してきた。そのなかでも，社会を統合するための公共サービスを財源面で支える予算，税制等の決定を国民の意思に基づいて行うこと，すなわち財政民主主義は，とくに重要である。財政制度は財政民主主義の表れであり，それを解明する財政学は，国家構造を問う学問である。

### ■ 現代経済・政治史と国際比較

#### 財政史研究の重要性

　財政学は，財政制度の形成と展開を解明する財政史研究に基礎をおいている。歴史研究は，歴史的事実の発見，その因果関係の解明および体系化をめざす人文科学である。しかし，財政史研究はそれを超えて，財政にかんする社会科学としての現状分析と将来展望の基礎をなす。財政史研究の対象・視点自体が，いま私たちが直面する問題意識——財政危機，「民営化」，福祉見直し，増税，景気対策，地方分権等々——に直結しているのである。

　とくに，各種の「改革」キャンペーンが展開されるなかで，その奥に潜む問題を，歴史的事例から解き明かすことが必要である。先進諸国が経済危機を迎えるたびに，1929年に始まる世界大恐慌およびその対策として展開された財政金融政策の有効性が議論されるのは，その典型的な例である。

#### 経済史としての現代資本主義

　国民は，企業と家計を行動主体とする経済システムから生まれる所得の分配により生活している。したがって，国民国家としての経済システムを維持する経済政策体系のなかで，財政政策をとらえる必要がある。

　2度にわたる世界大戦を経た資本主義経済システムの歴史研究を積み重ねてきたのが，現代資本主義論である。その議論のなかには，対外通商政策，「競争力」政策，不況時の企業救済といった政府と財界・業界団体の結びつきを強調する見解，金本位制から管理通貨制への移行を前提としたケインズ主義的な財政金融政策による経済安定化を重視する見解，国民が階級を問わず対等な権利をもつようになったことを背景として生存権（社会権）の保障が確立し，社会保障制度が充実したことを重視する見解などがある。また，それらが今後も持続するのか，そ

れとも弱体化するのかを巡って論争が繰り広げられている。

しかし，経済を巡る個々の政策内容をみるだけでは，現代財政を総体としてとらえることはできない。本書でみていくように，経済システムにおける階級関係，政治システムにおける国民の参加，そして社会システムにおける生活は，それぞれ独自の論理をもっている。資本主義発展段階論の延長上に特定の経済政策体系を掲げて，それをそれぞれの国の歴史に当てはめながら将来展望を語るだけでは，限界がある。経済発展の経路と政治制度，とくに財政制度とその運営については多様性が著しく，そのなかで政策選択には相当の幅がある。

### 政治史としての現代民主主義の国際比較

現代を政治史の観点からみれば，現代民主主義の展開としてとらえることができる。とくに重要なのは，どのような経緯で財産と性別による制限選挙制が崩れて男女平等の普通選挙制が成立し，発展したかである。

また，「連邦制国家か，単一制国家か」「君主制か，共和制か」「大統領制か，議院内閣制か」「議会が二院制の場合，上院と下院の権限配分はどうなっているか」「二大政党か，多党化か」「政策形成を主導するのは政治家か，官僚か」等々，民主主義を巡る国家形態および統治機構は，各国の政治的発展のなかで変化してきた。さらに，国家の民族構成，宗教状況，植民地としての支配・被支配の歴史等は，国内政治および対外関係に大きな影響を及ぼす。

これら政治の要素は財政民主主義ルールを規定し，財政政策の内容に影響を及ぼす。財政民主主義は，それぞれの国家において普通選挙制が成立・定着するなかで，多元的利害を汲み取る政策過程を含む政策・制度を展開させるという意味で「現代化」していく。そこで，現代民主主義の国際比較という視点から財政制度と政策内容を解明することが課題となるのである。

### ■ 財政社会学に基づく現代財政の学び

第2章でふれるように，ゴルトシャイト（R. Goldscheid）は「予算とは，あらゆるイデオロギー的粉飾を取り払った国家の骨格である」と論じて，財政社会学を提起した。また，シュンペーター（J. A. Schumpeter）は『租税国家の危機』（原著1918年。岩波文庫，1983年）において，一方で国家の財政政策と財政状況が国民経済に影響を与えるという意味で財政史は「原因的意義」をもち，他方で国民

精神・文化および社会構造が財政現象という形で世に表れ，とくに時代の転換期には財政危機が発生するという意味で財政史は「徴候的意義」をもつと論じた。

これらの問題提起を巡って，現在も，政策決定過程の構造としての政治制度が政治家・官僚・利益集団等の行動に影響を与えることを解明する「歴史的制度論」（S. スティンモ（塩崎潤・塩崎恭久訳）［1996］『税制と民主主義』今日社），「財政議会主義」における「予算責任」を「政治責任」（国民への説明）と「行政責任」（法令遵守，合理性確保，情報公開等）の両面から解明する「予算国家」論（大島通義［2013］『予算国家の〈危機〉』岩波書店）などが展開されている。

神野直彦『財政学』（有斐閣，2007年〔改訂版〕）は，財政を広義の社会を形づくるサブシステムである政治システム・経済システム・社会システムの結節点としてとらえ，財政制度が3つのサブシステムを維持して社会を統合すること，また社会危機が発生すればそれが財政危機として表れること，そして財政学が境界領域の総合社会科学として固有の学問領域を形成することを強調する。

これらの研究蓄積をふまえて，本書では，財政を巡る政治制度とその運営実態，経済活動と社会生活へ向けた公共サービス，そのサービスと租税負担に対する国民の受容もしくは抵抗，そしてそこに表れる政府への忠誠・信頼もしくは反発について，「国家が社会を統合できているか」という観点から考察する学問を財政社会学と呼ぶ。そのうえで，以下の視点を重視して現代財政を学んでいく。

第1に，民主主義の発展に対応して財政政策の課題が変化することが重要である。2度にわたる世界大戦を契機として，それぞれの国家において男女平等の普通選挙制が成立し，大衆民主主義が発展してきた。それは，各国において労働運動や農民運動が組織化されて民主主義拡大の要求が高まったことに加えて，国家間の戦争が軍隊同士の戦いを超えて国民全体の協力を必要とする「総力戦」の段階に入った影響が大きい。第2次世界大戦後も，大企業，労働組合，農業者，自営業者，医師，福祉・教育関係者，環境団体等の多元的利害を政策に反映させる必要が高まり，それが政治システム・経済システム・社会システムを維持するための経費支出と税制改革に表れているのである。

第2に，財政における政策決定過程とその政策執行システムが重要である。予算，税制改革，公債政策の決定過程，そして公共サービスと徴税を担う行政制度が異なれば，それが政策内容の相違をもたらすこともある。また，実施されようとする政策を国民が受容するかどうかは，政治制度とくに政治家と官僚に対する

国民の信頼が高いかどうかに依存する。

　第3に，経済活動を中心にグローバル化が進行する時代にあっても，財政制度の多様性が持続する理由を明らかにしなければならない。これについては，政治システムにおける政府構造および政策決定過程にかんして唯一の「正しい」制度があるわけではないこと，そして社会システムにおける生活・文化がそれぞれの国家において強固であることが重要である。また，経済システムにかんする合理的行動も，唯一のパターンに収斂するわけではない。たとえば，企業活動にしても個人の居住にしても，それぞれの国の賃金水準，規制，為替相場，物価，保健・衛生，社会保険，教育水準，治安，税制等を考慮して選択が行われる。国際的な経済活動と財政制度・政策との関連を解明することが重要である。

■ 本書の構成

　以上の視点を重視して，本書では現代社会を統合する財政制度の持続可能性について考えてみたい。具体的な構成は，次の通りである。

　本書の総論にあたる第1章「現代財政の課題と特徴」（池上岳彦）では，財政が社会のサブシステムを維持することを通じて社会を統合する役割をもつことを確認し，財政と生産要素市場および生産物市場との関係，「量出制入」の原則，一般報償原理，公共サービスの課題を明らかにする。また，現代財政の特徴として「大きな政府」，高い租税負担，公債の積極的活用，政府間関係の変容をあげる。さらに，先進国の財政規模が多様である理由として，「小さな政府」は経済成長の必要条件ではないこと，社会保障の範囲や移民の受入れにかんするコンセンサス，そして「政府への信頼」が国ごとに異なることを示す。そのうえで，日本財政は，相対的に「小さな政府」であるにもかかわらず，租税負担が軽いことを主な原因として，巨額の債務を抱えていることを指摘する。

　第2章「財政思想と財政社会学」（赤石孝次・井手英策）では，まず，新古典派経済学が理念型による理想の世界を描くモデルを構築し，現実の不完全性を明らかにする理論として古典派の政治経済学を経済学に純化させたが，その過程で密接不可分だったはずの経済学と財政論との関係が解消されたことを指摘する。それに対して，現実の人間の社会的関係性に照射し，経済学をモラル・サイエンスたらしめんとする反新古典派経済学の流れが，経済学と財政論の関係性を取り戻すことによって，社会科学としての財政学の復権を促すことを指摘し，その発展

の先に財政の社会理論としての財政社会学を位置づける。そして，財政社会学は，租税への同意という社会契約がどのように成立するか，すなわち利益分配と租税への合意の関係を，歴史と国際比較の両面から解明しつつ，社会変動の実態を読みとく学問であることを強調する。

　財政の歴史を検討する第3章「近現代財政の展開」（根岸睦人）では，封建領主の財政が「領主や君主の私的な家計」であったのに対し，近代財政は「公共性を帯びた国家の経済活動」という性格をもつこと，そして第1次世界大戦期に始まる現代財政は，階級対立の融和や，経済システムに深く介入し経済や社会の安定，資本蓄積を維持する役割を担うことを，資本主義の世界史的発展と幕末・明治維新に始まる日本財政の展開の両面から論じる。とくに，高度成長が終焉を迎えた1970年代以降，大規模な財政赤字が発生し，市場機構による経済調整を重視する経済理論の発展と新保守主義的政権の台頭を受けて，財政の役割の見直しが進められてきたことを強調する。

　第4章「財政の政策決定過程」（池上岳彦）では，現代の財政民主主義における政策決定過程の特徴を論じる。まず，政策決定の行為主体を説明し，政策決定が多様な形態をとる要因を整理する。次に，財政政策を事前に統制する予算制度の意義および予算の内容，形式，過程に関する原則を説明し，予算が大規模かつ複雑になった現代財政において行政府の権限が拡大したことを指摘する。また，日本における予算の構成と会計区分，そして予算編成，国会審議・議決，執行と補正予算，決算と展開される予算過程を説明する。そのうえで，税制改革の法律制定過程を取り上げ，予算と法律の成立要件が異なることによる問題を論じる。

　第5章「経費」（関口浩）では，まず，社会のサブシステムを維持する経費のありかたおよび市場経済と財政との関係を整理する。つぎに，経費膨張にかんして，ワグナーの国家経費膨張法則に始まり，転位効果説，官僚の予算極大化行動説などを説明する。また，経費の生産的性格の有無，費用便益分析とその限界，普遍的サービスと選別的サービスの役割を論じる。それを受けて，日本における経費の分類および国民経済計算（SNA）における政府と経費の位置づけを論じる。

　第6章「租税の理論」（関口智）では，租税は公共サービスに必要な財源を調達するために強制的に無償で調達する貨幣であるが，資源配分，所得再分配，経済安定化の機能を併せもつことを確認する。つぎに，租税の根拠としての租税利益説と租税義務説，租税負担配分にかんする応益原則と応能原則の関係，そして現

代の租税原則としての公平性，中立性，簡素，そしてそれに至る租税原則論の展開について説明する。また，租税の分類について，課税主体による区分，転嫁の有無による区分，納税者の個別的事情を加味するかどうかによる区分，経済循環における課税ベースによる区分を説明する。それを受けて，代表的な租税理論である包括的所得税論，支出税論，最適課税論を解説し，さらに税率体系と課税単位の選択と，国境・行政区域を越えた経済活動にかんする課税権の調整を論じる。

これを受けた第7章「税制の国際比較と日本税制」（関口智・根岸睦人）では，まず租税・社会保障負担率の国際比較を行い，日本は消費税と個人所得課税が小規模であること，法人所得課税については課税ベースや課税対象法人の範囲の相違および社会保障負担を合わせて考慮すべきこと，消費課税における課税ベースの相違，資産課税における納税義務者の相違なども重要であること，そして公的社会支出を考慮に入れて税制の国際比較を行うべきことを強調する。続いて日本税制について，国税と地方税の体系を確認したうえで，所得税，法人税，所得税および相続税の仕組みと改革の論点を整理する。さらに，社会保険料は対価性を有する点で租税とは区別され，またその負担が逆進的であることを指摘する。

第8章「公債」（水上啓吾）では，公債は発行目的や発行条件などによって分類されること，公債発行については楽観論と悲観論の対立があること，ただし公債の累積は経済的側面や財政民主主義の面で問題を伴うことを説明する。また，第2次大戦後の日本について，高度成長期までは国の一般会計において健全財政主義がとられていたが，1970年代以降は赤字国債の発行を余儀なくされ，とくにバブル崩壊以降に公債の累積が進んだことを明らかにする。さらに，中長期的な財政収支改善のために，日本政府は「中期財政計画」を作成し，社会資本整備，社会保障，地方財政対策などの歳出の重点化・効率化を重視して「財政健全化」を進めようとしているが，それが容易ではないことを示す。

第9章「政府間財政関係」（谷達彦）では，中央政府と地方政府の政府間財政関係について論じる。まず，中央政府と地方政府間の財政関係にかんする概念が整理され，役割・歳出の分担，税源配分，課税自主権，政府間財政移転，地方債発行を主なテーマとして展開される議論を検討する。また，実際の制度が各国の歴史や政治構造などを反映しており，きわめて多様であることを強調する。さらに，地方分権改革の意義として，地方公共財の効率的供給の促進，地方政府による保育，介護等の対人サービス供給の拡充，地域民主主義の促進をあげる。

これを受けた第 10 章「日本の地方財政」(沼尾波子) では，まず日本における国と地方（地方自治体）の関係について，義務教育を例に説明したうえで，地方歳出と歳入の全体像を国・地方・国民（家計・企業）の間の資金とサービスの流れとして示す。つぎに，国が策定する地方財政計画が重要であるとして，それと密接に関係する地方予算制度の特徴と予算過程を説明する。さらに，地方歳出の構造が概観され，地方歳入の中軸となる地方税——住民税，事業税，地方消費税，固定資産税など——および財政調整制度としての地方交付税，特定補助金である国庫支出金と長期債務となる地方債について論じる。最後に，地方財政の課題とされる地方分権改革，財政危機対策，財政運営の効率化の方策を検討する。

第 11 章「公企業と財政投融資」(木村佳弘) では，まず公企業の役割と，政策目的の融資・出資からなる財政投融資の目的を説明する。また，租税資金と組み合わせて政策目的を達成する財政投融資について，1953 年の制度導入から 2000 年までの原資と運用の仕組み，また「一般財投」の使途の変化を検討する。そのうえで，公企業の経営効率問題，議会統制からの逸脱，経営悪化に対する批判が財政投融資自体への批判につながり，2001 年の財投改革において，原資の中心が資金運用部資金から財投債に大きく変わったこと，財投機関が民間金融機関と競合する分野から撤退したこと，ゆうちょ銀行が国債保有機関になったこと，公企業の「株式会社化」と「民営化」は意味がずれていることなどを明らかにする。

第 12 章「社会保障と教育の財政制度」(池上岳彦) では，まず，第 1 次大戦期以降，家庭環境や健康状態の多様性，所得・資産の格差，将来の不確実性などを前提として，国民の生存権を保障するために社会保障が拡大したことおよび政府部門間の役割分担を確認したうえで，「福祉レジーム」論に基づいて，制度体系の多様性を指摘する。そして，日本の年金，医療，介護，労働保険・雇用政策，生活保護，子ども・子育て支援について，制度内容と改革の動向を検討する。次に，教育が社会統合に果たす役割と財政的手法を整理したうえで，日本の初等中等教育，高等教育，また生涯を通じた「学び」と科学・文化振興の現状と課題を考察する。最後に社会保障と教育を統一的に把握する必要性を論じる。

第 13 章「経済政策と財政金融」(佐藤滋) では，共同体の共同作業と相互扶助を代替するサービスとしての経済政策体系を説明し，第 1 次大戦以降の政策展開を整理する。つぎに，ケインズの乗数理論とケインズ派の IS-LM 分析を紹介する。また，日本では高度成長期に公共投資と所得税減税による経済システム維持に偏

重した経済政策体系が形成されたこと，1970年代は総需要管理型の財政政策が展開され，80年代も内需拡大のために公共投資の量が確保されたこと，バブル経済崩壊以後は公債累積の顕在化に対応して公共投資が削減され，金融政策が経済政策の主役になったことを指摘する。とくに90年代末からのゼロ金利と量的緩和，2013年からの「量的・質的金融緩和」について説明したうえで，新たな経済政策体系がまだみえないことを強調する。

第14章「グローバル化と財政」（高端正幸）では，グローバル化の進展が，財政の単位は国家，としてきた前提を揺さぶっていることを指摘する。とくに，経済活動が国境を越えて展開されるのに伴って所得などへの国際課税問題が重要性を増し，国際協調が進んでいること，冷戦終結を受けて開発援助の基本理念や方針が見直され，貧困削減への重点化や被援助国の主体性向上がいわれてきたが，必ずしも内実が伴っていないこと，金融のグローバル化と基軸通貨ドルの弱体化が国際金融市場の不安定化と各国の財政運営にかんする自律性の低下を招き，財政・金融の一体化を推進していることを強調する。そのうえで，政策課題ごとの多層的ガバナンスが生成しているなかで，主権国家体制の再考という視点から国際財政・グローバル財政を論じる必要性を提起する。

本書を締めくくる終章「現代社会と財政の課題」（池上岳彦）では，将来へ向けた財政の課題を論じる。とくに，財政が社会統合を果たしつづけるうえでは，普遍的サービスと選別的サービスの適切な組合せ，地方分権と地域政策の両立，世代間連帯としての少子高齢化対策と教育・文化政策，経済政策と環境政策の連携，所得課税・消費課税と資産課税を通じた租税国家の再建，国際的な格差是正・環境保全と平和の実現を通じた世界的規模の生存権保障が重要となる。財政収支悪化と財政危機・政治危機との関係に留意しつつ，民主国家における財政の持続可能性を保つことを強調する。

本書のタイトルは『現代財政を学ぶ』とした。これまで累積してきた問題が解決する間もなく，日々新たな課題が生まれる財政について，多様な視点から主体的に「学ぶ」出発点になりたいと考えているからである。

※ 池上　岳彦

# 第 1 章

# 現代財政の課題と特徴

## 1　財政の課題——社会の統合

### 1.1　国家と財政

　私たちは，社会を規律するルールを受け容れて生活している。しかも，そのルールの根幹をなす法律の制定とそれを運営する司法・治安，安心して暮らすための消防・救急・災害対策，人格形成と知識獲得のための教育，科学技術研究の支援，子育ての支援，傷病に備える保健・医療，失業のリスクに備える雇用保険，家族負担を軽減する介護，引退後の生活資金を給付する年金，人的交流と物流を支える交通網，居住環境を整える廃棄物処理・公園等々，住みやすい社会をつくるために多様なサービスが展開されている。このような社会を，独立した政治組織である国家としてとらえることができる。国家において，政府としての公共サービスを行い，そのために国民から租税を徴収する活動を財政という。すなわち，財政は国家の政治システムを通じた経済活動である。

　前近代社会において，生活に必要な財・サービスの生産・分配は，君主・領主の指令と共同体の慣習により行われたが，それは支配者への富の集中を招いた。それに対して，社会構成員が生産物を取引する生産物市場と労働力・土地などの生産要素の使用権，すなわち要素サービスが取引される要素市場が成立し，次第に普及した。

　イギリスのピューリタン革命と名誉革命に始まる市民革命により成立した近代国家は，生産要素に私的所有権を設定し，政府が原則として収益事業を行わない無産国家となった。また，そこには身分制に基づく貢納もない。そこで国家は，

政府としての公共サービスを行う財源を，公権力による国民からの強制的な貨幣徴収である租税に求める租税国家となった。また，近代国家は憲法を頂点とする法治国家であると同時に，議会制民主主義をとる民主国家である。そこでは，財政制度の根幹である予算および税制を議会において事前決定する制度が確立した。

### 1.2 社会を統合する財政

「なぜ租税を負担しなければならないのか」。この問いに答えるためには「財政の役割は何か」を確認する必要がある。

マスグレイヴ（R. Musgrave）は，市場経済を基軸として，財政には「資源配分の調整」「所得の再分配」「経済の安定」の3つの機能があると論じ，それが多くの教科書で紹介されている。その内容をふまえつつ，本書は神野直彦『財政学』が提起したように，図1-1に示した政治・経済・社会という3つのサブシステムを維持することにより社会を統合する，すなわち1つの持続可能なシステムとしてまとめていく，という視点から財政の役割をとらえ直す。

人々の生活の場として，家族および地域における共同体的人間関係を形づくるのが社会システムである。そこでは自発的な協力が無償で行われる。それに対して，人々の活動範囲が拡大して共同サービスの役割が高まるにつれて，共同体同士の利害を調整し，大規模な協力を強制的に実現して社会秩序を維持する必要が出てきた。この役割を果たし，社会システムにおける人々の生活を保障するのが政治システムである。さらに，生産物市場と要素市場が拡大すると，財・サービスを生産・分配する経済活動が営まれる経済システムは，政治システム，社会システムから分離する。市民革命を経て，その傾向はいっそう明らかになった。

(1) 政治システムの維持

政治システムは，公権力としての「強制」を特徴としており，具体的には，国家の防衛，生活の保障と秩序維持，市場経済ルールの設定・執行を課題とするが，その活動は有償労働によって担われる。財政は，公法・私法にわたる法体系の整備，外交・軍事活動，司法・治安維持などにかかわる公共サービスを財源面で支えることにより，政治システムを維持する。

これらの公共サービスを他のサブシステムとの関係でみると，国防，司法・治安維持などは，強制力をもって，社会システムにおける生活を保障することにより，そこから政治システムへの忠誠と信頼を獲得する。また，政治システムは法

図 1-1　社会のサブシステムと財政

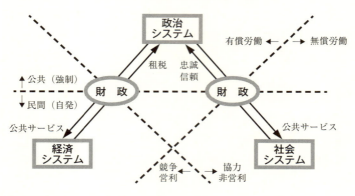

出所：神野直彦［2007］『財政学（改訂版）』有斐閣，28頁，を一部修正。

体系をもって所有権をはじめとする財産権を設定し，それを侵害した場合に処罰を行う司法手続きを機能させて，契約の履行を強制することにより，経済システムが機能する前提を形成するのである。

（2）経済システムの維持

経済システムは「任意」かつ営利目的の有償労働により担われる。そこでは競争原理が支配しており，市場取引に支えられる資本主義的生産関係が成立する。それに対して財政は，供給面では，投資環境の整備と労働能力の強化をはかるために，経費支出のみならず，政策税制，政策金融，公企業なども活用する。具体的には，財政を通じて，交通・通信，エネルギー，研究開発，高等人材育成など，投資・労働の条件となる産業基盤的社会資本が整備され，産業を育成・維持する補助金が支給され，また貯蓄・投資などを優遇する租税減免措置がとられる。さらに財政は，需要面では，不況期に公債発行を伴いつつ公共投資や減税を行い，有効需要を拡大することによって企業の収益を拡大し，それを家計所得と雇用の増大に結びつけるケインズ主義的景気政策を展開する。これらは生産活動の前提条件として経済システムを維持する役割を果たす。

（3）社会システムの維持

社会システムは，血縁・地縁に基づく「任意」の無償活動による協力の場である。しかし，資本主義経済システムが発展するなかで，大部分の家族は生産機能を失い，労働力の広範かつ活発な移動が促進された。その結果，共同体が相互の

助け合いによって人々の生存を保障し，自然や地域の環境を保全する機能は弱体化している。それに対して財政は，①保育，介護，保健医療，基礎的教育など広義の対人社会サービスを提供し，②住宅，公園，上下水道，ゴミ処理，国土保全などの生活環境的社会資本を整備し，③年金・雇用保険・傷病手当などの社会保険，貧困世帯に対する生活補助・就学援助などの公的扶助，児童手当といった形の社会保障給付を行い，さらに，④財政収入の面では所得課税・資産課税において高所得者や資産家の負担を強化する累進的税制をとる。

これらは，家族および地域における生活の前提条件として，社会システムを維持する役割を果たしており，それが「所得・富の再分配」という形をとる。

第1に，階層間再分配という面では，貧困者や低所得者の生存権を保障するとともに，「機会の平等」の見地から家庭環境による所得と資産の格差を緩和するために，超過累進税率をもつ所得税，相続税・贈与税などで調達した財源が社会保障給付にあてられるのである。その場合，所得・富の格差は各人の努力の差よりも，むしろ家庭事情，能力，運などに起因するところが大きい，という視点が認められるのであれば，再分配を正当化しやすい。

第2に，地域間再分配は，地方政府の間に財政力の格差があるのに対して，財政調整制度，すなわち標準的な地方公共サービスの財源を地方税などの自主財源だけではまかなえない地方政府へ財源を移転する形で行われる。これは，所得水準が地域ごとに異なるために地方税収の格差が生じることや，住民の年齢構成・所得水準・自然条件などにより，標準的なサービスを行うための経費が地方政府ごとに異なることによる。また，財政力格差が住民と企業の行動に影響を及ぼすことを防ぎ，一生を通じた地方公共サービスの受益と負担をバランスさせるとともに，国土・環境の保全をはかることも重要である。

国際的な地域間再分配としての政府開発援助（ODA）も重要である。先進国と途上国との間に大きな所得格差が存在する現在，人類としての一体感が存在するのであれば，ODAを展開することによって世界的にみた社会発展，環境保全，経済成長などに寄与することができる。

第3に，財政制度を通じた世代間再分配は「現役世代が納めた租税と社会保険料が，年金・医療・介護などの形で引退世代に移転される」点を例に語られることが多い。しかし，世代間関係は，高齢者向け社会保障制度だけに限られるものではない。扶養・保育，教育，小児医療など直接の世代間移転はもとより，科学

技術，産業基盤，自然環境などの継承関係も含めれば，引退世代が就労世代や将来世代に恩恵を与えてきた面は無視できない。さらに，相続・贈与による家族内の世代間資産移転は，若者同士の資産格差を拡大させてしまう。これは上で述べたように，相続税・贈与税の賦課を正当化する。

3つのサブシステムを維持して社会を統合することが，財政の役割である。

### 1.3 財政の政治的側面と経済的側面

財政は，政治と経済の両方の側面をもつ。

政治的側面からみれば，財政は国家が社会を統合するために実施する公共サービスの財源を確保して，政策手段を提供する活動である。これは「貨幣による統治」と表現することができる。そこでは「どれだけの公共サービスが必要であり，それを支える経費をまかなう財源としてどのような租税が適当か」という視点で，財政が論じられる。

経済的側面からみても，財政は大きな存在である。第3節でみるように，先進国における財政支出の対国内総生産（GDP）比は40〜50％台に達している。これは国民経済の一大部門であり，しかも政治的意思決定によって制度内容と規模がコントロールされる。財政政策はマクロ経済政策から切り離せない。

## 2 市場と財政

財政は経費支出およびそれを支える租税徴収を中心とする貨幣現象であるから，市場と財政との関係を整理する必要がある。国民経済の主体となる家計・企業および政府と市場との関係で財政の位置づけを示したのが図1-2である。

### 2.1 経費支出

財政が政治システム・経済システム・社会システムを維持する公共サービスを行うための経費支出は2種類に分けられる。第1は，政府が公務労働者を雇い，公共施設を建設してサービスを提供する，すなわち現物給付を行うための経費である。それはまた，①要素市場を通じた経費と，②生産物市場を通じた経費とに分けられる。①要素市場を通じた経費としては，労働市場を通じて労働力の使用権を購入する人件費と，土地市場を通じて施設用地もしくはその使用権を購入す

図 1-2 国民経済の主体と市場

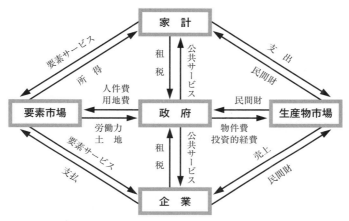

出所：神野直彦［2007］『財政学（改訂版）』有斐閣，15頁，を一部修正。

る用地費があげられる。②生産物市場を通じた経費としては，備品・消耗品などを購入する物件費，施設建設を発注する投資的経費などがあげられる。

　第2は，家計もしくは企業に現金給付を行う経費である。これは，家計への社会保障給付，企業への補助金，公債の利払い費などであり，移転的経費とも呼ばれる。現金給付は，市場を通さずに直接家計や企業へ向けて支出される。

　経費論について，くわしくは第5章で展開する。

## 2.2 収　　入

　政府による経費支出の財源は，原則として租税収入によってまかなわれる。租税とは，政府が市場取引を通さずに家計・企業から直接かつ強制的に徴収する貨幣である。租税は，家計・企業の租税負担能力（担税力）を示す経済活動状況に応じて賦課される。それは具体的には，所得税，法人税，売上税，資産保有税，資産移転税などの形をとる。

　租税以外には，年金・医療・雇用保険などの給付にかんしては社会保険料の役割も重要である。さらに，公共施設の使用料・手数料，制裁措置としての課徴金，公的企業の利益納付金などがあるが，それらは副次的な収入である。

　また，経費支出に対して租税収入が不足する緊急時には，財源不足を補うために公債が発行される。家計や企業の債務である私債は，債務者が経済活動で得た

収益から償還する必要がある。それに対して，公債は，将来の租税収入により償還される。公債は政府がもつ課税権力に裏づけられた公信用なのである。

租税は第6章，第7章で，公債は第8章で，それぞれくわしく論じる。

### 2.3 財政の特質

ここであらためて，市場との関係からみた財政の特質をまとめておく。

第1に，財政は公共サービスの現物給付に必要な経費支出において要素市場と生産物市場を利用する。しかし，公共サービスの現物給付自体や現金給付は，市場を通さずに行われる。また，租税の賦課徴収も市場取引を通さずに行われる。なお，家計が負担する間接消費税の場合，代金に含まれた租税は生産物市場を通過するものの，納税は企業によって行われる。

第2に，財政においては，さきにふれたように，公共サービスを実施するのに必要な財政支出を量ったうえで，それに合わせて租税を中心とする財政収入制度を制御する「量出制入」の原則がとられる。これは，租税を強制的に徴収する体制が安定していることを前提とする。それに対して，家計と企業は経済活動で得た収入に応じて支出を決める「量入制出」が原則である。

第3に，財政における公共サービスは，個々の納税者の納税額に見合った見返りではない。納税額は家計・企業ごとの担税力によって決められるが，外交・防衛，教育，社会保障，産業，国土保全といった公共サービスの便益は国民一般に及ぶ。これが一般報償原理である。これは，支払額に応じた財・サービスの提供を求める経済システムにおける活動とは根本的に異なる。

### 2.4 「公共財」のとらえ方について

公共部門の経済活動は「公共経済学」という観点から論じられることもある。そこでは，「市場の失敗」論に基づく「資源配分の調整」という観点から，公共部門が提供すべきサービスが語られる。

まず「公共財」（public goods）と呼ばれるものがある。財・サービスのなかには，国民が等しく消費することができ，人口が増えても1人当たりの便益が減少しないという意味で共同消費可能な財，いいかえれば消費が競合しない「非競合性」をもつ財がある，とされる。また，サービス対象者を限定しにくいために，個別的に料金を支払わない者でもサービスを享受することができてしまう財，い

いかえれば料金不払い者をサービスから排除できない「非排除性」をもつ財がある，とされる。この「非競合性」と「非排除性」を兼ね備えた財・サービスが「公共財」と呼ばれ，具体例としては外交・防衛，治安，道路，公園，保健衛生，環境対策などがあげられている。これらは，料金を個別的に徴収できないため，租税を財源としたサービスにすることが適当だとされる。

　たしかに，平和維持というサービスは，人口が増えても 1 人当たりのサービス水準が直ちに低下するわけではない。外交・防衛当局に個別の料金を支払う制度をつくったとしても，それを支払わない国民も平和維持の恩恵を享受してしまう。また，私たちが普段通行する公道としての歩道も，消費が競合するのはまれであるうえ，いちいち料金を徴収するのも困難である。

　しかし「公共財」とみなされる財・サービスの範囲は，それらに対して私的所有権を認めるのが適切か，という国民の判断によって決定されるのである（金子 [1997] 5～8 頁；神野直彦 [2007] 『財政学（改訂版）』有斐閣，8～9，63～64 頁）。たとえば「ある広場を公園とするか，有料のテーマパークとするか」「道路を一般道とするか，有料道路とするか，あるいは私道とするか」「犯罪防止のうちどこまで警察が担い，どこから警備会社が担うか」「海浜を一般開放するか，プライベートビーチとするか」等々，これらは国民が生活権として保障されるべきサービスの内容を議論して，私的所有権の範囲が，政治システムを通じて法令で決定されるのである。それは，財・サービスの性質によって自動的に決められるものではない。また，防衛，治安，防災，道路といった「公共財」を，どのような方針に基づいて，どれだけ供給するかも，共同の課題にかんするそのときどきの国民の判断による。

　もう 1 つの公共サービスは「準公共財」（quasi-public goods）または「準私的財」（quasi-private goods）と呼ばれるものである。教育，年金，医療，介護など，受益の度合いを個々人に分割することが可能であるものの，何らかの理由により料金不払い者を排除すべきでない財・サービスが，これにあたる。

　これを財政学の観点からみると，それらのサービスは国民全体の利益にもなり，また国民生活を持続的に維持するセーフティー・ネットを構築するので，民主主義的決定に基づく政府の判断が優先され，各人に強制的拠出を求める租税もしくは社会保険料によって財源を調達しなければならない。たとえば，義務教育については，子どもの人格形成や職業選択の自由を保障するために，一定水準の教育

を必ず受けさせる制度がとられる。高等教育については，教育・研究による人材育成や科学的成果が社会的意義をもつとの理由で国公立大学の運営や私立大学への助成が行われている。

また，個々人の余命や将来の状態は不確実である。たとえば，若いときは「自分は長生きしない」「老後の生活資金は自分で何とかする」といっていたのに，実際に現役引退したときには貯蓄・収入が不足している人について，どのように対処するか。そのとき，この人を見捨てたり，逆に生活保護で救済したりするよりも，現役のときから年金保険料の拠出を強制して生活資金の受給権を賦与するほうがよい，との判断が公的年金制度の趣旨である。また，「自分は病気にならない」という自信のある人がいたとしても，実際には不確実性が大きい。民間医療保険は，病弱な人だけが加入すると保険料負担が過重になり，逆に保険会社は健康な人が加入するのを期待する。そこで，国民の健康水準を全体として向上させるには，全員を対象とする公的医療制度を設けるのが適当なのである。

このように「準公共財」（準私的財）の範囲は広く，むしろ経費支出はこの分野で増大が著しい。社会保障，教育については第12章でくわしく述べる。

## 3　現代財政の特徴

政治システム・経済システム・社会システムを維持することにより社会を統合する現代財政は，どのような特徴を示しているか。

### 3.1　「大きな政府」

先進国は「大きな政府」をもつ。経済協力開発機構（OECD）加盟国の一般政府支出は，平均すると1970年代前半には対GDP比30％台前半だったが，90年代前半には40％台となり，現在もその水準が続いている。2012年現在の財政状況を示した表1-1からわかるように，北欧のスウェーデン，大陸ヨーロッパのフランス，イタリアでは一般政府支出の対GDP比は50％を超える。その値は，政府規模が比較的小さいアメリカ，カナダ，日本でも40％前後に達している。

経費は，教育，医療，環境，外交，防衛，治安などのサービス現物給付にあてられる最終消費支出，年金，公的扶助，雇用保険，企業補助金，公債利子などの現金給付にあてられる経常移転支出，そして建設工事，用地取得，投資補助金な

表1-1 財政状況の国際比較（2012年）

（単位：％）

| | 一般政府の財政状況（対GDP比） | | | | | | | 長期金利（％） |
|---|---|---|---|---|---|---|---|---|
| | 総支出 | 総収入 | 財政収支 | 総債務 | 資産 | 純債務 | 純利払い費 | |
| 日　本 | 43.0 | 33.5 | ▲9.5 | 218.8 | 83.2 | 135.6 | 0.8 | 0.8 |
| アメリカ | 39.7 | 30.4 | ▲9.3 | 102.1 | 22.1 | 80.0 | 3.1 | 1.8 |
| カナダ | 41.5 | 38.1 | ▲3.4 | 96.1 | 52.5 | 43.6 | 0.5 | 1.9 |
| イギリス | 48.0 | 41.7 | ▲6.2 | 102.4 | 33.1 | 69.3 | 2.8 | 1.9 |
| ドイツ | 44.7 | 44.7 | 0.1 | 88.3 | 38.0 | 50.3 | 1.8 | 1.5 |
| フランス | 56.7 | 51.8 | ▲4.8 | 109.3 | 39.0 | 70.3 | 2.4 | 2.5 |
| イタリア | 50.6 | 47.7 | ▲2.9 | 142.2 | 29.0 | 113.2 | 5.2 | 5.5 |
| スウェーデン | 51.9 | 51.5 | ▲0.4 | 48.8 | 72.5 | ▲23.7 | 0.0 | 1.6 |

注：「一般政府」は，中央政府，地方政府，社会保障基金の合計。
出所：*OECD Economic Outlook 94*（November 2013），Annex Tables より作成。

どの資本支出に分けられる。各国とも最終消費支出が最も多く，社会保障を中心とする現金給付がそれに次ぐ。

　現代財政に対する膨張圧力は，何よりも公共サービス需要の拡大に由来する。年金，医療，福祉に代表される社会保障の充実，教育の質的水準向上を求める声は，いずれの国でも強い。その理由の第1は，第1次世界大戦を契機として普通選挙制が普及し，大衆民主主義が定着したことである。国民の権利が拡大するなかで，最低生活を保障する生存権と「機会の平等」の確保に加えて，雇用対策，産業保護なども「権利」として認められるようになり，経費が増大する。第2は，経済成長と技術革新により生活水準が上昇したことである。家電，自動車など耐久消費財の開発と性能向上，医療の技術革新などにより，現役世代の生活水準は向上する。それに合わせて，引退世代へ向けた社会保障給付も，医療，福祉などのサービス高度化，年金の支給額引上げといった形で拡充が求められてきたのである。第3は，共同体機能が低下したことである。労働力の頻繁な移動により家族は分散し，少子化により地域内部の世代再生産は困難になっている。それに伴って地域共同体の組織は弱体化している。そこで共同体機能としての相互扶助を財政が代替せざるをえなくなっている。

　また，公共サービスの対象者が増大していることも重要である。家計所得の増大，医療技術の進歩，保健衛生状態の改善により長寿化が進行して，高齢者として生活する期間が長くなる。それにより，サービスを受ける期間も延びるので，

年金，医療，介護などに必要な経費は増大する。

　もちろん，公共部門の「スリム化」を唱える行政改革は，1980年代のアメリカ・レーガン（R. Reagan）政権，イギリス・サッチャー（M. Thatcher）政権，日本・中曽根政権以来，繰り返されており，2001年からの小泉政権が掲げた「官から民へ」の「構造改革」もその一例である。これらは，増税を回避しつつ社会保障費拡大へ対応しようとする試みであり，サービス水準の抑制には効果をもつ。ただし，それは高齢社会の進行を止めるものではなく，量的効果は限定的である。

### 3.2　租税負担の増大

　1970年代から80年代にかけて，先進諸国の租税・社会保障負担（社会保険料）は急増し，その対GDP比は多くの国で30～40％台に上昇した。その後は大きな変化はない。ただし，国ごとに数値は異なり，北欧諸国やフランスは4割台，イギリス，ドイツは3割台，日本，アメリカは2割台で推移している。

　現代税制の中心は個人所得税である。個人所得税は個人の所得を総合的にとらえて，高所得部分に高い税率を適用する超過累進税率がとられ，所得再分配に寄与する。ただし，財源調達機能を高めるために，一般勤労者までも納税者とする「大衆課税」化も進行した。近年は，ほとんどの先進国で消費型付加価値税の形をとる一般消費税が拡大して，個人所得税を補完している。また，ドイツ，フランス，イタリア，日本などでは，社会保険料の増大が著しく，個人所得税を上回っている。これらの点につき，くわしくは第7章で述べる。

### 3.3　公債の活用

　従来，公債発行は外国との戦争を行うための戦時公債が中心であった。しかし，世界大戦期以降，公債は平時にも活用されている。頻繁に行われるのは，産業基盤・生活基盤の整備を行う財源としての公債発行である。そこには，長期間使用する公共施設は公債を発行して建設し，耐用年数に応じてそれを償還すればよい，という「建設公債」の考え方がある。また，景気が悪化している時期に，失業者救済などの経費が増大するとともに租税収入が減少して発生する財政赤字を補塡するとともに，景気対策として公共投資を行って有効需要拡大をはかる財源として，公債が発行される。これはケインズ主義の考え方に基づいている。最近では，2008年のリーマン・ショックを契機とする世界的な経済危機に際して，先進諸

国が大規模な景気刺激策として公共投資，住宅建築補助，所得減税などを行い，その財源として公債を発行した。

ただし，建設した施設を使う事業に収益性がなければ，つまり経常的費用を上回る収入を伴わないのであれば，公債は将来世代が納める租税で償還しなければならない。また，建設した施設が実際に将来世代のために役立つかどうか，明らかではない。さらに景気対策も，国民が懐に入った所得を消費せずに貯蓄してしまえば効果は低い。事業実施と公債発行を決定する世代の責任は重い。

### 3.4 政府間関係の変容

国家には1つの政府だけがあるわけではなく，中央政府とともに地方政府および社会保障基金が存在する（神野・金子編［1999］序章，第7章）。地方政府は，家族および地域における社会的共同性に基づいて，社会保障・教育など広義の対人社会サービスの現物給付および生活環境としての社会資本整備を行う。これは，生活の場における「協力の政府」である。また社会保障基金は，経済システムにおいて加齢，傷病，失業などの理由により所得を得られなくなった場合，生活資金を保障するための年金，傷病手当，失業手当などの社会保険である。これは，生産の場における「協力の政府」である。そして中央政府は，対外関係を含む全国的課題に取り組むとともに，地方政府と社会保障基金が全国的にみて標準的なサービスを行えるよう財源保障と財政力格差是正を行う。3つの政府が機能してはじめて，財政がその役割を果たすことができるのである。

ここで，中央政府と地方政府の関係を考えてみよう。単一制国家（unitary state）であれば「中央政府－地方政府」の関係が成立する。それが連邦制国家（federal state）であれば「連邦政府－州政府－地方政府」となる。中央政府・州政府・地方政府の権限配分は，それぞれの国家の憲法により規定される。連邦制国家であれば州政府は国内サービスにかんして相対的に大きな権限をもち，単一制国家においても地方政府は一定の自治権をもつ。

では，中央集権と地方分権のどちらが進行するのだろうか。一方で，国民が国内を自由に移動しながら経済活動を行うことを前提とすれば，広域にわたって発生する所得や資産に累進的に課税するのは中央政府がふさわしい。これは中央集権を促進する。他方で，公共サービスを人々の意向に合わせて効率的に実施するためには，地域民主主義によるコントロールが重要である。また，財政調整制度

が適切に機能すれば，税源の偏在や標準的サービスに要する経費の相違も調整できるので，地方政府がサービスにかんする自己決定権をもつことができる。これらは地方分権を促進する。この問題は第9章でくわしく論じる。

## 4　財政規模の多様性

　現代の先進国において，財政規模は多様である。「グローバリゼーション」のもとで投資を「呼び込む」国家間競争が至上命題だと喧伝されるにもかかわらず，財政が市場重視型の「小さな政府」の方向へ収斂せず，多様性を保つ理由は何か（神野・池上編［2009］第1章・第6章；池上岳彦［2012］「経済・社会・政治の危機と現代財政」『季刊経済理論』第49巻第1号）。

### 4.1　経済成長率と財政規模

　まず重要なのは，国民経済の成長率と財政規模や租税負担率との間に明確な相関関係はない，すなわち「小さな政府」「税の軽い国」は経済成長の必要条件ではない，ということである。とくに，企業が投資先の国・地域を選択するのに際し，税負担水準は要因として決定的ではない。企業にとって重要なのは，市場へのアクセスと情報獲得の利便性，賃金水準と労働市場・福利厚生の慣行，教育と技能の水準，物価と地価，為替相場，治安，保健・衛生状態，産業基盤（エネルギー，道路，港湾・空港など），災害リスク，経済規制などである。税負担水準はそれらの要素の1つにすぎない（神野・池上編［2009］第6章）。

　むしろ，生産活動の基盤となる経済システム維持サービスに対する応益負担の必要性と評価が，財政・税制の多様性を生み出す。たとえば，経済のグローバル化は時間の価値を重視するため，政府が空港・情報通信網などの産業基盤整備を推進し，教育を高度化して人材を育成することを要請する。また，企業経営者や労働者は，家族を含む生活のコストを重視する。すなわち，社会的セーフティー・ネットとしての公的医療制度が整備され，それが私的医療保険より低コストで運営されれば，国民はそれを積極的に評価し，企業からみても従業員の保健管理コスト軽減につながる。さらに教育水準が高く，治安がよいことは，企業の人材確保と労務コスト軽減に役立つ。そのような公共サービスを重視する財政支出と，それを支える租税負担であれば，定着しうるのである。

## 4.2　社会保障制度の多様性

　大衆民主主義の定着と国民の生存権拡大に基づく社会保障の充実，経済成長，技術革新による保障すべき生活水準の上昇，共同体機能の低下，高齢化の進行による公共サービスの対象者増大などは，先進諸国に共通する特徴である。

　ただし，社会保障によって生活保障を行う範囲，すなわち社会危機の原因となる高齢化対策，とくに高齢者所得保障，医療・介護の水準などにかんするコンセンサスは，国ごとに異なる。また，景気低迷や技能不足のために職に就けない場合，公的扶助，雇用保険，職業訓練などにより市場の外で生活が保障されるか，あるいは自助努力が強調されるか，国によって対応策の程度は異なる。さらに，女性の就業による家族形態の多様化が進んでいるかどうかも国により状況はさまざまであるし，それを公的な保育支援，児童手当，税制などがどれだけ支えるかも，国ごとに特徴がある。

　そのため「大きな政府」の経費支出や税制も多様性を帯びてくる。その状況については，第12章であらためて述べる。

## 4.3　移民政策の多様性

　少子高齢化対策に関連して，移民政策が国により異なることも重要である。ヨーロッパ，北米諸国は外国からの移民を相当程度受け入れている。これは人口構成の高齢化を遅らせるが，民族間の文化的調和をはかる必要も出てくる。

　移民の流入に寛容な政策をとれば，少子高齢化は緩和される。他方，人口に占める移民とその子孫の割合が高まると，社会の文化的多様性も高まり，それらの人々へのサービス現物給付と現金給付が急増することについて国内のコンセンサスを保つ，という新たな課題に直面する（神野・池上編［2009］第6章）。

## 4.4　「政府への信頼」の多様性

　国民の政府に対する信頼度は，国家により異なる。国際的な世論調査プロジェクトである「国際社会調査プログラム」(International Social Survey Programme [ISSP])によれば，北欧諸国では政府を信頼する国民のほうが信頼しない国民より多い。逆に日本では信頼度がきわめて低い（井手英策［2012］『財政赤字の淵源』有斐閣，240～241頁；前掲池上［2012］27～28頁）。政府への信頼が高い国家では「大きな政府」が安定し，財政再建が課題となるときの増税も可能である。それ

に対して，政府が信頼されない国家では，「小さな政府」であるにもかかわらず「政府の無駄遣い」が強調され，財政危機に際しても増税は困難である。

## 5 日本財政の特徴

### 5.1 相対的に「小さな政府」

日本は，先進国のなかでは相対的に「小さな政府」をもつ国家であり，表1-2に示したように，社会保障，教育にかかわる公共サービスの現物給付と現金給付が小規模である。それは，失業率と生活保護受給率が低く，また保育・介護における家族への依存度が高かったことによる。ただし，高齢化率の上昇に伴い，年金，医療，介護などの支出は急増している。公務員の数は人口の約3％と，他の先進国の半分程度であり，しかもサービス供給の民間委託が進展している。なお，公共投資は他国を上回る規模で展開されていたが，1990年代後半からは公共投資の約8割を担う地方財政の収支悪化を契機に規模が縮小している。これらの点について，くわしくは第3章，第5章，第13章で述べる。

### 5.2 租税負担の軽さ

租税負担を国際比較してみると，第7章でみるように，日本の租税，社会保険料は対GDP比が20％台後半であり，30～40％台であるヨーロッパ諸国を大きく下回る。とくに，給与所得者の所得税負担は先進国のうち最も軽い部類に入り，配当，株式等譲渡益，利子などの金融所得に対する税率も低い。さらに，給与所得には所得税と社会保険料が課されるが，金融所得には社会保険料が課されない。消費型付加価値税の税率も国・地方合わせて8％であり，EU諸国の税率が15～27％であるのと比較すれば低い。

日本の社会保障制度は，年金，医療，介護，雇用保険など，社会保険の形式を重視しており，とくに年金・医療および介護の社会保険料は引上げが繰り返されている。社会保険料の本人負担は逆進性をもつため，問題は深刻である。

### 5.3 巨大な財政赤字・債務残高

表1-1でみたように，日本における一般政府の赤字は大規模であるうえ，総債務の対GDP比は200％を超えている。その最大の理由は租税負担が軽いこと

表 1-2　一般政府支出の国際比較（2010年）

| | 対 GDP 比 （%） | | | | | | | | (参考) |
| | 一般政府サービス | 防衛 | 秩序・安全 | 経済 | 教育 | 保健・医療 | 社会福祉 | 合計 | 高齢化率 (%) |
|---|---|---|---|---|---|---|---|---|---|
| 日　本 | 4.7 | 0.9 | 1.3 | 3.9 | 3.6 | 6.9 | 17.2 | 40.7 | 23.8 |
| アメリカ | 5.0 | 5.1 | 2.3 | 4.1 | 6.7 | 8.9 | 9.2 | 42.7 | 13.1 |
| カナダ | 7.3 | 1.0 | 1.6 | 3.4 | 7.2 | 7.3 | 9.2 | 39.2 | 13.7 |
| イギリス | 5.3 | 2.7 | 2.6 | 3.1 | 6.9 | 8.2 | 17.9 | 50.2 | 16.0 |
| ドイツ | 6.1 | 1.1 | 1.6 | 4.8 | 4.3 | 7.1 | 20.5 | 47.5 | 20.6 |
| フランス | 6.9 | 2.1 | 1.7 | 3.4 | 6.0 | 7.9 | 24.1 | 56.5 | 16.9 |
| イタリア | 8.3 | 1.4 | 1.9 | 3.8 | 4.5 | 7.6 | 20.4 | 50.4 | 20.3 |
| スウェーデン | 6.9 | 1.6 | 1.4 | 4.6 | 7.0 | 7.1 | 21.5 | 52.2 | 18.3 |

注：1）「合計」は表示されていない項目（環境保全，住宅・地域，娯楽・文化・宗教）を含む。
　　2）高齢化率は，人口に占める65歳以上の者の割合。
　　3）カナダは，2006年の数値（高齢化率は同国の国勢調査による）。
出所：OECD.Stat Extracts より作成。http://stats.oecd.org/（2014年4月24日参照）

である。ただし，政府が保有する資産も多いため，純債務は140%程度まで下がる。また，長期金利が低く抑えられてきたため，純利払い費は少ない。

　これまでは公債の9割以上が国内で保有されており，長期金利も低いため，問題は表面化しなかった。しかし，貯蓄率は低下し，経常収支も悪化しており，公債消化の余力は低下した。この問題は第8章，終章であらためてふれる。

**Keyword**

租税国家　民主国家　社会システム　政治システム　経済システム　量出制入

**参考文献**

① 吉田震太郎 [2001]『現代財政入門（第2版）』同文舘出版
② 金澤史男編 [2005]『財政学』有斐閣
③ 神野直彦・池上岳彦編 [2009]『租税の財政社会学』税務経理協会
④ 金子勝 [1997]『市場と制度の政治経済学』東京大学出版会
⑤ 神野直彦・金子勝編 [1999]『「福祉政府」への提言──社会保障の新体系を構想する』岩波書店
⑥ 大島通義・神野直彦・金子勝編 [1999]『日本が直面する財政問題』八千代出版
⑦ マスグレイヴ，R.（大阪大学財政研究会訳）[1961-1962]『財政理論』全3巻（原著1959年）有斐閣

①・②は，資本主義経済の歴史的発展と財政制度との関連を重視した入門書として好適である。③は，租税政策の歴史と国際比較を重視した共同研究である。④は，本源的生産要素にかんする市場化の限界から，経済・財政にかかわる制度の存立根拠を解明する。⑤は，中央政府・地方政府・社会保障基金が「福祉政府」体系をとる，との見地から財政の課題を論じる。⑥は，財政社会学の視点から現代財政の構造と日本財政の特徴を解明する。⑦は，財政の機能を「資源配分の調整」「所得の再分配」「経済の安定」の3つの視点から論じる。

**演習問題**
① 財政は，生産要素市場および生産物市場とどのような関係を有するか。
② 財政が社会のサブシステムを維持するための政策手段をまとめてみよう。
③ 財政構造はなぜ国により異なるのか。多様性が生じる要因をまとめてみよう。

❖ 池上 岳彦

# 第 2 章
# 財政思想と財政社会学

　財政現象は政治，経済，社会からなる広義の社会の媒介環であり，したがって財政学は社会科学の総合性を志向する学問である，といわれてきた。しかし，実際の財政学の研究動向を振り返ると，財政学を経済学の一部に封じ込める傾向がみられる一方で，たんなる財政制度の生成・変転史として社会科学の後進領域に取り残されていく傾向もみられる。財政学の総合性と固有の問題領域の再確認が求められているゆえんである。

　財政学の現状は長い歴史的発展の結果であり，思想の形成はその背後にある社会現象と財政現象との循環的，動態的な相互作用のなかでやむことなく続いてきた。こうした財政思想の歴史的形成過程を記述した文献は少なくないが，財政の社会理論という視点からとらえたときに決定的に欠落している視角がある。それはいかなる人間観に基づいて社会を観察し，分析のなかで国家をどのように位置づけてきたか，ということである。この点を意識して財政思想を振り返り，財政の社会理論としての財政社会学の現代的意義を明らかにしよう。

## 1　純粋経済学の応用領域としての財政論

### 1.1　新古典派経済学と財政論
　現代社会では，各人が自由にそれぞれの価値や目標（**私的善**）を追求している。このことを前提すると，各人の集合体である社会がめざすべき目標（**共通善**）と私的善を調和させることは可能だろうか。いいかえれば，私的善の追求が尊重される社会において国家による統治をどのように説明できるのか。この問題は 17 世紀のホッブス（T. Hobbes: 1588-1679）まで遡ることができる。

新古典派経済学は，力学的アナロジーとして経済学をとらえる見方に基づき，個人が構成する社会で引き起こす作用と反作用の結果として均衡が導き出されるという主張を展開した。この枠組みでは，国家は市場における取引費用を節約することで，効率性を改善するためだけに必要とされる。また，公共サービスもそれに対する個人の選好に応じた租税価格が支払われる場合に効率的な水準の公共サービスが提供されると考えられる。

　そこでは，現実の国家は効率的資源配分と安定性を同時に達成する理想の市場の機能を阻害する不純物としてとらえられる。この結果，精緻化された数学的モデルや統計的手法を用いて，この不純物が市場における効率的資源配分や安定性に及ぼす影響が分析され，社会全体の厚生の変化を明らかにすることで政策の正当性を検証する学問として，公共経済学が発展した。そこにあるのは，市場を分析する経済理論のたんなる1つの応用領域に解消された財政学の姿である。

　こうした新古典派経済学の体系を成立させるため，人間を多様な社会的脈絡から切り離し，合理的経済人という人間モデルを想定することが要求された。なぜなら，物理学の定式にあてはめるためには，原子が勝手な動きをする存在であってはならないからである。そこでの人間モデルは4つの特徴を有する。

　第1の特徴は，人間は利己的な欲望だけを追求する合理的経済人であるとする見方であり，人間は効用最大化を目的として行動するものと想定されている。この考え方は，人間は快楽を可能な限り大きくして，苦痛を可能な限り減らそうとする存在であると主張したベンサム（J. Bentham: 1748-1832）の「功利主義哲学」を下敷きにしたもので，限界革命を経済学に持ち込んだ19世紀後半のワルラス（M. E. L. Walras: 1834-1910），ジェボンズ（W. S. Jevons: 1835-1882），メンガー（C. Menger: 1840-1921）を中心とする限界効用学派によって形成され，ロビンズ（L. Robbins: 1898-1984）によって完成された。第2の特徴は，人間は自然的，歴史的，政治的，社会的，文化的環境から独立して存在する，と想定されていることである。第3の特徴は，人間は非社会的な存在であるとするとらえ方である。このことは個人の効用関数の独立性という表現であらわされる。第4の特徴は，人間は完全な情報と予測能力をもって快楽と苦痛の計算を瞬時に行う快楽計算機のような存在であると考えられていることである。

　新古典派経済学は，こうした極端な抽象化よって理念型の世界を構築し，現実社会の不完全性を明らかにする手法を手に入れた。そこでは現実の社会制度や経

済メカニズムを批判的に評価し，主観的な私的善の合成物として定義された共通善である社会的厚生関数が理想の制度を評価する基準として設定され，私的善の合成手続きが合理性をもつ限り社会的厚生関数も合理性をもつものとみなされ，政策の効果もそれに対する影響を分析することで検証される。

しかし，経済学（理論領域）を倫理学や心理学の領域（人間研究）から隔離し，希少性に関する一般均衡理論の完成をめざすことは，縦と横の比較という社会科学にとっても自然科学にとっても必要不可欠な視点をその枠組みから放擲することでもあった。

新古典派経済学が誕生した19世紀後半は，社会主義経済や計画経済へのうねりが大きくなっていく時代であり，新古典派経済学は市場経済の理想型を描き出すことでその優越性を主張する使命を負わされてきたと考えられる。「べき」を含む命題が徹底して削ぎ落とされ，「である」を含む命題だけを科学的に意味があるものとしてとらえ，ポパー的な意味での科学性の追求に没頭するなかで，理論の首尾一貫性を担保し，数学的方法の精緻化を優先するために想定の現実性は犠牲にされた。シスモンディ（J. C. L. S. Sismondi: 1773-1842），マルサス（T. R. Malthus: 1776-1834），ケインズ（J. M. Keynes: 1883-1946）らが繰り返し主張したように，人間本性と経済現象を含む社会現象のなかで人間が相互に結ぶ関係性にどこまで留意することができるかが社会科学としての経済学，ひいては財政論の正否を決めるにもかかわらず，である。

## 1.2　公共選択学派と財政論

共通善を私的善の合成物としてとらえるとしても，それはいかに合成されるかが問われるはずである。そうでなければ，政策決定過程を与件として扱うか，分析対象から除外し，政府は誰もが支持する共通善に基づく合理的な政策選択を行うという暗黙の想定を置くしかない。この問題に光をあてたのが1950年代以降注目を集めてきた公共選択学派である。この学派を代表するブキャナン（J. M. Buchanan: 1919-2013）によると，国家を構成するのは個人であり，集合的利益もすべて個人の行動に還元されるが，国家は市場の存在を前提とした取引費用の削減から必要とされるのではなく，個々人が合理的に行動する結果，合意に基づいて生み出される。市場経済と同じように，国家も独立した個人が協力を組織するための機構であり，共同行為に入ることが相互に有利な場合に政治的交換が行わ

れる。この視点は，人間の自然状態から国家が出現するというホッブスの見方に対応している。

　この考え方によれば，他人の行動の結果として被る外部費用と同意調達のための意思決定費用の和である社会的相互依存費用が最小となるような意思決定ルールが選択される。代議制民主主義のもとでは，政治家や官僚への意思決定の委任と自己の効用最大化をめざす彼らの自由裁量権の拡大により外部費用が増大し，それが社会の構成員にとって中立的存在でなくなる限界に近づいたところで個人の私的行動を規制する新たなルール（憲法）の制定が求められる。

　こうした考えは，ブキャナン特有の財政憲法アプローチに反映されている。現行租税制度は収入確保のための半永久的な装置（財政憲法）として集合的に選択されたものであり，財政支出はその枠内で編成されるものとしてとらえられる。そこでは公共財の理論が考えるように公共財に対する個人の限界評価が租税価格を直接決定する関係にはないため，財政選択に参加する際，自らの選好を隠す（フリーライダーとなる）誘因は生まれない。

　しかし，代議制民主主義を前提とすれば，公共財に対するすべての個人の選好量と集合的な最適選好量が一致する保証はなく，多数決投票による非効率が発生する。その原因は，公共財に対する個人の選好と租税負担配分の基準が関連づけられていない点にある。ブキャナンは，個人の公共財に対する選好とその相対的所得が相関関係をもつため，非効率が改善される可能性があると想定し，そこから租税構造の効率性を判断する基準を導出した。現行租税制度を前提として，低所得層が支出拡大（削減）を支持し，高所得層が支出削減（拡大）を支持している場合，租税構造の累進性は過度（不十分）と判断される。

　公共選択学派は，それまでの財政論が租税と支出の側面を切り離すことで公共財提供のコスト意識を希薄化し，過大な公共財需要を生み出す「財政錯覚」を引き起こすよう作用してきたことを批判し，個人の選好を集合的意思決定に結びつける過程を分析対象に加え，予算における支出と租税の相互規定性に着目することで，資源配分の効率性が改善される可能性があると主張した。

　しかし，そこで用いられている分析道具は新古典派経済学のそれであり，想定されている人間はルールの変化に反応する合理的経済人にほかならず，政治的アクターの相互作用の結果を評価する基準は資源配分の効率性である。この意味では，立憲的枠組みのなかでの政治的アクターによる相互作用の新古典派経済学的

分析にほかならない。公共選択学派の中心にいたブキャナン自身が後年それを批判し，自ら立憲的政治経済学を提唱した理由もこの点にある。

新古典派経済学は，現実を過度に抽象化した理念型による理想の世界を描くモデルを構築し，現実の不完全性を明らかにする理論として，古典派の政治経済学を経済学に純化させたが，その過程のなかで経済学と財政論との密接不可分の関係も解消されてしまったのである。

## 2　総合的社会科学としての財政論

### 2.1　スミス経済学と財政論

18世紀の思想家スミス（A. Smith: 1723-1790）は，科学は人間研究に基づくべきであることを提起したヒューム（D. Hume: 1711-1776）の議論を批判的に摂取し，**モラル・サイエンス**としての経済学を構築した。そこでは個人が利己心に基づいて行動することが，逆説的に社会全体の最適な秩序を作り出し，国家による強制がなくても自律的な経済社会が成立することを示した。

しかし，スミスが描く人間は，利己心に基づいて自らの利益だけを追求する存在としてではなく，社会的な営みのなかで「同感」（sympathy）を通して胸中に「公平な観察者」を形成し，「実在の観察者」（世間）との二方向から自らの感情や行為を評価する存在である。この「同感」概念によって他者からの承認欲求を含む利己心が説明され，利己心自体に潜む他者＝社会が抽出される。そのことによって，統治の空間（国家）とは区別される分業を通した内在的秩序形成メカニズムが働く経済社会という空間を析出したのである。

スミスは，経済学の目的はこの経済社会と国家を富ませ，希少性の世界から人々を解放すること，すなわち自然的自由の体制にあると考えていた。自由で公正な市場は分業を通して生産性を高め，その結果もたらされる資本蓄積を通して経済成長を促す。経済成長は職をもたない人に職を提供し，富の分配を促すことで社会のつながりを強化させ，望ましい分配状態を作り出す。それにより，国家は資源の社会的配分機能を果たす義務から解放されることになる。

そのなかで国家に要請されるおもな役割は，社会的ルールの基盤である正義を保証すること，勤労や資本蓄積を保全する防衛，司法制度，そして，社会的に有益であるにもかかわらずその拡大とともに支弁が困難となる公共事業や公共サー

ビスを提供することである。社会は市場と国家によって累積的に強化されるのであり，社会が発展するにつれてこれらの役割を果たす政府の絶対的規模は増大する。量出制入原則に基づく国家の収入の十分性が説かれたのである。

　こうした国家の役割を果たすために租税が調達されるが，それは奴隷状態ではなく，自由を象徴するものと考えられている。過重な税負担は国民の同感を得られない。同感を得るためには「ある程度の中庸」を得ることが必要であり，中庸を得れば人は不平をいわない。「ある程度の中庸」は，スミスが「同感」の調達を議論する際に必ずもちだす社会的バランス感覚の別称であり，「悪政のための濫費であれば，また自然的正義の感情に抵触すれば人々の『同感』をうることはできないといった社会的中位の感情である」（大川・小林編［1983］114～115頁）。「納税の理由と必要が明確に説明され，納税する事が結局吾々自身の利益であると自覚して始めて税を負担する」「吾々はいわば我々自身に対して義務を負い，吾々自身に対して課税する（tax ourselves）」（島［1982］77頁）のである。強制性をもつ租税を「同感」原理で根拠づけることにより自由の象徴に転換させたのである。スミスが描く市場は「多数の人が参加して世話の交換を行う場」であり，「本来，互恵の場であって，競争の場ではない」（堂目［2008］164頁）。この理解があってはじめて租税の「強制性」（服従）と「自由」の連結が可能となる。

　このように考えると，スミスの経済学は重商主義とは異なる自由主義経済社会への対応を余儀なくされた国家と財政に基準を与える政治経済学であり，経済理論と財政論が不可分の関係にあるものとして構築されたことがわかる。

## 2.2　ケインズ経済学と財政論

　新古典派経済学は理念型として完全な世界を構築し，現実の世界がどれだけ不完全かを解明しようとした。これに対して，ケインズ経済学は，理想的な世界を構築するのではなく，想定の現実性をとりわけ重視した。人間の行動を，互いに交錯しながら社会生活を営む自己意識をもつ他者と自己という関係のなかでとらえると，個人は，未知の蓋然性＝不確実性がある世界のなかでは不安を和らげるために慣行に戻り，慣行が崩れると群集にしたがって行動する傾向をもつ。このように現実をとらえると，人々は将来に対する予想手段がない場合に気まぐれに行動することが合理的であると考えるので，人々の合理的な行動ゆえに市場の不安定性がもたらされる。そうなれば，新古典派経済学が考える市場による自律的

な回復能力は期待できない。このことは，信頼を築き上げ，予想を安定させるための制度が必要とされることを意味する。ケインズ経済学では，国家は中立的な存在ではなく，経済の安定性と効率性のトレードオフを緩和する論理的な合理性をもつ存在として位置づけられる。

ケインズは大恐慌がいかにして起こりうるかの説明を試み，「希少性のもとでの選択の論理」を重視した古典派経済学から新古典派経済学への流れを転換し，「不確実性のもとでの選択の論理」に基づく経済学を構築した。「ケインズが描いた経済の構図では，世界が原子のような個人で構成され，各人が自分の欲求とそれを満たす方法を知っているという図式が拒否され，各人が将来の不確実性を克服するように設計された規則と慣行の枠組みの中で行動するとされている」（スキデルスキー［2010］153～154頁）。

人間は将来の不確実性によって動機づけられており，現在と将来を架橋する重要な価値保蔵手段としての通貨の保有が不確実性を克服する方法になると考えられている。個人が価値保蔵手段としての通貨をもつ自由を有することが「生産が自らの需要を生み出す」というセイの法則を否定するカギとなった。なぜなら，流動性がある形態での貯蓄の保有，投資の変動，貯蓄と投資が金利で調整されない理由のすべてが不確実性によって説明されるからである。

このことは，新古典派経済学が想定する市場において完全雇用に向かうベクトルだけが働くわけではないことを示している。予想利潤率も利子率も将来に関する不確実で不安定な予想で動いているため，市場は本来的に不安定なものとしてとらえるのが現実的である。そして，需要が減少したとき，相対価格の変化ではなく生産の減少によって均衡が回復する不完全雇用均衡が発生し，需要と供給の完全な調整は経済が収縮したなかで行われることになる。ここから引き出される処方箋は，投資需要の不安定性を緩和し，利子率を低水準に抑えるための政府による総需要管理政策である。具体的には，経常予算は税収でまかないつつ，投資予算を増額し，総支出を高水準に維持する財政政策がとられる。

ムーア（G. E. Moore: 1873-1958）の倫理学を批判的に摂取したケインズは，人々はベンサム流の功利計算に依拠して行動するのではなく，将来の不確実性に対する蓋然的な判断に基づいて行動すると考えた。このことは人間を快楽計算機とみなす新古典派経済学の人間モデルを否定することを意味すると同時に，国家の介入を公共財として位置づけ，国家のなすべきこととそうでないことを峻別す

ることを課題に据えた政治経済学を確立する基礎を提供した。

　こうして，社会的なものに分類される業務と個人的なものに分類される業務は個人的には対応できない不確実性の有無によって区別され，国家の役割の根拠は個人間や国家間の相互不信によって引き起こされるショックを回避することに求められた。国際的な平和の枠組みやスミス以来の政府の基本的な役割に加え，総需要管理政策に政府の積極的役割を与えたのは人間の社会的な行動にかんする倫理的洞察であり，財政論をモラル・サイエンスのなかに引き戻すことの意味を示したのである。なお，ケインズの乗数理論に基づく財政政策については，第13章であらためて取り上げる。

## 2.3　ドイツ正統派財政学

　ベンサム流の功利主義を精緻化させていった19世紀後半の新古典派経済学の流れに対して，シュタイン（L. von Stein: 1815-1890），シェフレ（A. E. F. Schäffle: 1831-1903），ワグナー（A. H. G. Wagner: 1835-1917）を中心としたドイツ正統派財政学は，それまでの国家経営学としての官房学（カメラリズム）の成果を取り込みながら，市場による自律的な秩序形成メカニズムが作用しない状況に対する処方箋として，人間の行為を生み出す動機まで遡って国家介入を正当化する理論の構築を試みた。その財政原理は「共同欲望の満足」と「手段獲得の強制性」によって特徴づけられる。

　ワグナーは，個人の行為動機を利己心だけに絞り込んだ新古典派経済学の人間本性の理解は矮小化されすぎており，より多様なものとしてとらえる必要があると主張する。そこで提示された動機が「利己的動機」「共同的動機＝共同欲望」「慈善的動機」の3つである。この3つの行為動機に対応させる形で「私経済組織」「共同経済組織」「慈善経済組織」という経済組織の3類型が提示され，これらの組織間の相互依存的かつ相互補完的な組合せによって国民経済が構築されると考えられている。

　個別報償原理が作用する「私経済組織」とは異なり，独自のメカニズムで営まれる「共同経済組織」は，人間が個人的な存在であるとともに社会的な存在でもあるゆえに生まれる「共同欲望」を満たすための組織である。そこでは利己主義的な動機づけに基づく欲求実現の乱用を超克し，集合善の実現を図るために私経済領域に強制的に介入する強制共同経済組織として国家が描かれ，財政における

強制的契機が課税の側面にとりわけ強く表れてくる。

ただし，ドイツ正統派財政学の論理体系にあっては，共同欲望論が前提とする個人の公共心から課税の強制性の根拠を説明することは困難であり，課税の強制性に財政の本質を求めると，公共性を支える経費との関連で課税を意義づける視点が薄れる，という問題点が内包されている。これを突き詰めていくと，市場経済メカニズムに服さない国家の異質性を強調し，国家の形而上学的規定から財政学を展開しなければならなくなり，共同欲望の内容，規模，構造およびそれらの決定方式に関する国家の構造そのものに切り込む分析視角が放棄されることになる。

コルム（G. Colm: 1897-1968）は，財政需要を所与として課税の強制性だけを強調する主張を批判し，二元的経済組織論を展開した。コルムは経済組織の交錯関係を社会生産物（国民所得）という定量化できる指標を通して統一的に把握しようと試み，財政学が統一性を備えた指標をもつことを根拠として，財政学は諸科学の境界線の科学でありながら，独立した地位を与えられるべきであると主張した。他の学問領域における特殊な取扱いや断片的な研究によっては財政問題を全体性においても相互関係においても解明できないとして，財政の全領域が予算に関係する点に統一性の指標がおかれたのである。

国民経済全体のなかで財政を考慮するとしても，支出，租税，公債の問題を相互に関係のある経済的・社会的統一分野として考慮することが求められる，とのコルムの視点は，次に述べる財政社会学の問題意識に通底するものがある。

### 2.4 古典的財政社会学

財政社会学は，第1次世界大戦の敗戦に伴うオーストリア＝ハンガリー帝国の賠償問題を論ずるなかで，ゴルトシャイト（R. Goldscheid: 1870-1931）とシュンペーター（J. A. Schumpeter: 1883-1950）によって展開され，社会的，経済的，政治的変化の支配的な推進要因を明らかにするマクロの歴史的パラダイムとして提示された。

その代表的論者であるシュンペーターは，個人的ニーズと共同のニーズの関係が複雑化していくという視点から租税国家の性質を分析している。国家は私的目的ではなく，「共同の困難」によって生まれる。すなわち，包括的な共同体が分裂するなかから新たに作り出された個々の自立体が引き受けようとしない，もし

> Column ① もう1つのシュンペーター像

「早熟の天才」「驚くべき博識」「傲慢」「尊大」「うぬぼれ」。これらはいずれもシュンペーターが受けた評価である。しかし，1925年にボン大学に奉職してからの彼の実像をみるとそのような評価からは想像できない苦悩の姿があることがわかる。学界復帰を果たしたシュンペーターは，『理論経済学の本質と主要内容』（1908年），『経済発展の理論』（1912年），『経済学史』（1914年）の前期三部作を上回る業績を上げることを求められていた。この期待に押し潰されそうになる苦悩と自分の能力不足を悩む焦燥に苛まれていたシュンペーターに追い打ちをかけたのは，研究上の苦悩と焦燥を和らげる存在だった母親と新婚間もない妻アンナの死である。これ以降，母親とアンナへの祈りは挫折と絶望に打ちひしがれたシュンペーターの心の拠り所になっていく。

シュンペーターは，アンナの死後，彼女の日記の対応する日の記述から気に入った部分を2，3行だけ抜粋し，新たな日記に書き写す作業を死ぬまで続けた。その上部には毎日母親とアンナへの祈りの言葉が丸で囲んで書かれている：「私を助けたまえ」，「数学ができない，助けてくれ」，「自分はバカになったようだ，助けてくれ」，「今日はうまく仕事ができたことに感謝する」。母親やアンナへの祈りの言葉は，講義で使うイエローペーパーや1週間の仕事の進み具合や努力の程度を記述した週末点検表にも書かれている。傲慢な天才といえども真理の探究に伴う苦悩や焦燥から逃れることはできなかったのである。

＊塩野谷祐一［2007］「シュンペーターの野心——その人生と学問」（http://www.lib.hit-u.ac.jp/service/tenji/amjas/kouen-with-img.html，2015年2月20日）を参照。

くは引き受けることができない特定の機能を維持するために，国家が必要とされる。シュンペーターは，「共同の困難」を克服するために必要な財源として租税が選択されていく過程を封建的な領主経済の崩壊から析出し，そのことが経済的基盤に影響を及ぼすことを歴史的脈絡のなかでとらえ，「国家機構を始動させ，それを通して代弁しているのが誰であり，誰の利益なのかを認識すること」の重要性を説いた。

シュンペーターにとって財政社会学は，制度を通じた歴史の理論化として定義される「総合社会科学たる経済社会学」の基幹部分としての地位を占めている。シュンペーターは，人間のありようを，静学的一般均衡論が想定するような適応的，慣行的行動をとる合理的経済人と，革新（イノベーション）を遂行する先見と創意と活力をもち，既存の均衡をその領域の内部から破壊しながら社会階級を構

成していく起業家とに区別する。そうした人間の経済行動やその動機を規定する要因として社会制度を想定し，歴史的過程における人々の相互作用を通してそれらが変化する態様を扱うことで，総体としての社会文化的発展をとらえようとする方法として経済社会学が構想されたのである。

その前提には，市場経済を制御するのはそれをとりまく社会であり，経済は社会に埋め込まれているという考え方が内包されている。「共同の困難」を克服するための租税の徴収を起点に据えた財政構造の把握によって社会的な相互作用の発展を解明する枠組みを提供する財政社会学は，シュンペーターの総合社会科学の要石をなす。シュンペーターが「予算とは，あらゆるイデオロギー的粉飾を取り払った国家の骨格である」というゴルトシャイトの言葉を引用し（シュンペーター［1983］12頁），社会的機構を研究するための最良の出発点として財政社会学を位置づけた意義も，この脈絡のなかでとらえてはじめてみえてくる。

コルムが主張するように，財政学は経済学のたんなる一部門ではなく，経済学が政治経済の科学として再定義される場合に限り，経済学の一部門たりうる。これはたんなるレッテルの貼り替えではなく，接近方法の転換を求めるものである。そして，経済現象を含む社会諸現象のなかでの人間の関係性に焦点をあてて，経済学をモラル・サイエンスたらしめようとする一連の動きのなかでその転換をとらえると，古典的な財政社会学を批判しつつも，**財政の社会理論**（social theory of fiscal science）としての側面を説いたセリグマン（E. R. A. Seligman: 1861-1939）の問題提起以降，新たな財政社会学の発展が生み出されつつある，と考えられる。

## 3 財政社会学の新潮流

### 3.1 社会契約としての「租税への同意」

本節では，財政の社会理論という観点から財政学がいかなる発展を遂げつつあるのか，財政社会学が具体的にどのような分析方法をもっているのかについてみていくこととしよう。

シュメルダース（G. Schmölders: 1903-1991）が論じたように，財政は公共の経済であると同時に，貨幣による統治を本質としている。したがって，通貨発行権と課税権からなる「財政権力」は，国家権力の中核を構成し，この権力をどのように社会がコントロールするかによって，財政のありようは大きく分岐することと

なる。

　まず，基本的な問題として，政府が，そのような財政権力，とりわけ課税権をもつ根拠はどこにあるのだろうか。ドイツ正統派財政学が注目したのは，「共同欲望」と「強制性」であるが，2.3でも指摘したように，両者は必ずしも論理整合的でなく，その理論的な限界が，共同欲望の内容，規模，構造に対する無関心を生み出した。

　近年の財政社会学が注目するのは，共同欲望の充足の仕方が課税権の行使に与える影響，やや難しくいえば，課税を巡る「社会契約」のありかたである（Martin et al. [2009]）。現代財政を考える際，国家の強制力をいくら強調しても，民主主義のもとでは，社会の構成員の同意なくして課税は行えないという当たり前の事実に行き着く。国家の権力と人々の欲望がせめぎ合うなかで財政現象は立ち現れるのであり，共同欲望をどのように充足するのかによって，課税の実現可能性は大きく左右される。

　以上の問題意識から，財政社会学では，モラル・サイエンスとしての経済学という伝統と符合するように，人々が，自らの財産を犠牲にしてでも，社会の生産性を高めるために公共財を提供すべきだと考えるか，否かを問題とする。この共通善のために課税を受け入れるという社会的な契約，すなわち**「租税への同意」**（tax consent）が整うことこそが，政府による課税権の行使が正当化される重要な前提条件だと考えるのである。

　問題は，歴史的にみても，原理的にみても，この「租税への同意」という**社会契約が2つの側面から切り崩される可能性を秘めている**点である。

　1つめは分配の正義とかかわっている。集められた財源は，当然，支出に向けられる。絶対王政の時代を考えればわかるように，財源の多くは王室の私的家計に充当されるかもしれないし，第1次世界大戦後のドイツのように，人々の生活よりも，債務の返済のために多くの財源が用いられるかもしれない。利益分配のありかたは多様であるが，それが時代の社会的公正から逸脱すれば，物理的な暴力の行使も含めた**租税抵抗**（tax revolt）が発生する。

　2つめは負担の公平とかかわっている。古くはトクヴィル（A. de Tocqueville: 1805-1859）が，あるいは私たちに比較的なじみのある財政学者，シャウプ（C. S. Shoup: 1902-2000）も指摘したように，不平等な租税制度は，ある集団に利益をもたらし，他の集団には理不尽な苦痛を生み出す。このことは，階級・階層間の対

立を醸成するため，不満を抱いた納税者は租税回避行動を活発化させ，税制は一切の目標を実現できずに終わるだろう。不公平な税制は，不公平な分配と同様，「租税抵抗」を招く。

　財政学の教科書がしばしば強調してきたように，現代的な財政システム，高い租税負担率は，戦争を契機として形成されてきた。戦時期には，民主主義的な財政運営が極端に難しくなるし，国家は，明確な意図とともに，人々の財産を収奪する。この面から考えれば，国家の強制力は，現代的な財政制度を形成するうえで，決定的に重要な役割を果たしてきた。

　しかしながら，実際には，そのような強制力が発動され，重い税負担が課されるときほど，課税の公平性が問題とされてきた。財産の収奪が顕著だからこそ，人々が等しく苦痛を味わうのでなければ，社会はたちまち不安定化してしまうからである。これを分配面からみれば，財源は，戦争遂行という高次の目的，すなわち，生存という国民共通の利益のために用いられた。強力に国家権力が発動される時期でさえ，租税への同意を整えることは，国家が権力を行使する際の不可欠の条件なのである。

### 3.2　租税抵抗を読みとく

　租税抵抗――それは社会契約の具体的な形態である「租税への同意」が揺らいでいることを意味する。同時に，貨幣による統治を本質とする財政にあって，その財源基盤が不安定化するということは，統治の機能不全，すなわち，社会の危機・動揺と直結しかねない問題でもある。

　財政の社会理論として財政社会学を位置づける場合，財政社会学は，財政現象を手がかりとして，社会の危機や動揺といった社会の変動を読みとくことを可能にする。いわば，財政現象を手がかりに「問いを発見する（heuristic）」（大島［2013］）わけだが，ここで問題となるのは，では具体的に，どのように課税と利益分配の関係，社会契約の揺らぎを読みとくのかという点である。

　まず，分配の正義から考えてみよう。財政構造を2つの類型に区別すると，一方の極に育児・保育，養老・介護，教育，住宅といった人間の「普遍的利益」を重視する財政があり，他方の極に農家や中小企業への助成，地方向け公共投資，低所得層への支援といった「個別的利益」に力点をおく財政がある。

　利益分配，すなわち財政支出は，共通善と一致しなければならない。ある特定

の人物・集団の私的欲望のため全員が負担を負うことは，革命や議会政治の発展に示されるように，歴史的には否定されてきた。共通善を満たさない利益分配，財政支出は，社会が一体となって公共需要を満たすための条件である「同感」を損なう。

普遍的利益を重視すると，社会を構成する者の大部分が同様の利益を得ることができる。反対に，個別的利益を重視すると，特定の集団が受益者となる。したがって，前者のほうがより広範で，一般的な共通善と合致し，後者のほうが利害対立を起こしやすい。利害対立の起きやすい政治状況は，他者のための納税に対する不同意，すなわち租税抵抗を起こすこととなる。

次に負担の公平を考えてみよう。課税も，支出と同様，社会の構成員の共通善と整合的でなければならない。特定の集団を狙い撃ちにした税は，それが増税であれ減税であれ，持続性をもちえない。これも，18世紀のフランス革命や20世紀のアメリカにおける納税者の反乱など，多くの歴史的事実が証明している。

また，同じ所得水準でありながら，職業，年齢，性別等によって負担が異なる場合も，社会的な対立・批判が醸成される。日本における直間比率や世代間不公平の是正問題は，この論点が政治的に浮上したものである。

租税抵抗を生み出しやすい税とは，負担の公平が満たされていない税ということができる。しかし，税に関する共通善の場合，何をもって善とみなすのかは，財政支出との関係や歴史文脈によって，さまざまに変化しうる点に注意しなければならない。

たとえば，累進税制を根幹に据えた税制のもとでは，同じ所得階層にある人々は受益や負担感を共有するだろうし，全体的にみれば低所得層への配慮が重要な共通善となっている。ただし，経済が順調に成長する時代であればよいが，そうでない場合，負担の大きい所得階層の租税抵抗は強まり，低所得層向け支出への批判，そして階層別対立が先鋭化するかもしれない。

付加価値税をおもな財源とする国であれば，同じ所得の人は同じ税負担となるし，誰もが納税者とならざるをえないため，より広範な政治的アイデンティティを共有できそうである。ただし，高齢者や低所得層にとっては，逆進性の強い税の負担は看過できない。それを黙認する社会なら，所得階層間の対立が深化するであろうし，反対に，これらの階層への対策を支出面や税率の軽減等で講じるならば，社会的な連帯を強化することが可能であろう。

税のありかたは，一方では利益分配のありかたと密接な関連をもち，同時に，集合ごとに共有される「価値」を鋭く反映する。したがって，利益分配面での受益のありかた，社会的価値との関連のなかで，いかなる税制，負担構造が生み出されたのか，そしてそれらが租税抵抗とどのように関係しているのかを制度的，歴史的に考察する必要がある。これは財政社会学の重要な課題である。

　もちろん，社会的価値は，税だけでなく，利益分配のありかたにも大きな影響を及ぼす。たとえば，宗教的基礎の有無は，財政制度を設計するうえでの普遍的利益への同感に影響するであろう。家族や女性の社会的役割や地位は，対人社会サービスの充実度を左右する。人種的な多様性は，マイノリティへの利益分配を正当化ないし批判の対象とすることで，社会的連帯の強度を方向づける。

　要するに，財政社会学は，インフォーマルな社会的要因が支出・収入の両面からみた財政構造とどのように結びつき，これらの組合せがどのようにそれぞれの国において租税抵抗と社会契約の動揺を生み出してきたのかを追跡するのである。租税抵抗と社会契約の動揺を説明することは，ある国民国家の財政構造が歴史的にどのように形成され，その過程が各国に固有の社会的価値とどのように結びついていたかを解明することだといえる。

　また，ある財政運営がいかなる社会的価値を基礎として実現されたのかを問うことは，そのような財政運営に失敗した国の社会的価値を逆照射することを可能とする。類似した社会的価値をもつ国が異なる財政構造を形成することもありうる。そこで，政治制度や経済情勢も含めた「歴史文脈」のいっそう慎重な検討が求められる。歴史と比較は財政社会学の車の両輪をなすのである。

### 3.3　財政社会学では歴史の変動をどのように理解するのか

　歴史と比較という2つの車輪が機能したとき，財政学はどのように豊富化されるのか。再度，学説史に立ち返りながら，この点を検討しておこう。

　従来，財政学では，近代化理論を前提にする議論，すなわち，歴史の発展段階が税制や財政の形態を決定づけるという考え方が存在した。

　たとえば，マルクス主義経済学に基づく財政学は，経済の発展段階に応じた財政の姿を論じてきた。公共経済学者も，無自覚のうちに，経済のグローバル化というある歴史的傾向が各国間の租税競争をもたらし，国と国の間の税率格差を縮小させて，財政規模の収斂を招くと考えてきた。

しかし，すでに多くの反論が提示されているように，各国は依然として，看過できない財政のバリエーションをもっている。同じ経済の発展段階にあり，類似した政体をもつ国々でさえ，異なる財政制度を構築している。これらの単純な事実に対して，経済の発展段階と財政の形態を結びつける議論は，十分な説明を行うことができない。

財政社会学は，財政の多様性それ自体を説明対象と考える。現象の多様性は，近年の社会科学の諸領域で共有される考え方である。それに関連してしばしば強調されるのが**経路依存性**（path dependency）という概念である。

戦時期や大恐慌期など，「歴史の重大な局面」（critical juncture）で設計された制度は，その後の政策選択に決定的な影響を与える。重大局面で大胆に設計された諸制度は1つの構造をなし，そのもとでは，ある特定の選択が政治経済的な合理性をもつようになる。これを「正のフィードバック」（positive feedback）と呼ぶ。こうして，その国における政策運営の粘着性が生み出され，政策の経路への依存が強まるのである。

経路依存性をもつことは，それぞれの国の政策選択肢が広範に及ぶこと，しかも，ある時代の選択が粘着性をもち，後の政策決定を方向づけること，したがって，各国の制度設計が多様なものとなりうることを示している。

ただし，これらの議論には注意すべき点がある。1つは，重大な局面とは何かという問題である。ある制度の変更が生じたとき，それが重大であるかどうかは，課題（従属変数）を設定する者の都合で自由に操作可能であるし，それに伴っていかなる要因（独立変数）が重要かも恣意的に決定できる。いわゆる従属変数問題である。もう1つは，重大な局面がどのように訪れるのかという問題である。多くの議論において，重大な局面は外在変数である。すなわち，偶然が局面を支配するため，制度変化は突然変異を遂げたかのように描かれることが多い。

私たちは歴史的な「大転換」を知っている。ただし，産業革命は70年ものときを要し，フランス革命ですら現実には10年以上のときを要した。歴史の重大な局面は細かな歴史的選択の積み重ねの結果を下敷きとしているのであり，突然変異が社会の変動を引き起こすわけではない。財政と社会の相互作用がいかなる文脈において租税抵抗を強め，どのように社会の変動につながったのかを丁寧に追跡することは，財政社会学にとって重要な課題である。その枠組みは「歴史は重要である」（History matters）という理解を大きく超えていく。

## 3.4　財政と社会の相互作用を支える諸制度

最後に，私たちが財政と社会の接平面をとらえようとする場合，分析の対象がどこに定められるのかについて考えておこう。

政策は，意思決定過程と，そこで決定された政策のアウトプット過程に分けることができる。財政社会学は，意思決定過程については，財政制度や財政政策がどのような意図のもとで設計あるいは修正されたかを分析する。また，政策アウトプット過程については，意思決定過程での決定を実行した結果，それがどのように社会経済に対して影響を与えたのかを考える。ここで生じる変化は，世論や政治過程を媒介として意思決定過程に反映され，さらなる政策の調整と変化が促されることとなる。

意思決定過程は，大きく，3つのレベルに区別することができる。第1のレベルは「国家構造」(state structure) である。広くは憲法の規定に始まり，大統領制か，議院内閣制か，議会主導の予算編成か，行政主導の予算編成か，集権型か，分権型かといった意思決定の大きな骨格が問題となる。

実際の分析の焦点は，第2のレベル，すなわちメゾレベルの意思決定過程に合わせられることが多い。ここでは，ある国家構造のなかにどのような意思決定上の特徴があり，中間組織や利益団体がどのような役割を果たすかが具体的に検討される。たとえば，政労資の集団的合意形成か，分断された利益集団による合意形成か，中央政府に対する中央銀行の関係は独立的か，従属的か，社会経済的変動が政策主体の選好にどのような影響を与えるかといった問題が取り扱われる。

第3のレベルでは，予算編成における行政の査定のありかた，町内会や学校区といった基礎単位での意思決定，NPOやNGOといったボランタリー・セクターの果たす役割，経済団体の内部等での交渉・決定のプロセスといった，ミクロレベルでの意思決定過程が問題となる。

それぞれの意思決定過程は，重層的に重なり，かつ相互に密接に関連しあうことで，財政と社会の親和ないし反発を生み出す。それと同時に，上の3つの意思決定過程は，伝統的家族主義や宗教的価値，ジェンダー・レジームや雇用慣行・勤労思想といった社会の労働意識，さらに民主主義の勃興・成熟と国家の発展，社会的連帯の源泉といった永続性のある社会的特徴により規定される。

本節では，これまでの財政思想との対比のなかに財政社会学を位置づけつつ，その方法的な優位性を説明してきた。モラル・サイエンスとしての経済学という

豊かな伝統のもとで，過度に進んだ社会科学の抽象化・単純化を問題とし，全体性の科学として新しい領域を切り拓くことが，財政学の進みつつある方向性だといえよう。

## Keyword
共通善　モラル・サイエンス　同感　財政の社会理論　租税への同意　社会契約　租税抵抗　経路依存性

## 参考文献
① 大川政三・小林威編［1983］『財政学を築いた人々――資本主義の歩みと財政・租税思想』ぎょうせい
② 大島通義［2013］『予算国家の〈危機〉――財政社会学から日本を考える』岩波書店
③ 島恭彦［1938］『近世租税思想史』有斐閣（島恭彦［1982］『島恭彦著作集　第1巻　財政思想史』所収）
④ シュンペーター，J. A.（木村元一・小谷義次訳）［1983］『租税国家の危機』岩波文庫（木村元一訳，勁草書房版，1951年）
⑤ 神野直彦［2007］『財政学〔改訂版〕』有斐閣
⑥ 堂目卓生［2008］『アダム・スミス――『道徳感情論』と『国富論』の世界』中央公論新社
⑦ スキデルスキー，R.（山岡洋一訳）［2010］『なにがケインズを復活させたのか?』日本経済新聞出版社
⑧ I. W. Martin., A. K. Mehrotra and M. Prasad eds. [2009] *The New Fiscal Sociology: Taxation in Comparative and Historical Perspective*, Cambridge University Press.

　①は，近代資本主義社会とともに展開してきた財政学の流れを代表的な思想家の人物像と思想に焦点をあわせて解明した文献。②は，財政社会学の開拓者である著者が，学説史を原典にあたりながら丁寧にまとめ，さらに"heuristic"という概念に基づき日本社会における公共性の危機を論じた書。③は，17世紀から18世紀の歴史的・社会的現実から生成してくる租税思想の政治的性格を明らかにし，財政学における思想史研究の重要性を示す書。④は，租税国家の歴史的性格を明確にとらえ，財政社会学の意義を強調した古典的名著。⑤の第2編は，財政社会学の現代的意義を意識しながら近世から現代に至るまでの財政思想が描かれており，歴史的鳥瞰図を与える点で有益である。⑥は，『道徳感情論』に示された人間観と社会観を通して『国富論』を読み直し，社会の秩序と繁栄にかんする1つの思想体系として再構築した書。⑦は，ケインズ研究の第一人者である著者が，ケインズを思想，哲学，理論など多方面から解き明かすことで，新古典派経済学に内包されている問題点を浮き彫りにした書。⑧は，

政治学,歴史学,社会学といった学際的な執筆者による著書。英文のため読解は難しいが,財政社会学の到達点を知ることのできる重要な文献。

　財政学をはじめ経済学を学ぶことは,人間をどのようにとらえ,それらが構成する社会をみる眼を養うことでもある。本章で取り上げた偉大な学者たちがどのような人間観をもち,どのような社会像を見出していったかを彼らの著作を通して直接学んでほしい。

### 演習問題

① 財政学を経済学の一領域ととらえることの是非を論じなさい。
② 「安価な政府」を最初に展開したのはアダム・スミスであるかのようにいわれているが,彼は経済規模と政府規模の相乗的拡大による社会の累積的発展過程を描いている。彼の主張に照らした場合「安価」にどのような意味があるか論じなさい。
③ 利益分配と税を巡る社会契約に留意しながら,財政社会学が従来の財政学をどのように批判的に発展させようとしているのか,論じなさい。

❖赤石 孝次・井手 英策

# 第 3 章

# 近現代財政の展開

## 1　近代財政の確立と日本財政

### 1.1　近代財政の特徴

　封建制度の解体は資本主義発展の基礎を築いた。領主的土地所有や身分的支配，領主や国王の特権収入を支える規制が廃止されたことにより，その発展に必要な土地の私的所有，営業の自由および商品経済の発展がもたらされた。封建制度の解体は，イギリスやフランスのように市民革命により進行することもあれば，ドイツのプロイセンのように「上から」の改革によることもあった。また，国王権限に対する制限が進むなかで，国家予算を市民の代表である議会が決定し，租税の賦課徴収を法律で定める**財政民主主義**および租税法律主義が成立した。それに伴い財政の性格も変化した。封建領主あるいは絶対王制の財政は「領主，君主の私的な家計」という性格を有したが，近代国家に移行した後の**近代財政**は，財政民主主義を基礎として「公共性を帯びた国家の経済活動」となったのである。イギリスでは名誉革命により1689年に発布された権利の章典において，フランスでは1789年の人権宣言において，財政に対する議会の主権が明示された。しかし，近代財政のもつ公共性はすべての市民のためのものではない。当時，政治に参加できたのは財産と教養をもつ市民に限られ，議会はそうした一部の階層が支配していた。

　18世紀から19世紀にかけてイギリスを中心に起こった産業革命により機械化が進展し，イギリスでは綿工業が発展した。機械を有する産業資本の登場は，農民・手工業者を商品経済に巻き込み，農民層の分解を推し進め，労働力の商品化

を促した。産業資本はそれらを利用して利潤を獲得するようになった。

この時期の国家政策は「レッセ・フェール」に象徴されるように、自由な市場の形成と、国家の役割を制限した「安価な政府」（小さな政府）の創出を特徴とした。イギリスは世界の工場としての地位を確実にしたが、対外経済政策としては重商主義政策を維持していた。しかし、輸出に利害をもつ産業資本や金融業者たちが成長すると、地主層の利益を優先する保護主義的政策への反発が強まった。イギリス政府は自由貿易政策への転換をはかり、その障害となる関税の引下げや貿易特権の廃絶を進めた。また内国消費税の引下げや公債発行の抑制をはかり、おもな支出を国防、警察・司法、一般行政費として、その水準も抑制した。

イギリスの自由貿易体制は1860年の英仏通商条約を起点に、急速にヨーロッパ諸国へ伝播した。ただし、自由貿易体制はたんなる「安価な政府」ではない。ヨーロッパ諸国は軍事力を背景として、アジア諸国に開港を迫り、通商の自由を確保しつつ、関税の引下げや不平等条約の締結を強要した。また、イギリスの「安価な政府」が、植民地財政により支えられたことにも注意が必要である。イギリスは広大な植民地を保有し、なかでもインド財政は軍事費を中心に拡大した。イギリスは、植民地の負担により世界的な軍事的優位を確保しつつ、本国の軍事費・公債費を低く抑え、関税や消費税を引き下げることができた。

### 1.2　日本における近代財政の確立

日本では1868年の王政復古の大号令により明治維新政府が成立した。当初、政府は諸藩に旧来通り領主経営を認めた。しかし、1869年の版籍奉還により土地（版）と人民（籍）への支配権を朝廷に返上させ、71年の廃藩置県により領主経営を廃止し、段階的に中央集権化を進めた。また、政府は封建的身分制度を否定するとともに、1871年の田畑勝手作許可、72年の土地永代売買禁止令廃止によって土地にかんする封建的規制も廃止して近代国家体制を確立した。続いて、政府は財政基盤の整備に着手した。1873年に地租改正条例を布告し、地価の3％を地租として土地所有者に金納させることとした。さらに旧幕時代の雑税を国税に編入しその整理を進めた。こうして表3-1で示したように地租、個別消費税、関税からなる租税体系を整備した。

しかし近代財政の基礎となる財政民主主義の成立は、自由民権運動の高まりを受けた1889年の大日本帝国憲法と翌年の帝国議会開設を待たなければならな

表3-1　国の一般会計租税収入の推移（決算額）

(単位：百万円, %)

| 年度 | 地租 | | 所得税 | | 営業税 | | 酒税 | | 関税 | | その他 | | 合計 |
| --- | --- | --- | --- | --- | --- | --- | --- | --- | --- | --- | --- | --- | --- |
| | 金額 | 構成比 | 金額 | 構成比 | 金額 | 構成比 | 金額 | 構成比 | 金額 | 構成比 | 金額 | 構成比 | |
| 1880 | 42 | (76.6) | - | | - | | 6 | (10.0) | 3 | (4.7) | 5 | (8.7) | 55 |
| 1890 | 40 | (60.6) | 1 | (1.7) | - | | 14 | (21.0) | 4 | (6.6) | 7 | (10.0) | 66 |
| 1900 | 47 | (34.9) | 6 | (4.8) | 6 | (4.5) | 50 | (37.6) | 17 | (12.7) | 7 | (5.6) | 134 |
| 1910 | 76 | (24.0) | 32 | (10.0) | 26 | (8.1) | 87 | (27.3) | 40 | (12.6) | 57 | (17.9) | 317 |
| 1920 | 74 | (10.1) | 190 | (26.1) | 62 | (8.5) | 164 | (22.4) | 69 | (9.5) | 171 | (23.4) | 731 |
| 1930 | 68 | (8.1) | 201 | (24.0) | 54 | (6.5) | 219 | (26.2) | 105 | (12.6) | 188 | (22.5) | 835 |
| 1940 | 4 | (0.1) | 1,489 | (40.8) | 78 | (2.1) | 285 | (7.8) | 144 | (3.9) | 1,653 | (45.3) | 3,653 |

注：1）「関税」は1901年までは海関税。「営業税」は1927年度から営業収益税。
　　2）1940年度の「その他」は、戦時利得税（737百万円）、法人税（182百万円）、物品税（110百万円）、遊興飲食税（128百万円）、砂糖消費税（141百万円）、織物消費税（96百万円）等を含む。
　　3）金額は四捨五入しているため合計が一致しない場合がある。構成比は四捨五入前に算出した数値を示している。
出所：大蔵省財政史室［1998］『大蔵省史』（第2巻）426〜432頁より作成。

かった。大日本帝国憲法は租税法律主義を規定し、予算の議会による協賛を義務づけた。しかし、①天皇大権に基づく経費（官庁、軍隊、国家組織など）を議会が修正・削減する場合は政府の同意を要する、②政府の責任による予算外支出や緊急時の勅令による財政上の処分を認め、議会は事後承諾を求められる、③議会が予算を承認しないまま新年度を迎えた場合、前年度予算を施行する、④貴族院と衆議院は同権とする、⑤衆議院の選挙権は直接国税を15円以上納める25歳以上の男子に限るなど、財政民主主義は著しく制限されていた。

### 1.3　日本の経済発展と日清・日露戦争

日本は経済発展を急速に遂げるため殖産興業を展開した。鉱山・鉄道・製鉄などの官営事業を運営し、外国人技師を雇い入れて欧米の技術を導入したうえで、官業払下げを行った。それはおもな払受け人であった政商が財閥へ転化するのを助けた。また民間産業への投融資も活発に行われた。この積極財政と1877年に勃発した西南戦争の経費は政府紙幣発行などでまかなわれた。これに国立銀行創設ブームが加わり、紙幣流通量が増加してインフレーションが発生した。

1881〜85年に大蔵卿を務めた松方正義は、兌換制度の樹立による通貨安定を目標とし、緊縮財政による紙幣消却と準備金を用いた輸出金融による正貨蓄積を進めた。また、国立銀行を整理するとともに、1882年に日本銀行を創設し、85年に兌換銀行券を発行して銀本位制を確立した。松方財政は激しいデフレーショ

表3-2 国の一般会計歳出および臨時軍事費特別会計純計歳出の推移（決算額）

(単位：百万円，%)

| 年度 | 皇室費 | | 恩給諸禄 | | 軍事費 | | 国債費 | | その他(行政費) | | 合計 |
|---|---|---|---|---|---|---|---|---|---|---|---|
| | 金額 | 構成比 | 金額 | 構成比 | 金額 | 構成比 | 金額 | 構成比 | 金額 | 構成比 | |
| 1880 | 1 | (2.2) | 1 | (0.8) | 12 | (19.0) | 22 | (35.5) | 27 | (42.4) | 63 |
| 1890 | 3 | (3.7) | 1 | (0.9) | 26 | (31.3) | 20 | (24.7) | 32 | (39.4) | 82 |
| 1900 | 3 | (1.0) | 4 | (1.5) | 133 | (45.5) | 35 | (11.9) | 117 | (40.1) | 293 |
| 1910 | 5 | (0.8) | 28 | (5.0) | 185 | (32.5) | 154 | (27.1) | 197 | (34.6) | 569 |
| 1920 | 5 | (0.3) | 55 | (3.5) | 870 | (55.0) | 95 | (6.0) | 555 | (35.2) | 1,580 |
| 1930 | 5 | (0.3) | 149 | (9.6) | 443 | (28.4) | 273 | (17.5) | 689 | (44.2) | 1,558 |
| 1940 | 5 | (0.0) | 295 | (2.5) | 7,949 | (68.6) | 903 | (7.8) | 2,431 | (21.0) | 11,583 |

注：1) 軍事費は一般会計における軍事費と臨時軍事費特別会計支出の年度割額の単純合計額。合計も一般会計と同特別会計支出の単純合計額。臨時軍事費特別会計の支出があったのは，1876～77年度，1894～95年度，1903～06年度，1914～25年度，1937～45年度である。
2) 金額は四捨五入しているため合計が一致しない場合がある。構成比は四捨五入前に算出した数値を示している。

出所：大蔵省財政史室［1998］『大蔵省史』（第2巻）370～371, 390～391頁より作成。

ンを招き，とくに米価下落および増税は農村経済の悪化と農民層分解を促した。

日本は朝鮮半島の権益を巡り清国と対立し，1894～95年の日清戦争において勝利した。戦争に伴い巨額の財政資金が散布され，賠償金への期待がそれに加わり，企業勃興ブームが起こった。戦後は賠償金を正貨準備として，1897年に金本位制を導入した。また「戦後経営」として，軍備，製鉄所，鉄道，電信電話，海運・造船奨励，特殊銀行設立，台湾経営，治水，教育などの諸事業を実施した。

その後，日本は朝鮮半島を巡りロシアと対立し，1904～05年の日露戦争において勝利した。日露戦後も「戦後経営」が大規模に展開された。両戦争とその「戦後経営」は，産業資本を成長させるとともに，日本を帝国主義列強の地位に押し上げた。しかし，この積極財政は外債を含む公債の大量発行と増税で支えられていた。表3-1に示したように，酒税や織物消費税などの間接消費税が増税され，税制の中心を占めるようになった。また表3-2に明らかなように，公債費が財政を圧迫した。このため日露戦後，大衆課税となる消費課税中心の租税体系の見直しや，公債に依存する財政構造の見直しが課題となった。

## 2 現代財政の成立と日本財政

### 2.1 現代財政の特徴

19世紀末，鉄道や電信などの産業基盤整備および新たな科学技術の開発に伴

表3-3 政府支出の変化（対GNP比）

(単位：%)

| 年度 | イギリス ||| ドイツ ||| アメリカ |||
|---|---|---|---|---|---|---|---|---|---|
| | 総政府支出 | 経済・環境サービス費 | 社会サービス費 | 総政府支出 | 経済・環境サービス費 | 社会サービス費 | 総政府支出 | 経済・環境サービス費 | 社会サービス費 |
| 1890 a | 8.9 | 1.3 | 1.9 | 13.2 | - | - | 7.1 | 2.0 | 1.8 |
| 1900 b | 14.4 | 2.5 | 2.6 | 14.9 | - | - | 7.9 | 2.1 | 1.9 |
| 1913 | 12.4 | 2.2 | 4.1 | 14.8 | 2.2 | 5.1 | 8.5 | 2.6 | 2.1 |
| 1923 c | 24.2 | 3.4 | 8.5 | 25.0 | 2.7 | 14.3 | 12.6 | 3.6 | 3.5 |
| 1929 d | 23.9 | 3.4 | 9.5 | 30.6 | 3.2 | 19.3 | 11.7 | 3.6 | 3.2 |
| 1932 | 28.6 | 3.9 | 12.9 | 36.6 | 3.3 | 24.8 | 21.3 | 6.0 | 6.3 |
| 1940 e | 30.0 | 3.9 | 11.3 | - | - | - | 22.2 | 7.2 | 6.9 |
| 1950 f | 39.0 | 5.7 | 18.0 | 40.8 | 4.6 | 24.2 | 23.0 | 3.4 | 6.2 |
| 1957 g | 36.6 | 4.3 | 16.3 | 44.1 | 6.1 | 27.9 | 28.5 | 5.1 | 8.0 |
| 1962 h | 38.0 | | | | | | 33.2 | 6.3 | 11.0 |

注：1) a.ドイツは1891年，b.アメリカは1902年，ドイツは1901年，c.アメリカは1922年，ドイツは1925年，d.アメリカは1927年，e.イギリスは1938年，f.アメリカは1948年，g.イギリスは1955年，ドイツは1958年，h.イギリスは1963年。
2) 経済・環境サービス費には，公共事業費，農業等補助金，政府事業費等および環境サービス費が含まれる。社会サービス費には教育費，福祉計画費，社会保険費，住宅費が含まれる。
出所：R. A. Musgrave［1969］*Fiscal Systems*, Yale University Press, pp.94-95より作成。

い重化学工業が発展した。後発資本主義国であったアメリカやドイツではそれが著しかった。重化学工業では「規模の経済」が働きやすいため，多数の出資者を集めて巨大な資本を調達することができる株式会社形態がとられるようになった。また「所有と経営の分離」が進行し，巨大な資本取引や証券取引にかかわる金融機関も発展した。大企業のなかには市場支配力を強めるとともに，商品や資金の過剰を避けるために国内外へ市場の拡大を求めるものも現れた。他方，重化学工業の発達とともに青年男子労働者の層が厚くなり，労働組合の結成により団体交渉力が強化されて，争議も頻発するようになった。

　第1次世界大戦と第2次世界大戦をはさむ30年間（戦間期）に，財政のありかたは大きく変化した。表3-3に示したように，各国は上述した資本主義の変化に加えて，世界大戦や世界恐慌などの危機に対応するため，財政規模を飛躍的に拡大させた。戦間期以降の経済政策の現代化については第13章でくわしく述べるが，以下ではそれを含む**現代財政**の全体的特徴を整理する。

　第1次大戦と第2次大戦は，総力戦と呼ばれるように，軍隊だけでなく国民を総動員する戦争であった。また，ロシア革命やドイツ革命で示された労働者・農民の反体制エネルギーは，資本主義諸国の政府にとって脅威であった。そこで彼

らへの宥和政策を展開し，その協力を得て危機を回避しようとした。

　ドイツでは第1次大戦が勃発すると，「城内平和」を確保して経済動員を円滑に行うために，労働組合の公認化や賃金協約と調停制度の整備が政府や軍のイニシアチブにより進められた。ドイツ革命が勃発すると，「中央労働共同体協定」を定め労働者の権利を包括的に認めることで，労使協調による危機克服＝体制維持がはかられた。革命が挫折した後も，協約内容の大部分はワイマール憲法に取り入れられ，団結権・団体交渉権・争議権などの労働基本権とこれに支えられる労働協約，調停制度および8時間労働日制を特徴とするワイマール共和国の労使関係の基礎となった。またワイマール憲法は，20歳以上の男女に普通選挙権を認める政治的同権化，失業に対する国家の責任の明確化など，労働者の経済的・政治的・社会的利益を保障した。危機克服の過程において，労働者は同権化を通して体制内化されたのである。それは大衆の政治参加を促し，失業・貧困問題の解決は新たに国家の責務となった。

　イギリスでは，第2次大戦で苦戦を強いられていた1942年，ベヴァリッジ（W. H. Beveridge）が報告書『社会保険および関連サービス』（いわゆるベヴァリッジ報告）を提出した。報告は，すべての国民にナショナル・ミニマムを保障することを目的として，社会保険の充実と医療サービスの充実を提案した。報告に沿って，戦後は社会保険の改革，病院の国営化，地方団体による公営住宅建設が行われ，福祉政策が充実するとともに，国民への最低限の保障が市民の権利であり，また国家の責務であるとする考えが定着した。総力戦が全国民の生存権を担保にする以上，国家は国民の生存権を保障しなければならない。ベヴァリッジ報告は戦時下の国民統合策として重要な意味をもち，戦後，それが実現し拡張されたことは，戦時公約の実現とともに，東西冷戦の開始に伴う社会主義勢力の国内浸透を防ぐ意味も有していた。

　独占の進行や世界大戦とともに，深刻な恐慌も社会の不安定化による体制的危機につながる。そこで，景気調整政策であるフィスカル・ポリシーが導入された。国家は，公共投資の拡大や減税により設備稼働率上昇と雇用拡大をはかり，それは経済の安定化と失業救済による社会の安定化につながる。また，この過程で生じる物価上昇は借入コストの低下を招き，投資が促進される。それと同時に，生産規制・価格調整，特定産業保護など，多角的な政策がとられる。

　世界恐慌に際して展開されたアメリカの政策は，その好例である。1929年10

月のニューヨーク株式市場の大暴落を契機として，アメリカ経済は深刻な恐慌に見舞われた。それはヨーロッパにも波及し，世界規模の大恐慌となった。こうしたなか33年にアメリカ大統領に就任したルーズベルト（F. Roosevelt）は，ニューディール政策と称される，恐慌後の不況克服の政策を実施した。農業調整法（AAA）を定め，農業生産を制限し農産物の価格安定をはかった。また全国産業復興法（NIRA）を定め，過剰生産と破壊的な競争を解消するため，産業部門で生産と価格のカルテル締結を合法化した。NIRA は同時に，失業者を減少させて消費購買力を増加させるために，労働者の組合結成と団体交渉を認め，さらに最低賃金と最高労働時間を定めた。AAA や NIRA は違憲判決を受けたが，労働にかんする部分は生き続け，35年に労働組合の権利を強力に擁護する全国労働関係法（ワグナー法）が制定された。ニューディール政策の大きな特徴は財政政策であった。35年の年頭教書でルーズベルトは「雇用は国家の責務」と表明して雇用創出により失業救済をはかる必要性を強調し，実際に公共事業などを実施して雇用を創出した。なかでもテネシー渓谷開発公社（TVA）は電源開発と地域開発とを兼ねた壮大な河川流域総合開発計画であり，大規模な救済計画だった。こうした財政政策の自由度を拡大するためには，金本位制度から管理通貨制度への移行が必要であった。アメリカは33年4月に金兌換を停止し，連邦による財政金融政策の基盤を整備した。

　国家は，階級的対立の宥和や，経済システムへ深く介入し経済・社会の安定と資本蓄積を維持するという新たな役割を担うようになった。そのため経費は飛躍的に拡大し，とくに社会福祉や社会保険費を含む社会費や，景気調整政策に用いられる公共投資が増大し，現代財政としての特徴が現れてきた。

## 2.2　大正デモクラシー体制下の日本財政

　日本では第1次大戦により大型の好況が発生したが，1920年3月の株価暴落を契機に恐慌が発生した。日本銀行は大規模な救済融資を実施し，その後も，金本位制を停止したなかで預金部資金・交付公債を用いた救済融資が継続した。これらは景気対策として機能したが，企業淘汰と物価下方修正を遅らせた。そのため，1920年代は貿易赤字が常態化し，企業利潤が低下し，金融界の動揺が頻発する慢性的な不況期となった。

　日本においても労働者や小作農などの組織化が進み，争議が頻発するように

なった。彼らの政策要求は，1918年の原敬内閣に始まる政党内閣のもとでの政党政治の進展と，25年に実現した男子普通選挙の導入に基づく大衆民主主義のもとで受け止められていった。国は米穀法を制定し米価調整を行うとともに，健康保険法，小作調停法，労働争議調停法といった階級宥和的な政策を展開した。税制改革では社会政策的税制改革が標榜され，20年に所得税の課税最低限引上げ，勤労所得控除の改正などが実施された。22年には臨時財政経済調査会が財産税創設を提案し，資産重課による財産の積極的利用と階級間対立の緩和を訴えた。結局，財産税は創設されなかったが，26年の全般的な税制改革（税制整理）では，所得税を中心とし，収益税を補完税とする租税体系が整備され，同時に所得税や相続税の免税点引上げ，田畑地租の免税点設定，醬油税，通行税，売薬税の廃止などの社会政策的減税も行われた。しかし他方で，大衆課税的な間接消費税も引き上げられた。また，法人留保所得の減税，法人所得税と収益税の二重課税排除，工業製品を重視した関税率引上げなどの資本蓄積優遇策もとられた。

　諸階級の組織化に基づく政策要求の拡大を政党政治や大衆民主主義の進展において受け止め，景気政策や階級宥和政策を展開したことから，この時期は日本における現代財政の出発点とも位置づけられる。

## 2.3　井上・高橋財政と戦時体制

　1929年7月に成立した浜口雄幸内閣は財政緊縮，金解禁，社会政策確立などの「十大政綱」を掲げた。井上準之助蔵相は，緊縮財政と消費節約を奨励してインフレ体質を一掃し，為替相場を回復させて旧平価で金解禁を実行する。これによる物価の下落を通じて企業に合理化を強制し，国際競争力を強化して輸出を増加させ景気回復をはかろうとした。他方，井上は重要産業統制法によりカルテルを保護強化し，資本蓄積の維持もはかった。30年に旧平価で金輸出が解禁された。しかし，29年に勃発した世界恐慌のため日本の輸出は増大せず，昭和恐慌はかえって深まった。

　1931年12月に成立した犬養毅内閣は，昭和恐慌による社会不安を抑えつつ景気回復をはかろうとした。高橋是清蔵相は金輸出を再禁止し，事実上の管理通貨制度のもとで軍事費を増額したり，農村失業救済と農業基盤整備をめざす時局匡救事業などを展開した。財源は国債の日本銀行引受けで確保し，地方債も預金部資金などが引き受ける形で増発された。地方団体は国庫補助金と地方債発行

の援助を通じて国の公共投資に動員された。高橋財政のもとでは，財政支出による有効需要拡大，為替相場の低落および賃金の低下による輸出増大が景気回復を促進した。その後，民間の設備投資需要が拡大して，日銀の国債市中売却が困難になりインフレの恐れが生じた。そこで高橋は方針転換し，公債漸減と軍事費を含む経費の抑制をはかったが，2.26事件により挫折した。

　1937年7月に日中戦争が勃発すると，戦時経済統制の網が張り巡らされた。前掲表3-2にみられるように財政は軍事費を中心に膨張し，そのために巨額の公債が発行された。37～45年における公債金・借入金への依存度は，一般会計では約22％，臨時軍事費特別会計では約87％にのぼった。税制についても，40年税制改革を中心に戦時の財源確保がはかられた。所得税は分類所得税と総合所得税の二本立てとされ，勤労所得控除と基礎控除の引下げによる大衆課税化が進んだ。これにより納税人員は39年の188万人から，42年の702万人へ大幅に増加し，表3-1にみられるように，所得税中心の税制が確立した。また，法人税が所得税から独立し，他の間接消費税とともに増税が繰り返された。地方財政については，地方配付税と還付税からなる本格的な財政調整制度が成立し，地域間の財政力格差を調整しつつ戦時体制を地域から支える体制が整備された。

### 2.4　日本の復興と戦後改革

　敗戦後，連合国の占領下で復興と改革が進められたが，まず重要なのは新たな財政民主主義の形が示されたことである。1945年に男女平等の普通選挙制度が導入され，有権者数が従来と比較して大幅に増加して人口の48.7％に上った。46年には日本国憲法が公布された。憲法は，国の財政を処理する権限は国会の議決に基づいて行使すべきことと規定し，旧憲法にあった緊急財政処分などの措置は廃止された。被統治者による事前統制という財政民主主義の実質化がはかられたといえる。47年に公布された財政法は，公債発行と借入金を原則禁止する健全財政主義を打ち出した。これは，戦時中に公債が大量発行されたことへの反省に立つという趣旨であった。しかし出資金，貸付金，公共事業費などの投資的経費については国会の議決の範囲内で公債を発行する道が開かれた。この規定は健全財政主義と現代財政の要請との妥協の産物であった。

　敗戦直後は，巨額の戦時国債を日銀引受けで発行していたことや消費財生産の落ち込みに加え，換物運動が激化したためインフレが進行した。さらに，国は石

炭と鉄鋼に重点をおく「傾斜生産」を展開し，その財源として復興金融公庫債を発行した。また物価統制を行い，その見返りとして価格差補給金を支給するために公債を増発した結果，インフレは加速した。

占領軍は1948年に「経済安定9原則」を示し，日本政府にインフレの抑制を要求した。49年2月に来日したドッジ（J. Dodge）は，「ドッジ・ライン」と呼ばれた強力な経済安定政策を実施した。ドッジは，総需要抑制によりインフレ抑制と輸出拡大を目標とし，新規の復興金融公庫債の発行停止，政策金融の抑制，超均衡予算の実現，価格差補給金の削減，そして単一為替レートによる国際通貨体制への復帰を実施した。この結果，インフレは抑制されたが，日本は深刻な不況に陥った。しかし，50年に勃発した朝鮮戦争により「特需ブーム」が発生し，経済は好況に転じた。

税制については1949年5月にシャウプ（C. S. Shoup）を中心とする使節団が来日し，8月に「シャウプ勧告」を発表した。第7章でふれるように，勧告は，戦後日本の税制改革の指針となった。

## 2.5　高度経済成長と日本財政の展開

第2次大戦後，資本主義諸国は高度経済成長を実現した。アメリカ主導のIMF＝GATT体制のもと，世界市場は拡大し，基軸通貨ドルも順調に供給されて，石油などの資源価格も安定していた。エレクトロニクス，石油化学が技術革新をリードし，高度成長のなかで大衆消費社会が成熟した。第2次大戦後の先進国は，完全雇用の実現を目標にフィスカル・ポリシーを柱とする政策を実施するとともに，老齢年金，医療などの社会福祉を拡充した。これによる雇用の安定と所得保障は耐久消費財市場を拡大させて経済成長を促進し，経済成長がさらに福祉政策を可能にするという好循環を形成した。

1950年代後半から70年代初頭にかけて，日本も実質経済成長率約10％という高度成長を遂げた。その間，財政支出も増大したが，表3-4に示したように，国の一般会計歳出の対GDP比は11％前後で安定していた。支出のうち防衛関係費の比重低下と，国土保全及び開発費と社会保障関係費の急増が目立つ。

国土保全及び開発費は，道路・港湾・空港などの産業基盤整備と重化学工業などの新規立地を支える地域開発を中心とする公共投資であった。それは国の直轄事業だけでなく，国庫補助負担金により支えられた地方団体の事業，財政投融資

表3-4 国の一般会計歳出額（決算額）と国債残高の構成比と規模

(単位：%)

| 年度 | 国家機関費 | 地方財政費 | 防衛関係費 | 国土保全及び開発費 | 産業経済費 | 教育文化費 | 社会保障関係費 | 国債費 | その他 | 一般会計歳出の対GDP比 | 普通国債残高の対GDP比 |
|---|---|---|---|---|---|---|---|---|---|---|---|
| 1946 | 4.4 | 5.8 | 36.6 | 3.9 | 16.2 | 2.0 | 6.9 | 4.8 | 19.4 | − | 0.0 |
| 1950 | 12.0 | 17.1 | 17.9 | 12.7 | 17.3 | 3.3 | 8.5 | 9.2 | 2.0 | − | 0.0 |
| 1955 | 10.9 | 15.7 | 13.4 | 13.0 | 6.7 | 12.3 | 13.8 | 4.3 | 9.9 | 11.8 | 0.0 |
| 1960 | 9.7 | 19.1 | 9.4 | 16.9 | 9.4 | 12.1 | 13.3 | 1.5 | 8.6 | 10.5 | 0.0 |
| 1965 | 8.9 | 19.3 | 8.2 | 19.2 | 8.3 | 12.7 | 17.2 | 0.4 | 5.8 | 11.0 | 0.6 |
| 1970 | 6.7 | 21.7 | 7.3 | 16.6 | 12.4 | 11.5 | 15.9 | 3.5 | 4.4 | 10.9 | 3.7 |
| 1975 | 6.5 | 16.3 | 6.7 | 15.1 | 11.4 | 12.6 | 22.1 | 5.3 | 4.0 | 13.7 | 9.8 |
| 1980 | 5.0 | 18.1 | 5.2 | 13.8 | 6.2 | 10.7 | 21.3 | 12.7 | 7.0 | 17.5 | 28.4 |
| 1985 | 4.8 | 18.4 | 6.0 | 11.0 | 6.7 | 9.3 | 21.0 | 19.2 | 3.6 | 16.0 | 40.7 |
| 1990 | 6.8 | 23.0 | 6.2 | 8.5 | 5.9 | 7.8 | 18.4 | 20.7 | 2.7 | 15.3 | 36.8 |
| 1995 | 5.5 | 16.2 | 6.2 | 14.4 | 6.7 | 8.7 | 22.3 | 16.9 | 3.1 | 15.3 | 45.2 |
| 2000 | 5.4 | 17.7 | 5.5 | 11.5 | 4.6 | 7.5 | 22.0 | 24.0 | 1.7 | 17.7 | 126.5 |
| 2005 | 5.2 | 20.5 | 5.7 | 9.3 | 3.5 | 6.8 | 25.7 | 21.9 | 1.4 | 16.9 | 104.3 |
| 2010 | 5.2 | 19.7 | 4.9 | 5.9 | 4.5 | 6.0 | 30.4 | 20.5 | 2.8 | 19.9 | 132.5 |

注：1) 普通国債とは，建設国債，特例国債，減税特例国債，日本国有鉄道清算事業団継承債務借換国債，国有林野事業承継債務借換国債，交付税及び譲与税配付金承継債務借換国債を含む。
2) GDPは1955〜79年度は68SNA，1980〜2000年度は93SNA（2000年基準），2001〜11年度は93SNA（2005年基準）。
出所：大蔵省財政金融研究所財政史室［1998］『大蔵省史』（第4巻）226〜237頁，大蔵省主計局調査課編［1998］『財政統計（平成10年度）』268〜271頁，財務省理財局『国債統計年報』各年度版，内閣府SNA（国民経済計算）ウェブサイト，財務省ウェブサイト「財政統計（予算・決算等）」より作成。

計画に基づく公団の事業などを通して積極的に推進された。

　生存権と社会福祉，社会保障および公衆衛生の向上・増進を国の使命と明記した日本国憲法第25条を受けて，国は児童福祉法，身体障害者福祉法，新生活保護法および失業保険法を制定し，1960年代に入ると精神薄弱者福祉法（現・知的障害者福祉法），老人福祉法および母子福祉法（現・母子及び寡婦福祉法）を制定した。また，戦前・戦中に創設された健康保険および年金保険は戦後に拡充され，1961年に自営業者・農業者などの国民健康保険と国民年金が導入されて「国民皆保険」「国民皆年金」が成立した。

　ただし，日本における社会保障制度の確立は，他の先進国よりは遅かった。そのことと高度成長とが相まって，日本は租税負担率を相対的に低く抑えたまま国の一般会計において非募債主義をとり，「健全財政」を保つことができた。しかし，1965年の不況による税収減に際して，特例法を制定して2000億円の赤字国債が発行された。これを皮切りに公共事業の財源となる建設国債が常態化した。

こうした動きに合わせて,国は67年に国債整理基金特別会計法を改正して「減債制度」を確立し,国債償還を計画的に進める体制を整備した。

## 3 財政改革のゆくえ

### 3.1 現代財政のゆらぎ

1971年のドル・金交換停止(ニクソン・ショック)に始まる為替の変動相場制への移行や,73年と79年の原油価格暴騰(オイル・ショック)を契機として,高度成長は終わった。先進諸国はインフレと不況が同時に発生するスタグフレーションに悩まされた。失業救済のための財政出動はインフレを加速させる恐れがあり,雇用維持を目的とする政策は困難になった。また,高度成長の終焉により各国とも「構造的財政赤字」の傾向が強まり,高水準の社会福祉を維持する財政的基盤は失われた。こうしたなかで,第13章でくわしく述べるように,マネタリズムやサプライサイド経済学を理論的支柱として,国家の経済への介入を縮小し,経済調整を基本的に市場機構に委ねる政策を掲げる政権が誕生した。

アメリカのレーガン(R. Reagan)政権は,ケインズ政策を明確に放棄し,歳出削減と税率引下げが勤労意欲と生産性の改善をもたらして経済成長を高めるとの考えから,所得税の累進税率緩和,減価償却期間短縮・投資税額控除拡充などの企業減税,経済規制の緩和,インフレ対策としての通貨供給量抑制などを行った。他方,強いアメリカを復活させるためとして,軍事費は増大した。

イギリスのサッチャー(M. Thatcher)政権は,「ゆりかごから墓場まで」をシンボルとする社会統合システムを転換しようとした。労働組合の弱体化を狙いとする改革を実施するとともに,社会保障・教育の経費削減,公営企業の「**民営化**」(privatization),公有施設・公営住宅の払い下げなどが実施された。個々人の自助努力,民間企業のイニシアチブが尊重されたのである。

1990年代にはソ連・東欧社会主義体制が崩壊した。戦後の資本主義諸国において,完全雇用や社会福祉の充実などは,それ自体が価値をもつのに加え,社会主義化の予防策として展開された側面があった。対抗関係にある体制が崩壊した後,その推進力はさらに低下した。ソ連,東欧,中国が開放された市場へと変化し,アジアの新興工業国・地域が発展したため,世界市場は拡大した。そして,情報通信技術の発展と,先進国における資本規制や金融自由化を背景として,商

品，技術，資本・資金が国際的に移動するグローバル化が進展した。資本の自由な移動や企業立地の国際的な選択は，国家による金融所得や企業への課税，社会保障拠出金の賦課の引下げの圧力を生み出した。先進国は財政状況の悪化を理由に，社会保障制度の水準引下げや民営化を進めた。

2008年のリーマン・ショックを契機として深刻化した世界的金融危機は，実体経済にも波及し世界的経済危機へと発展した。これに対し先進国は，大規模な経済刺激策を打ち出し，公共投資や社会サービスなどへの支出増加や減税を実施した。景気調整政策としてのフィスカル・ポリシーが再び注目されようになる一方で，不況による税収減少と，経済刺激策としての支出増大・減税により各国の財政収支は急速に悪化した。10年以降は，ヨーロッパにおける政府債務不履行の危機（「ソブリン危機」）が顕在化し，各国政府においては持続可能な財政運営も重要な課題となった。景気の本格的な回復・成長と，**財政再建**を巡って今日の財政運営は大きく揺れ動いている。

### 3.2　転換期の日本財政

1970年代，日本経済の高度成長も終わったが，それに対して積極的な財政政策が展開されたため，表3-4に示したように，一般会計歳出の対GDP比は上昇した。

日本政府はニクソン・ショック後の円高が経済に悪影響をもたらすと考え，拡張的な財政金融政策によりそれを回避しようとした。1972年からの田中角栄内閣が展開した「列島改造」は，高速交通網整備などの公共投資を通じて非大都市圏の工業化促進をはかるものであった。その政策は，第1次オイル・ショックと相まって「狂乱物価」と呼ばれるインフレを招いた。これに対して国は緊縮政策に転じ，総需要抑制によって物価の安定をはかったが，景気の低迷が明らかになった75年度からは再び公共投資などによる景気対策を重視した。この背景として，経常黒字国である日本が「機関車」として景気刺激策を実施して低迷する世界経済を浮揚させることがアメリカから要請された，との事情がある。

田中内閣はまた，成長第一主義を見直すとして1973年に「福祉元年」を宣言した。具体的には，老人医療の無料化，医療保険の家族患者負担緩和，年金水準の大幅な引上げと物価スライド制導入，生活保護基準の引上げが実施された。この結果，社会保障関係費も拡大していった。

景気低迷により1975年度の税収は大幅に減少した。このため同年度補正予算において2兆2900億円の赤字国債が発行された。その後，赤字国債の発行は常態化し，79年度予算の国債依存度は34.7％に達した。そこで大平正芳内閣は赤字国債からの脱却をめざし，79年に一般消費税の導入を提案した。ところが同年10月の衆議院総選挙で自民党は大敗し，導入は失敗に終わった。

　1980年代に入り，財政再建は重要な政策課題となった。前掲表3-4で示したように，同年代には国債費や国債残高が急増しており，財政状況の悪化が確認できる。鈴木善幸内閣と中曽根康弘内閣は，「増税なき財政再建」をかけ声に歳出削減を推進した。82年度予算では政策経費にあたる一般歳出の概算要求額を対前年度同額とするゼロ・シーリングが導入され，翌年以降はマイナス・シーリングへと強化された。歳出は83年から87年にかけて減少し，一般会計歳出の対GDP比は低下した。

　1980年代はまた，行財政改革が本格的に行われた時期でもある。81年に鈴木内閣の下で設置された臨時行政調査会は82年に基本答申を発表し，行政改革の目標を「活力ある福祉社会の建設」と「国際社会に対する積極貢献」とした。それをふまえ，中曽根内閣は「民間活力」の名のもとに電電・専売・国鉄の三公社の「民営化」，事業の民間委託，特殊会社の活用などを進めるとともに，「高福祉高負担」を否定して社会保障制度の見直しを進め，年金制度の再編成と給付の引下げ，医療保険の被用者本人の患者負担引上げなどを相次いで実施した。他方，国際社会への貢献を目的として，防衛関係費と経済協力費を増額した。

　税制にかんしては，大型間接税の導入が大平内閣に引き続き試みられた。1987年の中曽根内閣による売上税導入は失敗したが，88年の竹下登内閣における「抜本的税制改革」により89年4月から消費税が導入された。ただし，所得税，法人税，相続税などの軽減も行われ，改革全体では減税となった。

### 3.3　バブル崩壊後の財政運営

　1985年9月のプラザ合意以降，主要国間の対外不均衡とドル高の是正に向けて，先進諸国は協調政策をとった。その結果，円高が急速に進行して「円高不況」の様相を呈したため，日本政府は内需拡大策をとった。また89年からの日米構造協議におけるアメリカの要請を受けて，公共投資を拡大する「公共投資基本計画」も策定された。86年以降，景気は内需拡大を背景に回復して税の大幅な自

> Column ② 近代日本における地方税の成立

　地方税制度が体系的に整備されたのは，1878年の地方税規則によってである。廃藩置県直後の府県では，旧幕時代にならい雑税が課税され，また，民費と称しておもに土地を課税標準とする課税が行われていた。明治維新政府は国税制度を整備し，国の税源を保護したが，その過程で徐々に国税と地方税が区別され，土地への課税方法や課税額も明確化された。しかし体系的かつ統一的な地方税制度の整備は，地方税規則の制定により行われた。同規則は，府県で課税すべき税目として，地租付加税（本税5分の1以内），営業税ならびに雑種税（種々の営業に対する課税），戸数割をあげた。政府は，地租付加税と営業税ならびに雑種税には課税方法や課税制限額を具体的に定めたが，戸数割には定めなかった。地方財源を厳格に統制すると，地方団体が担う政府の委任事務や固有事務の財源が不足する。そこで政府は，一部の地方税について課税額の弾力性を認め，不足財源を調整する仕組みを設けたのである。一部の地方税が重課されれば，その負担を巡る混乱や対立が生じる恐れもある。そこで，課税方法を柔軟なものとし，その決定も地方に委ねた。地方の実態に即した課税を行い，負担を巡る対立や混乱を内部で解消させることが狙いだった。それは，地域共同体が有する自律的な秩序維持機能を活用する試みでもあったといえる。

　結果として，戸数割は多様な方法で課税されたが，各戸の住民を納税義務者として定額で課税したり，資産状況に応じて課税するケースが多くみられた。一部の都市部は，転居者が多く徴税が困難になったことを契機に，各戸の住民ではなく，各家の所有者を納税義務者とする家屋税（家屋に対する固定資産税の前身）を創設した。柔軟な課税の枠組みが，税制の近代化を促したともいえよう。

然増収が発生した結果，90年度当初予算では赤字国債の発行額がゼロとなった。しかし，経済の先行きに対する強気の期待と金融緩和とが相まって，投機により株価と地価が暴騰する「バブル」が発生した。公定歩合引上げ，不動産融資規制，土地課税強化などの対策がとられると，90年代初頭にバブルは崩壊した。その後，日本は深刻な不況に陥り，それに対して公共投資増大による内需拡大の方針に沿って景気対策が実施された。

　度重なる財政出動により財政収支は悪化し，1994年度以降は毎年度赤字国債が発行された。景気の一時的な回復がみられた97年に，橋本龍太郎内閣は財政再建を目的とする「財政構造改革」を提起し，歳出の削減と消費税率の5％への

引上げを実施した。しかし，金融機関の相次ぐ破綻による金融システム不安と，企業倒産による雇用不安，そしてアジア通貨危機が相まって景気が急速に悪化したため，財政再建は棚上げにされた。98年に成立した小渕恵三内閣は景気対策を最優先するとして，公共投資の拡大や，所得税・住民税の税率引下げと定率減税，法人税率と事業税率の引下げをおもな内容とする「恒久的減税」を実施した。

2001年4月に小泉純一郎内閣が成立した。その政策スローガンは「聖域なき構造改革」であり，「官から民へ」を合言葉に，郵政事業の民営化，道路関係4公団の民営化，特別会計の統廃合，独立行政法人化などを実施した。また「国から地方へ」を合言葉に，国庫補助負担金の削減，国税から地方税への税源移譲，地方交付税の削減という「三位一体の改革」も行われた。このほか歳出面では，公共投資が大幅に削減され，また社会保障制度の見直しも行われ，医療保険の保険料と患者負担の引上げ，診療報酬引下げ，年金の保険料引上げ，給付水準引下げなどが決定された。歳入面では，日本経済が2002年に景気低迷を脱して戦後最長の景気拡大を示したのに伴い，法人税や所得税の増収がみられ，公債依存度も低下した。ただし，景気回復は専ら輸出主導によるもので，アメリカ，中国をはじめとする世界経済の好調という外的要因に支えられていた。

## 3.4 日本の財政改革のゆくえ

2008年からの世界的な経済危機により日本経済は大打撃を受け，再びマイナス成長に陥った。国が財政・金融を総動員した景気刺激対策を連続して打ち出す一方で，税収は減少したため大規模な公債発行が続いた。

2009年の政権交代により発足した民主党中心の鳩山由紀夫内閣は，政治主導の予算編成をめざし，シーリング方式から概算要求組替え基準方式への転換，「事業仕分け」の実施といった改革を実施した。また「コンクリートから人へ」を政策のスローガンとし，公共投資を削減する一方で，子ども手当，農業の戸別所得補償，高校の実質無償化などの施策を実施したため，社会保障関係費の増加が著しかった。菅直人内閣は10年6月に中長期的な「財政運営戦略」を示し，15年までに基礎的財政収支赤字の対GDP比を10年度に比して半減させ，20年度までに黒字化する財政再建も目標として掲げた。

2011年3月11日，東日本大震災が発生した。マグニチュード9.0の地震と津波が東日本太平洋側地域に巨大な被害をもたらし，津波の影響で発生した福島県

の原子力発電所の事故は深刻な被害を生み出した。復興事業は10年間を復興期間とし，当初の5年間に約25兆円の復旧・復興対策が行われる。財源は，歳出削減や政府保有株式の売却といった税外収入によるほか，復興特別税（所得税，法人税，住民税）によりまかなわれる。

2011年9月に発足した野田佳彦内閣は「社会保障と税の一体改革」を提案し，関連法案が12年8月に成立した。これは社会保障の機能強化とその安定財源確保を一体で行うもので，消費税率（国・地方合計）を14年に8％，15年に10％へ引き上げて，増収分を「社会保障4経費」（年金，医療，介護および子育て）にあてようとしている。この改革については，第12章で詳しくふれる。

2012年12月に自民党中心の安倍晋三内閣（第2次）が成立した。安倍内閣は，財政出動，金融緩和，成長戦略を「3本の矢」とする経済政策（いわゆるアベノミクス）に着手した。このうち財政出動は「国土強靱化」をスローガンとして公共投資を大幅に増額するものであり，社会資本の老朽化対策や防災，減災対策を充実させるものとなっている。他方で，財政の健全化については，菅直人内閣が掲げた基礎的財政収支の改善と同じ目標が掲げられている。

## Keyword

財政民主主義　近代財政　現代財政　民営化　財政再建

## 参考文献

① 鈴木武雄［1962］『財政史』東洋経済新報社
② 金子勝［1997］『市場と制度の政治経済学』東京大学出版会
③ 馬渡尚憲編［1992］『現代の資本主義——構造と動態』御茶の水書房
④ 池上岳彦［2014］「日本財政の展開」片桐正俊編『財政学（第3版）——転換期の日本財政』東洋経済新報社
⑤ 三和良一［2012］『概説日本経済史 近現代（第3版）』東京大学出版会
⑥ 藤瀬浩司［2004］『欧米経済史（改訂新版）——資本主義と世界経済の発展』放送大学教育振興会

　①は，封建財政の崩壊から1960年代初頭までの日本財政の歩みを解説している。②は，三大生産要素の市場化の限界に対応して，各国が固有の制度を形成する歴史的過程を明らかにしている。③は，現代資本主義の形成過程や，1970～80年代の変化を，多くの国を事例として整理している。④は，日本財政の歩みを，明治維新から今日に至るまで具体的に叙述する。⑤は，日本経済史の標準的なテキスト。戦間期の日本に

おける経済政策体系の変化を詳細に解説している。⑥は、欧米諸国における資本主義発展を解説している。19世紀と20世紀の資本主義の構造解明と両者の対比に重点がおかれている。

### 演習問題

① 日本における近代財政の形成過程の特徴を述べなさい。
② 現代財政の特徴と、それが成立した歴史的背景を述べなさい。
③ 1980年代以降、現代財政はどのような課題に直面しているのか述べなさい。

❖ 根岸 睦人

# 第 4 章

## 財政の政策決定過程
### 予算と税制改革

## 1 現代国家の政治制度と財政政策決定過程

### 1.1 現代の財政民主主義

「大人になったら，誰もが有権者として1人1票もつ」という原則がどれだけ重みをもつのか。民主主義の発展のなかで重要なのは，性別と財産による制限選挙制を否定する男女平等の普通選挙制がどのような経緯で成立し，展開したかである。また，国家形態および統治機構も，各国の政治的発展のなかで変化する。さらに，国家の民族構成，宗教状況，植民地としての支配・被支配の歴史等は，国内政治および対外関係に影響を及ぼす。

これらの要素は**財政民主主義**のルールを規定し，財政政策の内容に影響を与える。第1章で確認したように，国家において，政府は租税により調達した財源を用いて，公共サービスの現物給付と現金給付を行い，政治システム・経済システムおよび社会システムを維持する。それぞれの国家において普通選挙制が成立・定着するのに応じて，労働者，農民，投資家，大企業経営者，中小・零細事業者，医師，福祉・教育・文化関係者，差別撤廃運動など，多様な利害を汲みとる大衆民主主義的な政策決定過程がとられ，財政政策が展開されるという意味で，財政民主主義は現代化していく。

財政政策は，国民国家としての社会を統合する政策体系のなかでとらえる必要がある。「現代史」の国際比較という視点から財政の制度・政策を解明することが財政学の課題である。第3章でみたように，財政が社会を統合する政策のなかには，資本主義経済システムの発展を促進する政策が包含されてきた。もちろん

現在も国民は経済システムから生まれる所得の分配により生活しているので，経済システム維持サービスは重要である。

ただし「財政政策において特定の階級利害が貫徹される」といった理解は適切ではない。序章で述べたように，第1次世界大戦期以降本格化したケインズ主義的な財政政策，企業向けの政策，あるいは社会保障政策にしても，重要なのは，経済システムにおける階級関係，政治システムにおける国民の参加，そして社会システムにおける生活を区分したうえで，それらの連関と政策選択の多様性を解明することである。

### 1.2 財政政策決定過程の行為主体

財政制度は，予算，租税，公債，公企業，政策金融，政府間財政関係など，財政にかんするルールの体系であり，政治システムのもとで政策が展開される。

制度改革は，制度と行為主体との相互作用により行われる。政策決定に参加する行為主体（アクター）は，制度の枠内で行動するよう規制されるが，それと同時に政治経済状況と国民世論を意識して制度を解釈し，その変更をはかる。

法治国家として三権分立制がとられていることを前提とすれば，財政政策におけるおもな行為主体は次の通りである。まず，**行政府**（執行機関）において，政府首脳（大統領，首相）は，自らの施政方針を実現する政策手段として財政を用いようとする。産業，教育，社会保障，地域開発，防災など事業官庁の官僚は，それぞれの分野についてサービス供給の予算を要求し，また関係する業界・団体にかかわる税制上の優遇措置を求める。それに対して，**財務担当官庁**（財務官僚）は財政収支の悪化と政府債務の累積を回避する観点を重視して，経費節減と税収確保をはかる。また，政党政治の舞台となり，法律および予算を決定する**立法府**（議会）において，与党は政府首脳・行政府と基本的な視点を共有するが，その所属議員は選挙基盤の利害も考慮して行動する。それに対して，野党は政府・与党との政策の相違点を意識した議論を展開し，それを次期選挙に結びつけようとする。さらに，財政・税制上の法律違反や解釈問題が生じれば，**司法府**（裁判所）がルール適用内容を決定する。なお，法令遵守，効率性などの観点から，会計検査機関が財政運営をチェックする。

中央政府だけでなく，州・地方政府においても，執行機関が予算・税制などの議案を策定し，議会が議決する。そして，中央政府と州・地方政府との間では，

## Column ③　アメリカとカナダの政治制度と政策

　アメリカとカナダは，ともに北米大陸に位置する連邦制国家であるが，社会システムを維持するためのサービスや税制については制度が大きく異なる。

　アメリカは1776年の独立宣言からイギリスとの戦争を経て成立した国家であり，個人主義の伝統が根づいている。いまも医療は民間中心である。また，大統領と連邦議会の上院・下院がそれぞれ強い権限をもつ分権的政策決定システムをとる。州レベルでも，州知事と州議会上院・下院の選挙が別々に行われる。予算，税制改革，財政制度改革などについて，それぞれ過程は複雑である。

　それに対して，カナダは1867年の連邦結成を皮切りにイギリスからの独立を漸進的に進めた国家であり，現在も英国王を元首とする。カナダは，社会保障・教育などにかんする政府，とくに州の役割が大きい。また，連邦議会は上院と下院があるものの，選挙が行われるのは下院のみであり，その最多議席党首が首相となる議院内閣制をとる。州は一院制の州議会議員選挙のみを行う議院内閣制をとる。そのため，連邦・州とも首相の権限が強く，政策転換するときは動きがすばやい。

　これは，政治組織としての国家の成り立ちと国家形態の違いが財政政策の決定過程と内容の相違につながっている例として興味深い。

　両政府の首脳レベルに加えて，財務担当および各種事業担当の部門レベルで，事業の優先順位，特定補助金，財政調整制度，税制改革などを巡る協議が行われる。政府間財政関係については，第9章でくわしく述べる。

　財政政策は社会統合をはかる多様なサービスを支えるので，経営者団体（財界，業界団体），労働組合，農業団体，医療・福祉・教育関係団体などが，利益集団として政党や官庁に自らの利害に沿う政策をとるよう要求する。利益集団の影響力は，資金力およびその時点における政権の枠組みにより異なる。また，企業・労働組合などが出資する研究機関（シンクタンク）が政策提言を行い，それが報道機関（マスコミ）と結びついて国民世論に影響を与えることもある。

　行政府は，行財政制度，税制などの改革案を策定するにあたり，諮問機関（審議会）を活用することがある。諮問機関は，研究者，評論家，利益団体・報道機関関係者，官僚経験者などがメンバーとして委嘱され，議会議員が参加するケースもある。メンバーと事務局の構成は提言内容に影響を与える。とくに諮問機関メンバーとして参加者を送り込みやすい利益集団は政治的影響力が高い。

## 1.3　財政政策決定過程の多様性

「政策決定の主導権をもつのは政府首脳か，官僚か」「議会の役割は形式的だから，議員を減らすべきだ」「資本主義経済システムのもとでは，大企業を代表する財界団体の影響力が圧倒的だ」といった議論をどうみるべきか。

財政制度改革を促進する圧力要因としては，政治的危機，経済的危機もしくは財政危機が発生していることがあげられる。また，改革内容を転換させる要因は，国家構造，代議制システム，イデオロギーおよび利益集団の活動である（神野直彦・池上岳彦編［2009］『租税の財政社会学』税務経理協会，第1章）。そして，国により政策決定の仕組みは多様である。

その第1の要因は，国家形態，すなわち連邦制国家か，単一制国家かの違いである。前者においては，財政・税制における州政府の権限が大きい。また，中央集権・地方分権のどちらの色彩が強いか，政府の社会システム維持サービスが充実しているかどうかなどの特徴は，国家成立の経緯に影響を受ける。

第2の要因は，代議制の仕組みの多様性である。大統領制，議院内閣制，議会の構成（二院制，一院制）などの相違を組み合わせると，執行機関と議院の権限配分は著しく多様になりうる。また，選挙制度の相違（小選挙区制，中選挙区制，比例代表制など）は地域利害の表れ方に影響を与える。

第3の要因は，保守政党，中道政党，社会民主主義政党，共産主義政党などの主張と勢力分布が国ごとに特徴をもつことである。各政党の勢力は国民の政治観を反映し，党運営の巧拙にも依存する。また，独立・革命といった国家の成立と展開，国際関係と社会保障制度の歴史も政治観と政党に影響を与える。

第4の要因は，社会の伝統，地域特性，宗教分布，民族構成，産業構造などが政府，家庭，企業などの間に多様な「中間組織」を成立させ，それが利益集団として行動することである。なお，政策決定過程において，その利益を反映する複数の組織が，資金・情報・専門性などについて相互依存関係をもちつつ政策を主導するとする「政策ネットワーク」論も提起されている（新川敏光［2005］『日本型福祉レジームの発展と変容』ミネルヴァ書房，261～266頁）。

## 2 予算制度の意義

### 2.1 財政政策を事前に統制する予算制度

　第1章で確認したように，市民革命により成立した近代国家は政府が原則として収益事業を行わない無産国家であり，そのために国家は公共サービスの財源を租税に求める租税国家となった。また，近代国家は議会制民主主義をとる民主国家であり，財政政策を議会が事前決定する。この財政民主主義の重要性に鑑みて，近代国家を「予算国家」（大島［2013］）と呼ぶこともできる。

　予算制度とは，国民負担の原因たる経費，租税，公債を，歳出予算・歳入予算という形式の文書にして事前に議会の議決を得ること，および歳出・歳入の結果を決算という文書にして議会と国民に公開することを合わせた制度である。

　財政民主主義の観点から重要なのは，支出と収入の権限を与える予算を，被統治者である国民が事前に統制することである。そこで「予算責任」として，支出の金額と政策の内容を国民に説明するという意味の「政治責任」と，財政資金の徴収・管理および支出において法令を遵守し，合理性を保ち，情報を公開するという意味の「行政責任」が果たされなければならない（大島［2013］第5章）。

### 2.2 民主主義の発展と予算制度

　近代国家が成立した時点では，すべての被統治者が参政権をもっていたわけではない。むしろ，納税額，性別などによる制限選挙制がとられていた。財政の課題も相対的に少なかったため，議会による統制が可能だったともいえる。

　それに対して，参政権が拡大し，第1次大戦期以降普及した男女平等の普通選挙制を特徴とする現代国家においては，あらゆる被統治者が参加する大衆民主主義のもとで，多様な利害が噴出する。多元的利害が議会に代表されれば，それらを調整するために社会保障・教育・地域格差是正など，社会システムを維持するために財政規模は拡大し，巨大化した予算を議会が統制することは困難になった。それは，後に述べるように，行政府の地位を高めていく。

## 3 予算原則

### 3.1 予算の単年度原則

政府活動に必要な支出と収入をすべて予算に盛り込むためには、予算を一定期間ごとに区切り、そのたびに議会が決定する必要がある。通常この「期間」は1年間であり、それは会計年度と呼ばれる。会計年度ごとに行政府が予算を作成し、議会が決定することを、予算の単年度原則という。

そのうえで、国民が議会を通じて予算をコントロールするための基準を**予算原則**という。予算原則は、予算の内容と形式にかんする原則と予算の過程にかんする原則とに分けられる（以下、佐藤・関口［1998］第6章、神野直彦［2007］『財政学（改訂版）』有斐閣、第7章、参照）。

### 3.2 予算の内容と形式にかんする原則

予算の内容にかんする原則としては、すべての支出と収入を予算に編入しなければならない、という完全性の原則がある。予算から隠された経費や財源があるとすれば、議会が財政を有効に統制できなくなるからである。完全性の原則からは、すべての貨幣の動きをそれぞれ支出と収入に計上する総計主義の原則が導かれる。収入を得るための経費を控除して収支差額のみを計上する純計主義は議会の統制を弱めるため、望ましくない。

予算の形式にかんする原則として、予算は1つでなければならないという統一性の原則がある。特定の収入と特定の支出を結びつけた複数の予算が存在すると、行政府が財政操作を行いやすくなるからである。統一性の原則から、特定の収入と特定の支出を結びつけてはならない、というノン・アフェクタシオン（non-affectation）の原則が導かれる。特定の収入を特定の支出に充当することにすると、不必要な支出を助長するからである。たとえば日本では、1954年度以降、ガソリン税は道路特定財源とされていた。しかし、ガソリン税をすべて道路建設にあてると、税収がある限り無駄な道路建設でも止められない。その問題が意識されて、2009年度からガソリン税は使途自由になっている。

予算の形式にかんしては、予算が国民に理解される明瞭な形式でなければならないという明瞭性の原則もある。この観点から、予算においては責任をとる所管

部門別の分類と支出目的別の分類を行うことが求められる。

### 3.3　予算の過程にかんする原則

　予算の過程については，予定される支出と収入をできるだけ正確に見積もり，予算と決算との乖離(かいり)を小さくする，という意味での厳密性の原則がある。たとえば，財務担当官庁が経済動向を慎重に予測しすぎて税収を過小に見積もれば，議会の支出権限を抑える財政操作にもなりうる。逆に，公共施設の建設事業について，後年度の運営・維持管理費を考慮しなければ，財政収支の悪化を招く。

　財政にかんする事項を議会が事前決定することを求める財政民主主義と予算の単年度原則を重ね合わせると，会計年度が始まる前に議会が予算を決定をしなければならないという事前性の原則が導かれる。仮に会計年度開始までに議会が予算を決定できなければ，予算を執行することができない。その場合，短期間の暫定予算を編成・決定して執行することになる。

　議会で決定された予算が執行される段階においては，行政府が予算通りに財政を運営しなければならないとする拘束性の原則がある。

　そこには，支出を時間的に拘束する，すなわちそれぞれの会計年度の支出はその会計年度の収入によりまかなわれなければならないとする会計年度独立の原則がある。単年度原則に基づいて会計年度ごとに予算を決定するとしても，ある会計年度の支出にその会計年度の収入が伴わなければ次年度の収入を「先食い」してしまう。それを避けるために会計年度独立の原則が導かれるのである。

　行政府が議会の決定通り支出を行うよう拘束するのが限定性の原則である。そのうち，予算計上額を上回る支出および予算に計上されていない予算外支出を禁止する超過支出禁止の原則がある。また，財源を予算に計上した費目以外の費目に移し替えて支出することを禁止するのが流用禁止の原則である。

　最後に，予算と財政にかんする情報は議会と国民に公開されていなければならないとする公開性の原則がある。これは財政民主主義の根幹をなす原則である。予算の金額と内容が国民に理解できるように説明され，批判を含む意見を自由に発表できる機会が保障されなければならないのである。

### 3.4　予算原則の現代化と予算改革

　現代国家の政治システムにおいて大衆民主主義のもとで，議会に代表されるよ

うになった多元的利害を調整するために，社会システム維持サービスを中心として財政規模が拡大した。その結果，予算を議会が統制することは困難だとの議論が広まってくる。そのために予算原則は，予算執行について行政府に裁量権，時期の弾力性，そして責任を与える方向で改革が進められた。これは効率性の名のもとに行政府の地位を高めていく。

　たとえば，人件費・物件費などの経常予算と公共投資などの資本予算とを分ける複式予算制度をとり，前者については単年度均衡を求めるが，後者は公債による財源調達を容認して中長期的な財政均衡をはかる制度が導入される。また，国民経済計算のなかに公共部門を位置づけて，財政支出と租税政策を景気調整などのマクロ経済政策に生かす制度が取り入れられる。さらに，公的年金・医療保険などが導入・拡充されると，適用者が増えるにつれて長期的な財政支出増大を招く。多様な利害に対応しようとするほど，公共施設の維持補修費や社会保障関係費の自然増といった後年度負担を含む中長期的な財政計画が策定されるようになる。これらは財務・経済政策担当官庁の権限を高める。

　また，長期にわたる政府事業の便益と費用をそれぞれ利子率で割り引いて，その差額を事業が生み出す純便益の割引現在価値として表し，それが当初の投下費用を上回る度合いに応じて事業の優先順位をつける費用便益分析が用いられるようになる。その特徴と問題点については，第5章で述べる。

　これらの予算改革は，行政府の権限拡大という方向で予算原則を修正しようとする。しかし，それらは予算編成と議会審議の資料の一部にすぎない。予算改革は議会が予算を審議・決定するという財政民主主義を否定するものではない。あくまでも，社会統合の必要性は短期的効率性に優越するからである。

## 4　日本の予算制度

### 4.1　予算の構成

　日本国憲法は，第85条において「国費を支出し，又は国が債務を負担するには，国会の議決に基くことを必要とする」と財政民主主義を宣言したうえで，第86条において「内閣は，毎会計年度の予算を作成し，国会に提出して，その審議を受け議決を経なければならない」と単年度原則を確認する。それを受けて，財政法第12条は「各会計年度における経費は，その年度の歳入を以て，これを

**表 4-1 2014 年度一般会計歳入予算（当初予算）**

(単位：百万円，%)

| 区分（部） | 金額 | 構成比 |
|---|---|---|
| 租税及印紙収入 | 50,001,000 | 52.1 |
| 官業益金及官業収入 | 45,397 | 0.0 |
| 政府資産整理収入 | 332,824 | 0.3 |
| 雑収入 | 4,247,722 | 4.4 |
| 公債金 | 41,250,000 | 43.0 |
| うち公債金 | (6,002,000) | |
| 特例公債金 | (35,248,000) | |
| 前年度剰余金受入 | 5,360 | 0.0 |
| 合　計 | 95,882,303 | 100.0 |

出所：財務省主計局『平成 26 年度予算の説明』より作成。

支弁しなければならない」と会計年度独立の原則を掲げる。

　なお，日本はイギリス，カナダ等と同じように，4 月から翌年 3 月までを 1 つの会計年度とする。ちなみにドイツ，フランスの会計年度は 1 月に，アメリカの会計年度は 10 月に，それぞれ始まる。

　財政法第 16 条は「予算は，予算総則，歳入歳出予算，継続費，繰越明許費及び国庫債務負担行為とする」と規定している。その内容は以下の通りである。

　予算総則は，予算の総括的規定，公共事業費の範囲，公債・借入金，財務省証券，一時借入金，国庫債務負担行為の限度額などを定める（財政法第 22 条）。

　1 会計年度におけるすべての収入を歳入，すべての支出を歳出という。予算の本体にあたる歳入歳出予算について，財政法第 14 条は「歳入歳出は，すべて，これを予算に編入しなければならない」と完全性の原則および総計主義の原則を宣言する。また同法第 23 条は，明瞭性の原則に沿って，歳入歳出予算を「その収入又は支出に関係のある部局等の組織の別に区分」し，また歳入は性質に従って「部」「款」「項」に，歳出は目的別に「項」に，それぞれ分類することを求める。さらに同法第 31 条は，予算成立後に内閣が各省各庁に予算を配賦する際に「項」を「目」に区分することを求める。すなわち，国会が議決の対象とする議定科目は「項」までであり，「目」以下は行政科目である。

　具体的には，歳入予算は「主管（例：財務省）―部（例：租税及印紙収入）―款（例：租税）―項（例：所得税）―目（例：源泉所得税）」と分類される。また，2014 年度現在の一般会計歳入予算を「部」のレベルで合計してみると，表 4-1 に示したように，租税及印紙収入，官業益金及官業収入，政府資産整理収入，雑収入，

公債金および前年度剰余金受入の6部に分けられる。

　歳出予算は「所管（例：厚生労働省）―組織（例：厚生労働本省）―項（例：医療保険給付諸費）―目（例：後期高齢者医療給付費等負担金）」と分類される。所管別分類は、第5章の表5-1に示した通りである。なお、憲法第87条および財政法第24条に基づいて、予見しがたい予算の不足にあてるため、予備費を歳出予算に計上することができる。予備費を使用した場合、国会の承諾を必要とする。

　継続費は、財政法第14条の2に基づいて、完成まで数年度を要する工事、製造その他の事業について、経費の総額および年割額を定めて支出を認めるものであり、原則として5カ年度以内とされる。事業総額の債務負担権限と後年度にわたる支出権限が付与され、単年度原則の例外となるために、限定的に運用されており、現在は防衛省の警備艦と潜水艦の建造のみに使われている。

　歳出予算のうち、その性質上または予算成立後の事由により年度内に支出が終わらない見込のある経費については、財政法第14条の3により、繰越明許費として予算に計上し、翌年度に繰り越して使用することができる。

　国が契約などにより債務を負担する行為のうち、法律、歳出予算もしくは継続費におけるもの以外の場合および災害復旧その他緊急の必要がある場合、財政法第15条により、国庫債務負担行為としてその必要な理由と限度額を予算に載せることができる。これは、工事などの発注契約を当該年度内に行い、支払の全額もしくは一部を翌年度以降に行う場合に用いられる方式であり、原則として5カ年度以内とされる。国庫債務負担行為は、継続費とは異なり、支出権限は付与されないので、支出する経費は年度ごとの歳出予算に計上される。

　なお、発注年度に支出をまったく行わない国庫債務負担行為は「ゼロ国債」と呼ばれる。さらに、損失補償契約や債務保証契約のように、支出が発生しない可能性のある国庫債務負担行為もある。

## 4.2　会計の区分

　予算における統一性の原則からすれば、一般会計だけがあればよい。しかし、財政法第13条第1項は「国の会計を分つて一般会計及び特別会計とする」と規定し、同条第2項は、特別会計を設置するのは「国が特定の事業を行う場合、特定の資金を保有してその運用を行う場合その他特定の歳入を以て特定の歳出に充て一般の歳入歳出と区分して経理する必要がある場合」に限るとする。

**表 4-2 特別会計（2014 年度現在）**

(単位：十億円，％)

| 分　類 | | 数 | 名称（数値は，歳出予算額） |
|---|---|---|---|
| 事業特別会計 | 保険事業特別会計 | 5 | 年金 (6) 79,760，労働保険 (3) 6,913，森林保険 9，地震再保険 129，貿易再保険 204 |
| | 行政的事業特別会計 | 3 | 食料安定供給 (7) 1,469，自動車安全 (4) 420，特許 126 |
| 資金運用特別会計 | | 2 | 財政投融資 (3) 38,314，外国為替資金 1,635 |
| その他 | 整理区分特別会計 | 2 | 交付税及び譲与税配付金 52,757，国債整理基金 214,086 |
| | その他 | 3 | エネルギー対策 (3) 11,646，東日本大震災復興 3,646，国有林野事業債務管理 315 |
| 合　計 | | 15 | 411,426（単純合計） |

注：1）（ ）は，会計が複数の勘定に分かれている場合の勘定数。
　　2）東日本大震災復興特別会計は，2011 年 3 月に発生した東日本大震災からの復興事業にかかわる国の資金の流れを透明化し，復興債の償還を管理するために設置された会計である。また，国有林野事業債務管理特別会計は，旧・国有林野事業特別会計の借入金を償還するために経過措置として設置された会計である。そこで，本表では，両会計とも「その他」に含めた。
出所：財務省主計局『平成 26 年度予算の説明』，同『特別会計のはなし』2010 年版より作成。

　一般会計は，特定の収入と特定の支出を結びつけないノン・アフェクタシオンの原則に基づき，租税を中心とする財源によって公共サービスを行う。それに対して，特定の収入と特定の支出を結びつける特別会計はどのようなものか。
　2014 年度現在，表 4-2 に示したように 15 の特別会計があり，歳出総額は 411.4 兆円にのぼるが，特別会計間のやりとりを除く歳出純計額は 195.2 兆円である。事業特別会計のうち，保険事業が 5 会計（年金，労働保険，森林保険，地震再保険，貿易再保険），行政的事業が 3 会計（食料安定供給，自動車安全，特許）ある。資金運用特別会計は 2 会計（財政投融資，外国為替資金），整理区分特別会計は 2 会計（交付税及び譲与税配付金，国債整理基金），その他が 3 会計（エネルギー対策，東日本大震災復興，国有林野事業債務管理）である。
　特別会計は 2006 年の時点で 31 会計あった。しかし，ノン・アフェクタシオンの原則，明瞭性の原則および公開性の原則からみれば，特別会計は予算全体の仕組みを複雑にする。また，特別会計が使途の限定された特定財源をもつ場合，不要不急の事業が行われるおそれがある。さらに，特別会計は独自の借入や公債発行を行うことができ，また剰余金を会計内部に積み立てるため，財政全体の健全化を進めにくくする。そこで，国の財政状況を透明化し，財政健全化へも貢献する観点から 2007 年に制定された「特別会計に関する法律」に基づいて，特別会計は大幅に統廃合されている。また剰余金・積立金を一般会計もしくは国債整理

図4-1 財政における会計間の主な関係

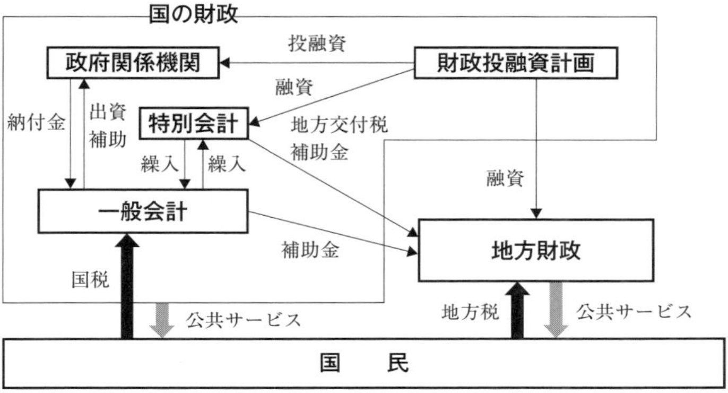

(図：国の財政を構成する「政府関係機関」「特別会計」「一般会計」と「財政投融資計画」「地方財政」「国民」の間の関係を示す。矢印により、投融資、融資、納付金、出資補助、繰入、地方交付税補助金、補助金、国税、公共サービス、地方税などの流れが描かれている。)

出所：著者作成。

基金特別会計へ繰り入れる改革が進められてきた。

特別の法律により設立され，国が全額出資する法人のうち，その予算が一般会計・特別会計とともに国会で議決されるものは，政府関係機関と呼ばれる。

政府関係機関は，1984年までは15機関（3公社，10公庫，2銀行）あったが，公社・公庫の「民営化」や統廃合により減少した。2008年9月までは7機関あったが，同年10月，そのうち公営企業金融公庫と日本政策投資銀行が組織改革により政府関係機関から除外された。また，国民金融公庫，農林漁業金融公庫，中小企業金融公庫および国際協力銀行は廃止されて，新設の日本政策金融公庫と国際協力機構有償資金協力部門に再編された。なお，沖縄振興開発金融公庫は存続し，12年には国際協力銀行が再度設立されて政府関係機関に加わった。14年度現在，政府関係機関は4機関であり，その当初予算支出総額は2.3兆円である。

2014年度当初予算でみると，一般会計歳出95.9兆円，特別会計歳出411.4兆円，政府関係機関支出2.3兆円の単純合計は509.6兆円である。しかし，図4-1に示したように，会計間では頻繁に繰入が行われる。その重複分を差し引くと，純計額は239.4兆円と半分以下になる。また，国の財政と地方財政との間でも，第10章で述べるように，緊密な財政関係がある。

## 4.3 予算過程

予算過程のうち「編成」および「国会の審議・議決」は，本来，前年度中に行

4 日本の予算制度　75

われる。「執行」は当該年度であるが、「決算」は翌年度に行われる。

(1) 予算の編成

予算編成は、各省各庁が施策に要する予算を見積もって積み上げる個別的要求およびそれを査定する「ミクロの予算編成」と、歳出規模・税制改革および公債発行による財政政策の国民経済に対する影響を考慮する「マクロの予算編成」とを統合する過程である。予算編成は、前年度の春に始まる。概算要求の基準が8月上旬までに決められ、各省各庁が8月末までに**財務省**に概算要求を行う。それに対して財務省が査定を行い、政府首脳、財務省、各省各庁および与党の折衝が繰り返されて、12月末に政府予算の概算が決まる。ただし、この過程は「神聖不可侵」の制度ではない。そのときどきの政権により改革が行われる。

中央省庁の再編が行われた2001年度から09年度までは、自由民主党中心の政権が予算編成を担い、次のような予算編成過程が整備された。まず、年度が始まると各省各庁が翌年度予算要求の見積もりを開始する一方で、財務省も、財務大臣の諮問機関である財政制度等審議会の審議を行いつつ、方針を検討する。また、首相を議長とし、財政・経済担当閣僚、日銀総裁、「民間有識者」などで構成される経済財政諮問会議が議論に加わり、経済財政運営などにかんする基本方針(「骨太方針」と呼ばれることもある)が6月に、また「予算の全体像」が7月下旬から8月上旬をめどに、それぞれ取りまとめられる。それと並行して、財務省が「予算の概算要求に当たっての基本的な方針について」(概算要求基準)を策定し、それは経済財政諮問会議の了承を経て、8月上旬までに閣議了解される。それに応じて各省各庁は8月末までに概算要求を行う。

9月から12月前半まで、財務省は主計局を中心に概算要求に対する査定を行い、財政制度等審議会の「予算の編成等に関する建議」を受けて各省各庁と折衝を重ねつつ予算案を策定していく。さらに、経済財政諮問会議での議論を経たうえで「予算編成の基本方針」が12月上旬までに閣議決定される。他方で、自民党の政務調査会を中心として、与党も予算要求を展開する。これを受けて12月20日をめどに財務省が予算の財務省原案を閣議提出し、事務レベル・大臣レベルの復活折衝を経て、12月下旬に予算(政府案)の概算が決定されることが多い。予算書が作成されて、翌年1月下旬までに予算が国会に提出される。

これに対して、2009年9月に成立した民主党中心の政権は、経済財政諮問会議の活動を停止し、予算に関する財政制度等審議会の建議も止めた。10年6月

には「財政運営戦略」が閣議決定され，15年度までに基礎的財政収支（プライマリー・バランス）を10年度に比して半減し，20年度までに黒字化するとして，3カ年分の「中期財政フレーム」を策定した。毎年度の予算編成過程は以下の通りであった。7月下旬から8月にかけて「予算の概算要求組替え基準について」を閣議決定したうえで，各省各庁が概算要求を行う。それに対して財務省が査定を行うのと並行して，新設された行政刷新会議が「事業仕分け」を行って事業の見直しをはかる。また，これも新設された国家戦略室が「予算編成の基本方針」を策定し，12月に閣議決定する。財務省原案は発表せずに，閣僚等の折衝を経て12月下旬には予算（政府案）の概算が決定される。予算書の作成と予算の国会提出は前政権と同様である。

2012年12月の政権再交代により成立した自民党中心政権は，経済財政諮問会議の活動および財政制度等審議会の予算関連建議を再開するなど，09年9月以前の政策決定過程に回帰している。ただし，13年8月には「中期財政計画」を閣議了解の形で公表し，「財政健全化」については民主党政権と同様の目標を掲げた。また，財務省原案を発表しない点も前政権のやり方を踏襲している。

（2）国会における審議・議決

憲法第60条第1項により，予算はまず衆議院に提出される。予算は衆議院予算委員会において議員と閣僚等との質疑応答および公聴会が行われる。予算委員会の審議を経て衆議院本会議で可決されれば，予算は参議院へ送られる。参議院でも予算委員会の審議を経て，本会議で議決される。予算は，衆議院・参議院の両方で可決されれば成立する。ただし，憲法第60条第2項により，衆議院と参議院の議決が異なり，両議院協議会でも意見が一致しない場合，もしくは衆議院の可決後に参議院が30日以内に議決を行わない場合，衆議院の議決が国会の議決となる。すなわち，予算は衆議院が可決すれば成立する。当該年度について最初に成立した予算は，当初予算と呼ばれる。

新年度開始前に予算を自然成立させようとすれば，3月初めまでに衆議院本会議で予算を可決すればよい。ただし，予算は国の施策全般にかかわるので，予算委員会では国政一般が審議される。話題性の高い施策の議論に多くの時間が費やされて経費の適切さにかかわる議論が少ない，という問題が指摘されている。

とくに，政府の施策，汚職などを巡って政局が混乱すれば，国会審議が空転し，予算成立が新年度開始に間に合わないこともある。その場合，財政法第30条に

より，政府は一定期間分の暫定予算を作成して国会に提出する。ここには新規施策は含まれず，またこれが成立しなければ政府の通常業務ができなくなるため，与野党が暫定予算で対立することはほとんどない。なお，新年度の当初予算が成立すれば暫定予算は失効し，その歳出は当初予算のなかに吸収される。

　予算の作成権・提出権は内閣にあるが，国会は予算を修正する権限をもつ。ただし，予算を伴う法律案の発議（国会法第56条第1項但書），予算増額などを伴う法律案修正の動議（同法第57条但書）もしくは予算修正の動議（同法第57条の2）は，衆議院では議員50人以上，参議院では議員20人以上の賛成を要する。また内閣は意見を述べる機会が与えられる（同法第57条の3）。

(3) 予算執行と補正予算

　予算成立の後，内閣は各省各庁に予算を配賦する。各省各庁は支払計画を財務省に提出し，財務省は閣議決定を受けて支払計画を承認する。公共事業などは，各省各庁が支出負担行為（契約）の実施計画を財務省に提出し，承認を受ける。各省各庁の支払は日本銀行宛の小切手を振り出すことにより行われる。

　流用禁止の原則により，財政法第32条は「各省各庁の長は，歳出予算及び継続費については，各項に定める目的の外にこれを使用することができない」と規定する。ただし「部局等」および「項」の間では，同法第33条但書により，あらかじめ国会の議決がある場合，財務大臣の承認を経て移用できる。また「目」の間では，同条第2項により，財務大臣の承認を経て流用も行われる。

　予算が成立した後，災害対策，景気対策，公務員給与改定などの理由で，予備費や移用・流用の範囲を超えた変更が必要になる。そのような場合，当初予算の執行と並行して，政府は補正予算を編成し，国会はそれを議決する。

(4) 決　　算

　憲法第90条第1項により，内閣は国の決算を国会に提出しなければならない。

　具体的には，歳入歳出決算の結果生じた剰余金は，翌年度の歳入に繰り入れられる。その場合，財政法第6条により，剰余金のうち使途が確定した分を除く純剰余金の2分の1以上は国債償還財源にあてられる。ただし，財源不足に陥った場合，特例法を制定して公共サービスの財源にあてる分を増やすこともある。

　一般会計においては，年度末に歳入歳出の決算上不足が発生することもある。その場合，決算調整資金から財源を組み入れて対応する。決算調整資金に属する現金が不足する場合，不足分は決算調整資金が国債整理基金から繰り入れた現金

でまかなわれる。それらの繰戻しは，翌々年度までに行われる。

　内閣が作成した決算書類を，会計検査院が正確性，合規性，経済性，効率性および有効性の観点から検査し，検査報告を作成する。内閣は，決算および検査報告を国会に提出する。両院はそれぞれ決算を審査するが，両院とも決算を承認する議決を行うとは限らない。国会が決算を承認しない場合も，過去の支出は有効である。国会の決算審議は予算執行にかんする行政府の政治責任を追及するという性格のものであり，それは翌年度以降の予算編成・審議に影響を与える。

## 5　日本の税制改革

　憲法は，第30条において「国民は，法律の定めるところにより，納税の義務を負ふ」，また第84条において「あらたに租税を課し，又は現行の租税を変更するには，法律又は法律の定める条件によることを必要とする」と，租税法律主義を宣言する。国税は法律に基づいて賦課されるが，地方税は地方自治体（地方公共団体）の条例に基づいて賦課される。憲法第94条が「地方公共団体は，その財産を管理し，事務を処理し，及び行政を執行する権能を有し，法律の範囲内で条例を制定することができる」と述べるように，地方自治体は行政権と立法権をもつものの，条例の基本的枠組みについては「法律の範囲内」という限定が付される。現在，地方税法が主要な地方税目の内容と法定外税の要件を定めている。

　通常は行政府レベルで法律案が策定され，与党の同意・修正を得て国会における審議・議決が行われる。

　自民党中心の政権下では，内閣府に設置された政府税制調査会に研究者，企業経営者，地方自治体首長，労働組合代表，報道関係者などが参加し，税制の基本原則・仕組みおよび改革の方針を審議する。財務省の主税局と総務省の自治税務局がその事務局を務め，資料作成などを担う。また，経済政策としての税制という観点から，経済財政諮問会議でも審議が行われ，そこには政府首脳の意向や財界団体の意見も反映される。さらに，与党の税制調査会は幹部を中心に，税率の引下げ，税負担減免措置の維持・拡充といった利益団体および事業官庁の要求を取捨選択しつつ，財務省・総務省と折衝して税制改正案を策定する。

　民主党中心の政権が成立した時期は，政策決定の一元化と透明性の拡大をめざして，税制調査会が1つに統合された。内閣府の税制調査会は，財務大臣が会長

を務め，各省大臣もしくは幹部，与党議員が参加して税制改正案を策定する機関となった。税制調査会のもとに研究者のみで構成される専門家委員会が設置され，それは抜本的税制改革の方針を検討する諮問機関の性格をもっていた。利益団体は政府・与党が一体となった税制調査会に要望を出すこととされた。ただし，東日本大震災の復興増税，第12章でふれる「社会保障と税の一体改革」などが課題になると，民主党のなかに税制調査会が再び設置された。

政権の枠組みにかかわらず，閣議決定された税制改正法案は国会で審議・議決され，憲法第59条により，両議院が可決すれば法律となる。ただし，衆議院が可決し，参議院がこれと異なる議決をした，もしくは60日以上議決しなかった法律案は，衆議院が出席議員の3分の2以上の多数で再可決すれば法律となる。審議中に，与野党の折衝などにより法律案が修正されて成立することもある。

国税の税法改正については，財務省主税局と与党税制調査会の幹部が，世論の動向を勘案しつつ，税制改革の方向・原案策定を主導する。地方税法改正については，総務省自治税務局が都道府県・市・町村の首長および議会議長を代表する地方六団体とも交渉しつつ，財務省などとの調整にあたる。国税と地方税の課税ベースと税率は連動する部分が多く，国税改正は地方税改正に直結するからである。地方自治体は課税者であり，かつ公共サービスの過半を担う地方政府であるから，税制改革における主体の一部を構成する。

## 6　日本の予算と法律

国の予算は国会の議決により成立し，行政府の経費支出を拘束する。しかし予算は，効力が1会計年度に限られ，成立の要件が法律とは異なる独特の法形式である。それに対して，租税法律主義により，税制は法律の形式をとることになっており，それは予算の成立いかんを問わず課税される永久税主義をとる。赤字公債，地方交付税なども法律に基づく。このことは，予算を法律として制定する国と異なり，政策決定において独特の複雑さを発生させる。

衆参両院の多数派が異なる「ねじれ国会」の場合，予算は「衆議院可決，参議院否決」でも成立する。それに対して，法律案は「衆議院可決，参議院否決」の場合，与党が衆議院で3分の2以上の多数を占めていなければ成立しない。日々の地方財政運営に不可欠な地方交付税法，税法のうち時限措置の終了による税率

激変を回避する部分の法改正，公務員の給与にかかわる法律などは「日切れ法案」として与野党の合意が得られれば，3月末までに成立する。しかし，新規施策・増税・赤字公債発行などを根拠づける法律案は，政治的対立の焦点となる。財源の裏づけがなくなれば，年度途中で予算の執行が制約されることになる。

　日本では，各省各庁の官僚，官庁関連法人，与党議員，財界・業界団体などからなる「政策コミュニティ」がネットワークを形成し，予算と税制の決定・執行を主導してきた。これが国民の「租税国家」「予算国家」に対する信認にどのような影響を及ぼすか，これが政治改革の焦点となりうる。

## Keyword
財政民主主義　行政府　立法府　予算原則　財務省　総務省　税制改革

## 参考文献
① 佐藤進・関口浩［1998］『財政学入門（改訂版）』同文舘出版
② 大島通義［2013］『予算国家の〈危機〉――財政社会学から日本を考える』岩波書店
③ 財務省財務総合政策研究所財政史室編［2013］『平成財政史――平成元～12年度・第2巻　予算』大蔵財務協会
④ 山口二郎［1987］『大蔵官僚支配の終焉』岩波書店
⑤ 真渕勝［1994］『大蔵省統制の政治経済学』中央公論社

　①は，財政学の教科書のなかでも，予算論（第Ⅱ部）がとくに充実している。②は，財政民主主義と予算責任を軸に近現代国家を特徴づけるとともに「予算国家」としての日本を評価する。③は，1989～2000年度の一般会計予算の編成過程，国会の審議，予算に示された政策の特徴，補正予算および決算を分析する（宮島洋，池上岳彦，井手英策執筆）。④・⑤は，高度成長期からその終焉にかけての財政政策を題材とする大蔵省（財務省の前身）の政治学的分析である。

## 演習問題
① 財政民主主義のもとで，行政府や立法府の仕組みは，国ごとにどのような特徴をもつか。調べてみよう。
② 予算や税制について，それぞれの利益団体が自らの要求をどのような形で実現しようとするのか。具体的なテーマを選んで，調べてみよう。
③ 日本では予算と法律の成立要件が異なる。これはどのような問題をもつか。

※ 池上　岳彦

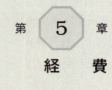

第 5 章
経　費

## 1　経費の意義

### 1.1　経費の概念

経費（public expenditure）とは，国家または公共団体がその任務を遂行するために行う貨幣支出である。国家または公共団体は公共サービスを提供するために必要な資源，すなわち労働力，施設，備品，消耗品などを入手する必要があり，その対価の形をとるのが経費である。そして，国家または公共団体が経済システムを維持するために特定の企業や集団ないし個人に補助金や奨励金を給付し，あるいは投融資を行うための貨幣支出も経費に含めて考えなければならない。また社会システムを維持するために，国家または公共団体が市場経済原理に基づかずに，社会保障などを目的とする無償の現金給付や，医療給付や介護サービスといった現物給付が増大している。こうしたサービスの現物給付も，その背後で貨幣を媒介して行われるのである。

財政学の経費論において重要なのは，こうした貨幣支出行為自体ではなく，経費に基づいて国や公共団体により提供される公共サービスである。

### 1.2　経費と3つのサブシステム維持機能

第1章で述べた3つのサブシステム論によれば，市場社会が誕生すると要素市場が成立し，近現代社会においてそれまで1つであった政治システム・経済システム・社会システムが分離し，財政が媒介環としてこれら3つのサブシステムを統合する。この考え方によれば，経費として支出される公共サービスを分析する

場合，経費には3つの機能がある。以下，その点をややくわしく述べる。

(1) 政治システム自体を維持する経費

第1は，政治システム自体を維持する働きである。政治システムは，社会秩序を維持して，社会を統合することを使命とする。政治機構を維持するための経費支出は，2つの公共サービスとして提供される。1つは，市場経済原理を重視した経済政策を打ち立てたスミス（A. Smith）が必要最小限の国家任務としてあげた機能のうち，国防，司法・治安維持である。人々は，血縁・地縁に基づく共同体的人間関係，すなわち社会システムを形づくっている。国防，司法・治安維持などの公共サービスは，強制力をもって，社会システムにおける生活を保障することにより，政治システムへの忠誠を獲得する。

市場社会の誕生により，それまで社会システムの共同体的慣習と政治システムの指令に基づいて行われていた財・サービスの生産および分配は，両システムから分離した経済システムにおいて営まれるようになる。そこで，もう1つの公共サービスとして，政治システムは，経済システムが機能する前提として，法体系をもって財産権を設定し，それを侵害した場合の司法手続きを機能させることにより，契約の履行を強制する。

このように，3つのサブシステムが分離する近現代社会において，政治システム自体を維持するための経費は，社会システムと経済システムを維持することにより社会を統合する機能をもつ。

(2) 共同体機能の代替——現物給付による社会システム・経済システムの維持

第2は，社会システムと経済システムを維持する公共サービスを現物給付するために支出される経費である。

市場社会が成立すると，経済主体としての家計と企業が分離する傾向が強まる。生産機能を失った家族は，消費財を生産物市場から購入するために，自らの労働力を要素市場に提供して賃金を獲得しなければならず，かつて共同体構成員として担っていた共同作業と相互扶助に参加することは困難になる。

こうして，かつて共同体における生産活動の前提条件であった共同作業を，政府が経費支出を通して肩代わりしなければならなくなる。農村地域の水路の管理，都市地域の街路管理などがそれにあたる。これらの機能は，社会の構成員が共同で使用する社会資本である。

また，かつて共同体でなされていた相互扶助も政府が公共サービスにより肩代

わりする。1つめは教育，医療，福祉などの相互扶助代替サービス，2つめは養老，保育など家族内の無償労働で支えられてきたサービス，3つめは共同体の祭事等の延長線上に位置づけられるレクリエーションや文化活動である。政府は経費支出を通じて，かつて共同体のなかで担われていた生活保障機能を補完することにより，社会システムから忠誠を調達するのである。

（3）補助金・社会保障給付——現金給付による社会システム・経済システムの維持

第3に，政治システムは公共サービスを提供するのに加えて，租税などにより調達した貨幣を無償給付する。この経費すなわち現金給付は，企業に給付される補助金と家計に給付される社会保障給付である。

補助金は，共同体機能の衰退により，共同体機能の代替として給付される。補助金は，①生産活動の前提条件を整備すべく，基幹産業や先端産業の設備投資・研究開発などに給付される促進的補助金と，②生活の前提条件を整備するための農業従事者への給付金などのような維持的補助金に分けられる。

社会保障給付には，老齢・傷病・失業などにより十分な賃金を得られなくなった場合に賃金の代替として給付される社会保険もあり，また公的扶助や児童手当のように生活保障のために給付されるものもある。かつて相互扶助を行ってきた共同体が衰退したことにより，その機能を政府が代替しているのである。

## 1.3 財政学における経費論の変遷

官房学と古典派経済学の財政論が混じり合って正統派財政学が生成されてきた明治時代の財政学の教科書をみると，ルロワ－ボーリュ（P. Leroy-Beaulieu）やコッサ（L. Cossa）等は"public finance"（公的な資金調達）の看板を重要視して，財政学の対象を収入面に限定していた。支出面は国家の職務としてあらわれるが，それは国家学や政治学の研究範囲とされた。これらの学問によって規定づけられた国家ないし公共団体の性質や行政の利害に基づいて，財政学では経費の分類や経費の分配にのみ注目するとされたのである。それは「財政学は政治団体の経済的獲得活動を対象とする独立の科学である」と財政学を定義づけたカイツェル（J. Kaizl）も同様であった。また，財政の本質的特徴を「強制獲得経済」ととらえた井藤半彌における経費論をみても，その刊行年が古いほど経費論を排除する姿勢が強い。

しかし，財政学が学問的に発展を遂げるにつれて，歳入歳出は表裏一体の関係

をなすとの考え方が強まり，ワグナー（A. H. G. Wagner）のイギリス版といわれたバステーブル（C. Bastable）に至ると，公共経費の質と量はともに財政学の基本部分の1つを形成し，財政の他の部分に重要な影響をもつとみるようになってきたとされる。

今日，経費論は財政学の重要な環を形成するに至っている。1960年代に財政学と厚生経済学を母体として派生したとされる公共経済学の定義を巡っては，従来の財政学は"public finance"に終始していたのに対して，公共経済学はその範囲に加えて，財政支出やその経済効果まで言及するというスティグリッツ（J. Stiglitz）などの見解もある。これに対して，財政学は経費を軽視していないとする批判もある。このような論議には，経費論の歴史的な位置づけがかかわっている。

## 1.4 財政法と経費および国家の政策

日本の財政法は「国の各般の需要を充たすための現金の支払」（財政法第2条第1項）を支出と規定し，国の会計は現金会計であるとしてこの上に財政活動を規制しようとする。また「他の財産の取得又は債務の減少を生ずるもの」（財政法第2条第2項）も支出に含むとしており，これにより公債の償還は支出となる。財政法でいう支出は，会計学における費用とは異なるのである。

支出が「国の各般の需要を充たすための」ものであることは，経費が国家の政策を具体的に表すことを意味している。すなわち，経費を分析しその問題点を明らかにして批判するということは，国策を分析して批判することにつながる。財政学のなかで経費を研究することは，このような意義を有している。

## 1.5 財政および市場経済と経費

経済社会は基本的に公共部門と民間部門から構成されるが，現代経済はフィスカル・ポリシーの浸透以来，このような混合経済（mixed economy）の性質をきわめて強く示してきている。そのため，リッチュル（H. Ritschl）など多くの学者が財政と市場経済を対比した二元的経済組織論を展開した。

それぞれの経済組織の運営について，第1章で述べたように，市場経済では，家計の賃金収入は労働市場で，また企業の売上は生産物市場で決まり，その収入の範囲で支出が決まるとする「量入制出」の原則が支配する。それに対して，財

政は公共需要を充足するために政治過程により必要な支出をまず決めてからそれをまかなう収入を決める「量出制入」の原則に従う。

近年，財政赤字が各国で問題となっている。国民の租税抵抗が強いほど，財政の場合も限られた予算をいかに効率的に使うかという問題を突きつけられる。

## 2 経費膨張にかんする学説

### 2.1 ワグナーの経費膨張の法則

19世紀末期，第2章でふれたドイツ正統派財政学の代表的な学者であるワグナーは，「公共活動とくに国家活動拡大の法則」という形で国家経費拡大の傾向に注目した。いわゆる**経費膨張の法則（ワグナーの法則）**である。それは「進歩した文明諸国においては，中央および地方政府の活動は恒常的に拡大する。この拡大は外延的であり，内包的である。すなわち国と地方は，新しい任務を取り上げるとともに，旧来のものをいっそう拡大する」というものである。経費は必ずしも再生産的ではないが，公共需要を充足させて国民の経済的厚生を高めるので，国家ないし地方の活動領域の拡大が要請される。ワグナーはそれを貨幣的に裏づけるものとして経費膨張の法則を『オーストリア国家予算論』ではじめて唱え，『財政学』『経済学基礎』でもそれを展開した。

ワグナーは，国家活動が2つの国家目的において発生するとしている。第1は法および権力目的であり，軍隊，司法，立法，外交などの経費が膨張する。第2は文化ないし福祉目的であり，社会保障（公衆衛生，医療，救貧），教育などの経費が膨張する。歴史的，社会的要請により「近代国家は法治国家であることを超えて，ますます文化国家ないし福祉国家となる」とされたのである。

ところで，経費膨張の法則という場合の「法則」の意味合いに注意しなければならない。数学や理科などの自然科学で用いる場合の法則は時・所を問わず一定の条件のもとに成立する普遍的ないし必然的関係の意味で用いられるが，財政学や経済学でいう法則は歴史的統計的に検証される傾向をもつという意味で現象を説明するものである。ワグナーの法則の場合もそれがいえる。

### 2.2 ピーコック＝ワイズマンの転位効果説

イギリスの財政学者ピーコック（A. T. Peacock）とワイズマン（J. Wiseman）は

イギリスの財政支出を歴史的統計的に研究し，その成果が1961年刊行の『イギリスにおける公共支出の増大』（*The Growth of Public Expenditure in the United Kingdom*）にまとめられている。1890年から1955年までのイギリスの政府支出と国民総生産（GNP）をみると，国民1人当たりGNPは1.7倍に増大したのに対して，国民1人当たり政府支出は7倍も増大した。政府支出はワグナーが述べたように経済発展とともに増大したのであるが，ピーコック＝ワイズマンはそれが単調な増加ではないことおよびその理由を明らかにしている。

（1）転位効果

ピーコック＝ワイズマンが図5-1に示したように，政府経費支出の対GNP比は，第1次世界大戦期と第2次世界大戦期に急速な増大を示しており，世界恐慌期にも微増がみられた。彼らは戦争や社会的動乱期に財政規模が相対的に拡大するものの，平時になってもその水準が以前の低い水準に戻らずに高いままで推移する，すなわち経費水準の位置が転ずることを**転位効果**（displacement effect）と呼び，その要因を追究する。まず戦時は戦費調達のために増税がなされるが，当初は負担感を感じつつもやがて慣れて，租税の許容水準に変化がみられる。戦争終了後も，軍事・援助などを巡る新国際体制の構築と維持には戦前を上回るコストがかかる。また，それまで軽視されてきた社会保障政策などが戦時の体験などを通じて重視されるようになり，その公共サービスの水準が戦後も維持される，という点検効果（inspection effect）があったとする。

なお，ピーコック＝ワイズマンは2つの大戦に転位効果の画期を求めるが，アメリカ，カナダ，ドイツなどでは世界恐慌による政府支出増大が画期になったことが指摘されている。また日本の場合，政府投資については転位効果がみられたともいえるが，経費全体としては転位効果がみられなかったといわれる。

（2）集中過程

ピーコック＝ワイズマンは，転位効果とともに，中央政府の経費が地方政府の経費よりも大規模に膨張するという集中過程（concentration process）を指摘した。その状況も図5-1に表れている。その理由としては，学校や社会施設について均一な水準を求める声が強く，それが経済的にも効率的であり，さらに戦時に集権化された中央政府の任務を直ちに分権化するのが困難であることがあげられる。ただし，集中過程もアメリカやイギリスでは明瞭であるが，ドイツや日本ではみられなかったとされる。

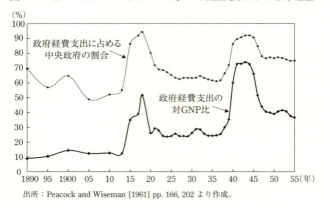

図5-1 ピーコック＝ワイズマンが示した転位効果および集中過程

出所：Peacock and Wiseman [1961] pp. 166, 202 より作成。

ドイツの財政学者かつ官僚であったポーピッツ（J. Popitz）も，社会の発展につれて中央政府の事務が拡大し，地方政府の事務が縮小する，という「中央政府または上位機関財政の吸引力の法則」を唱えた（ポーピッツの法則）。ここから彼は，中央政府と地方政府間の財政調整の必要性を説いており，そのために財政調整生みの親とも呼ばれている。

### 2.3　ニスカネンおよびブキャナンにおける官僚制と経費

財政は政治により決定されるが，その際，第4章で述べたように，政策決定過程において官僚の果たす役割はきわめて大きい。政治学者ニスカネン（W. Niskanen）は，官僚が自らの効用を最大化するために，所属する行政機関の予算規模を最大化する行動をとると主張する。ニスカネン・モデルにおいては，官僚は公共サービス供給の費用や国民の公共財需要に関する情報を独占する供給独占者といえる。その場合も公共サービスはこうした国民の官僚サービスへの需要を示す需要曲線上で予算の範囲でしか行えないので，官僚は公共サービスの追加が生み出す限界評価がゼロになるまで所属機関の予算を増やす予算最大化行動をとる。それにより公共サービスが社会的な最適水準より過大に供給されて，資源配分が非効率になる，というのである。

第2章でふれたブキャナン（J. Buchanan）も，公共サービスの独占的供給者である官僚が経費膨張により地位の保全を求めるとの観点から，同様の指摘を行っている。

## 2.4 ローゼンによる経費膨張の説明

アメリカの財政学者ローゼン（H. S. Rosen）は，『財政学』（現在はゲイヤーとの共著）において，経費膨張の理由を，①市民の選好，②マルクス主義者の見解，③歴史的偶然，④社会的態度の変化，⑤所得再分配の5つの観点から説明している。

第1に，経費増大は市民の選好が表現されたものであり，所得増加とともに市民の公共サービスへの需要水準が高まると，公共財の提供コストの影響も加わって，経費は増大する，とされる。そして，アメリカの公共予算の約40％は，G［中位投票者の公共財需要水準］＝ f（P［公共財の相対価格］, I［所得］）という関数で説明できるとしている。第2に，マルクス主義者のモデルでは，民間部門は生産過剰気味であり，それを吸収すべく資本統制を行う政府が経費支出を増大させるなどして調整を行うとされる。第3に，経済社会システムに対する偶然の外部的な歴史的出来事が高い水準の経費支出と新しい資金調達方法を求めるようになるとされる。これは，実質上ピーコック＝ワイズマンの見解に沿ったものといえる。第4に，自己主張的な社会的傾向やメディアに踊らされる傾向により，何でも政府がしてくれるはずだ，というサンタクロース心理が形成され，政治システム上の浪費的消費が生まれるとされる。最後に，かつての制限選挙から転じて，低所得者層まで選挙権をもつようになると，政治家は得票を最大化すべく所得再分配政策をとるために，経費が増大するとされる。しかし，現物給付による所得再分配を行うアメリカでは中所得者層や高所得者層が利益を得る場合もあるとして，この見解の限界にも言及している。

ローゼンは経費膨張の要因をこのように説明するが，いくつかの理由が複層的に影響して経費膨張がもたらされることを指摘している点が特徴的である。

# 3 経費の生産性と費用便益分析

## 3.1 経費は生産的か，不生産的か

経費が生産的であるか否かについての見解は，国家や社会をどのようにみるかという国家観や社会観に作用される。第2章で取り上げたスミスは，その歴史的背景から「安価な政府」（cheap government）を理想とし，国家は国防，司法・治安維持，公共事業および公共施設の維持，そして元首の威厳の維持を国家の最小

限の任務とした。そのために用いられる経費は社会に対して一般的利益をもたらすので，経費を政治的効果からみれば有用性があるとした。しかし，経費の経済的効果からみると，**経費の生産性**，すなわち経費が生産的か否かの基準により判断される。生産的な労働とは，その生産過程で利潤を生みだすとともに生産に際して投入された原材料の価値を回復できるものである。しかし，国家機関従事者の労働は何も生産せず，その生活は他人の生産物で維持される。スミスは，そのために支出される経費は不生産的であるとした。そこから，国家を必要悪とする考えが生まれたとされる。

それに対して，ドイツの経済学者リスト（F. List）は，国家活動は無形の生産力を生み出す源泉なので，経費は生産的であると主張した。後発国であるドイツでは，国家による資本の保護育成政策が求められたからである。

### 3.2 費用便益分析

社会保障関係費の増大やフィスカル・ポリシーの多用などにより，政府規模は拡大の一途をたどっている。こうしたなかで経費の効率化が求められてきた。そこで注目されるのが**費用便益分析**（cost-benefit analysis）である。これは，いかなる手法によれば政府の事業が最小費用で最大便益をもたらしうるかという効率性を基準として，事業実施如何の判断に役立てるための評価である。基本的には費用（cost）と便益（benefit）を比較して，「費用＜便益」となることが求められるが，ここで問題となるのが費用と便益の定義と範囲である。市場メカニズムをホームグラウンドとする民間部門では利潤最大化を目的としており，私的限界費用と私的限界便益が用いられる。しかし，政府事業の実施目的は私たちおよび子孫の生活水準の向上であるとハーバーガー（A. Harberger）が述べるように，その費用と便益の範囲は私的限界費用と私的限界便益だけにはとどまらない。

まず便益についてみると，たとえば高速道路敷設事業を政府が実施する場合，民間企業が投資を行う場合に考慮する私的限界便益だけでなく，広くその事業により最終消費者の社会的厚生がどれほど増大するかという社会的限界便益で考える必要がある。具体的には新道路敷設によりどれほど時間の節約が可能となったか，環境に対する負荷がどれほど減少したか，また安全が確保され死亡事故が減少したか等々，考えられる社会的便益をまず列挙する必要がある。ところが，これらの便益には貨幣表示が可能なものと困難ないし不可能なものが存在する。時

間節約の場合,それにより勤労時間が増えて所得が上昇する側面からみて,節約時間数に時給を乗じて便益を貨幣的に把握する手法がとられたりしている。

次に費用という場合,政府がその事業のために投入する金額を加算する,といった単純なものではない。これも民間企業などの生産者の私的限界費用に加えて,その財の生産に関連して他者に課される費用全額を示す社会的限界費用を考える必要がある。たとえば,教育事業の場合,毎年度経常的に支出される人件費や旅費などの消費的支出や施設整備費などの資本的支出といった学校運営費に加えて,生徒・学生が直接負担する教科書代,通学費などのほか,勉学のために就労ができなかったことにより得られなかった所得,すなわち次善の使途に投入すれば得られたはずの価値である機会費用も社会的限界費用に含める必要がある。

このように政府事業を考える場合は社会的価格を考慮する必要があるが,貨幣表示が困難な場合や市場に不完全にしか反映されない価格が存在する。そのため,通常の市場には存在しないが,競争市場で成立すると期待される理論的価格で,真の社会的限界費用ないし社会的限界便益とされる影の価格(shadow price)が用いられることがある。しかし,たとえば農山漁村の保全およびその地域における教育・文化水準の向上が社会全体の生活環境向上につながる「外部性」を便益として評価するのは容易ではないし,ダム・高速道路といった公共投資に伴う環境破壊などを費用として算定するのは困難である。また,機会費用を算定することも必ずしも簡単ではないという問題があり,影の価格を求めること自体が困難であるともいえるのである。

またこれに加えて,公共事業などが現在から将来にわたって便益や費用を生じさせることも算定を難しくする。そのため,現時点で事業の実施いかんを決定する場合,将来便益や将来費用の価値を現在価値に直す必要が出てくる。現在価値を求めるために用いるのが社会的割引率(social discount rate)である。これは,利子率の考え方を逆に利用したものであり,$n$ 年間続く事業については,

現在価値 = 1 年目の将来価値 / (1 + 社会的割引率)

+ 2 年目の将来価値 / $(1 + 社会的割引率)^2$

+ …… + $n$ 年目の将来価値 / $(1 + 社会的割引率)^n$

となる。この場合,社会的割引率が市場利子率なのか,資本収益率なのか,あるいは別のものなのか,すべての場合について断定できるものではない。

このように,費用と便益の範囲と評価方式は客観的なものではなく,行政府担

当者の意向が反映されやすい。日本では，2009年の政権交代により，民主党政権のもとで事業仕分けが行われ，当初，国民の注目を浴びた。これが結果的に長続きしなかった理由としては，たんに儀式的に経費の無駄を突いたにとどまり，具体的実施に向けた法律的手続きが伴わないケースもあり，また費用便益分析が多角的に用いられなかったことが指摘される。しかし，公共支出や公共事業の実施に際して費用便益分析を行っても，それによって一点の曇りもない「お墨付き」が与えられるわけではない。

　費用便益分析は事業について多角的に検討する際の材料を提供するものである。これについて，ハーバーガーは，費用便益分析には歴史的にみて，①厚生経済学に基づいて経済理論的に考える手法，②「事業評価」の名のもとに現実の事業に経済理論を当てはめながら実践的に考える手法，の2つがあるとしている。そして，費用便益分析が「机上の空論」に陥ることに警鐘を鳴らしつつ，各事業の実態をふまえて費用便益分析を行う後者の手法を推奨している。

### 3.3　普遍的サービスと選別的サービス

　普遍的サービス（universal service）とは，国民もしくは住民の誰もが普遍的に享受することができるサービスである。公共サービスのなかでは，道路，公園，保健衛生，安全などの生活環境サービス，教育・文化サービス，そして社会保障のうち年金，医療，介護などがこれに当たる。公益事業まで拡げて考えれば，電気，ガス，水道のようなライフラインおよび電話，郵便なども普遍的サービスといえる。それらは，利用可能な料金のもとで，誰もが安定的に利用できるように供給されるべきサービスである。

　それに対して，選別的サービス（selective service）とは，国民のなかでとくに困難に陥っている人に対象を限るサービスである。貧困世帯について，最低生活を保障する生活保護，就学援助などの公的扶助，そして所得制限がその例であり，それらの給付に際しては，給付申請者が援助に値するかどうかを判断するために，所得と資産の審査が行われる。

　子育てを支援する現金給付についてみると，民主党政権が設けた「子ども手当」は所得制限のない普遍的サービスであった。しかし，現在は所得制限のある「児童手当」すなわち選別的サービスに変更されている。

　これらの点については，第12章および終章であらためて取り上げる。

## 4　日本の経費

### 4.1　財政制度と経費

　日本の経費構造をその財政制度からみた場合，予算については表5-1のように①所管別，②使途別，③目的別，④主要経費別の4つの分類が行われており，決算については①，③，④の統計がある。

（1）所管別分類

　所管別分類とは，三権や省などの組織別に予算を分類したものである。表5-1（1）をみると，戦前の1930年度一般会計決算では陸軍省および海軍省などの決算が約3割を占めており，2012年度の決算に占める防衛省の割合が約5％にすぎないこととは対照的である。戦前の内務省は1930年度一般会計決算ではわずか9.3％であったが，2012年度決算をみると，旧内務省を継承した組織である厚生労働省が30.4％，総務省が18.4％，国土交通省が7.2％と比重が著しく増大しており，財務省は24.3％，文部科学省は6.2％である。

（2）使途別分類

　使途別分類は，政府が国民経済から取得した資金をいかなる形態で国民経済に還流するかを示す。表5-1（2）の使途別分類をみると，「他会計へ繰入」が最も高く2012年度補正後予算では55.9％を占める。それに続く補助費・委託費の33.2％と合わせると，一般会計の9割近くが一般会計を経由して別の箇所に移っている。そして，移転先では人件費や物件費として使われたりする。したがって，一般会計の使途別分類をみただけでは，国民経済に還流される資金である経費が，有効に利用されているかどうか確認することはできず，他会計を含めた予算全体をとらえるのも至難の業である。一般会計予算の人件費は戦前から1960年代にかけては10％台を占めていたが，近年では5％を切る数値になっている。

　2007年に通則法である特別会計法が制定されたが，それ以降の数値をみても，一般会計から「他会計へ繰入」が6割近い数値を占め続けていることがわかる。

（3）目的別分類

　目的別分類は，経費が国家のいかなる機能に配分されているかを示すものであり，1947年度予算から採用されたとされる。目的別分類は，その区分が一貫しているので，予算・決算の時系列的変化を把握しやすいという長所がある。

表 5-1 日本の

**(1) 一般会計歳出決算額（所管別分類）**

（単位：金額は、1930年度は百万円、60年度以降は十億円、構成比は%）

| | 1930年度 | | | 1960年度 | | 1980年度 | | 1999年度 | | | 2012年度 | |
|---|---|---|---|---|---|---|---|---|---|---|---|---|
| | 金額 | 構成比 | | 金額 | 構成比 | 金額 | 構成比 | 金額 | 構成比 | | 金額 | 構成比 |
| 皇室費 | 5 | 0.3 | 皇室費 | 1 | 0.0 | 3 | 0.0 | 7 | 0.0 | 皇室費 | 6 | 0.0 |
| | | | 国会 | 1 | 0.0 | 67 | 0.2 | 139 | 0.2 | 国会 | 130 | 0.1 |
| | | | 裁判所 | 14 | 0.8 | 18 | 0.0 | 317 | 0.4 | 裁判所 | 288 | 0.3 |
| | | | 会計検査院 | 1 | 0.0 | 9 | 0.0 | 16 | 0.0 | 会計検査院 | 15 | 0.0 |
| | | | 内閣 | 1 | 0.1 | 10 | 0.0 | 20 | 0.0 | 内閣 | 90 | 0.1 |
| 司法省 | 35 | 2.2 | 法務省 | 30 | 1.7 | 331 | 0.8 | 596 | 0.7 | 法務省 | 695 | 0.7 |
| 外務省 | 2 | 0.1 | 外務省 | 13 | 0.7 | 277 | 0.6 | 840 | 0.9 | 外務省 | 752 | 0.8 |
| 大蔵省 | 34 | 2.2 | 大蔵省 | 148 | 8.5 | 6,281 | 14.5 | 23,849 | 26.8 | 財務省 | 23,610 | 24.3 |
| 文部省 | 14 | 0.9 | 文部省 | 210 | 12.1 | 4,365 | 10.1 | 6,082 | 6.8 | 文部科学省 | 5,977 | 6.2 |
| 内務省 | 145 | 9.3 | 総理府 | 333 | 19.1 | 5,003 | 11.5 | 9,097 | 10.2 | 内閣府 | 568 | 0.6 |
| | | | | | | | | | | 環境省 | 600 | 0.6 |
| | | | 厚生省 | 177 | 10.1 | 8,204 | 18.9 | 18,915 | 21.2 | 厚生労働省 | 29,509 | 30.4 |
| | | | 労働省 | 41 | 2.4 | 434 | 1.0 | 916 | 1.0 | | | |
| | | | 自治省 | 339 | 19.5 | 8,009 | 18.5 | 13,407 | 15.1 | 総務省 | 17,861 | 18.4 |
| | | | 建設省 | 202 | 11.6 | 4,354 | 10.0 | 8,309 | 9.3 | | | |
| 通信省 | 335 | 21.5 | 運輸省 | 45 | 2.6 | 1,381 | 3.2 | 1,146 | 1.3 | 国土交通省 | 7,021 | 7.2 |
| | | | 郵政省 | 2 | 0.1 | 24 | 0.1 | 155 | 0.2 | | | |
| 商工省 | 11 | 0.7 | 通商産業省 | 18 | 1.0 | 651 | 1.5 | 1,282 | 1.4 | 経済産業省 | 1,910 | 2.0 |
| 農林省 | 59 | 3.8 | 農林省（農林水産省） | 163 | 9.4 | 3,820 | 8.8 | 3,944 | 4.4 | 農林水産省 | 3,286 | 3.4 |
| 陸軍省 | 201 | 12.9 | | | | | | | | 防衛省 | 4,769 | 4.9 |
| 海軍省 | 242 | 15.5 | | | | | | | | | | |
| 拓務省 | 27 | 1.7 | | | | | | | | | | |
| 計 | 1,558 | 100.0 | 計 | 1,743 | 100.0 | 43,405 | 100.0 | 89,037 | 100.0 | 計 | 97,087 | 100.0 |

**(2) 一般会計歳出予算額（使途別分類〔補正後予算〕）**

（単位：金額は、1934～36年度は百万円、1960年度以降は十億円、構成比は%）

| | 1934～36年度平均 | | 1960年度 | | 1980年度 | | 1999年度 | | 2012年度 | |
|---|---|---|---|---|---|---|---|---|---|---|
| | 金額 | 構成比 | 金額 | 構成比 | 金額 | 構成比 | 金額 | 構成比 | 金額 | 構成比 |
| 人件費 | 229 | 10.0 | 220 | 12.5 | 2,486 | 5.7 | 4,276 | 4.8 | 3,186 | 3.2 |
| 旅費 | 34 | 1.5 | 14 | 0.8 | 78 | 0.2 | 119 | 0.1 | 100 | 0.1 |
| 物件費 | 629 | 27.5 | 138 | 7.8 | 1,074 | 2.5 | 2,637 | 3.0 | 3,128 | 3.1 |
| 施設費 | 368 | 16.1 | 60 | 3.4 | 750 | 1.7 | 1,659 | 1.9 | 1,020 | 1.0 |
| 小計 | 1,260 | 55.1 | 432 | 24.5 | 4,389 | 10.0 | 8,692 | 9.8 | 7,434 | 7.4 |
| 補助費・委託費 | 332 | 14.5 | 472 | 26.7 | 14,279 | 32.7 | 24,791 | 27.8 | 33,367 | 33.2 |
| 他会計へ繰入 | 443 | 19.4 | 665 | 37.7 | 22,110 | 50.6 | 51,135 | 57.4 | 56,188 | 55.9 |
| 小計 | 775 | 33.9 | 1,137 | 64.4 | 36,389 | 83.3 | 75,926 | 85.3 | 89,555 | 89.1 |
| その他 | 251 | 11.0 | 196 | 11.1 | 2,903 | 6.6 | 4,401 | 4.9 | 2,873 | 2.9 |
| 計 | 2,286 | 100.0 | 1,765 | 100.0 | 43,681 | 100.0 | 89,019 | 100.0 | 100,537 | 100.0 |

注：主要経費別分類のうち、1934年度は補正後予算。また、99年度の「計」は97年度決算不足補塡繰戻（1,617十億円）を含む。
出所：財務省主計局調査課『財政統計』などより作成。

経費構造

## (3) 一般会計歳出決算額（目的別分類）

(単位：金額は，1934年度は百万円，1960年度以降は十億円，構成比は％)

| | 1934年度 金額 | 構成比 | 1960年度 金額 | 構成比 | 1970年度 金額 | 構成比 | 1980年度 金額 | 構成比 | 1990年度 金額 | 構成比 |
|---|---|---|---|---|---|---|---|---|---|---|
| 国家機関費 | 164 | 7.6 | 170 | 9.7 | 547 | 6.7 | 2,172 | 5.0 | 4,692 | 6.8 |
| 地方財政費 | 5 | 0.2 | 332 | 19.1 | 1,776 | 21.7 | 7,875 | 18.1 | 15,959 | 23.0 |
| 防衛関係費 | 945 | 43.7 | 163 | 9.4 | 594 | 7.3 | 2,272 | 5.2 | 4,277 | 6.2 |
| 対外処理費 | - | - | 31 | 1.8 | 26 | 0.3 | 0 | 0.0 | - | - |
| 国土保全及び開発費 | 196 | 9.1 | 294 | 16.9 | 1,360 | 16.6 | 5,975 | 13.8 | 5,899 | 8.5 |
| 産業経済費 | 84 | 3.9 | 164 | 9.4 | 1,017 | 12.4 | 3,987 | 9.2 | 4,090 | 5.9 |
| 教育文化費 | 155 | 7.2 | 211 | 12.1 | 939 | 11.5 | 4,643 | 10.7 | 5,412 | 7.8 |
| 社会保障関係費 | 38 | 1.8 | 231 | 13.3 | 1,298 | 15.9 | 9,237 | 21.3 | 12,726 | 18.4 |
| 恩給費 | 171 | 7.9 | 116 | 6.7 | 298 | 3.6 | 1,653 | 3.8 | 1,831 | 2.6 |
| 国債費 | 361 | 16.7 | 26 | 1.5 | 287 | 3.5 | 5,492 | 12.7 | 14,314 | 20.7 |
| その他 | 44 | 2.0 | 3 | 0.2 | 46 | 0.6 | 98 | 0.2 | 69 | 0.1 |
| 合　計 | 2,163 | 100.0 | 1,743 | 100.0 | 8,188 | 100.0 | 43,405 | 100.0 | 69,269 | 100.0 |

| | 1999年度 金額 | 構成比 | 2003年度 金額 | 構成比 | 2006年度 金額 | 構成比 | 2009年度 金額 | 構成比 | 2012年度 金額 | 構成比 |
|---|---|---|---|---|---|---|---|---|---|---|
| 国家機関費 | 4,274 | 4.8 | 4,383 | 5.3 | 4,361 | 5.4 | 5,074 | 5.0 | 4,370 | 4.5 |
| 地方財政費 | 13,105 | 14.7 | 17,427 | 21.1 | 16,761 | 20.6 | 16,596 | 16.4 | 16,901 | 17.4 |
| 防衛関係費 | 4,923 | 5.5 | 4,944 | 6.0 | 4,839 | 5.9 | 4,832 | 4.8 | 4,771 | 4.9 |
| 対外処理費 | - | - | - | - | - | - | - | - | - | - |
| 国土保全及び開発費 | 11,084 | 12.4 | 8,248 | 10.0 | 6,938 | 8.5 | 7,563 | 7.5 | 5,762 | 5.9 |
| 産業経済費 | 4,012 | 4.5 | 3,213 | 3.9 | 2,735 | 3.4 | 7,644 | 7.6 | 4,828 | 5.0 |
| 教育文化費 | 7,064 | 7.9 | 6,195 | 7.5 | 5,010 | 6.2 | 5,870 | 5.8 | 5,750 | 5.9 |
| 社会保障関係費 | 17,969 | 20.2 | 21,117 | 25.6 | 21,641 | 26.6 | 30,198 | 29.9 | 29,998 | 30.9 |
| 恩給費 | 1,484 | 1.7 | 1,206 | 1.5 | 991 | 1.2 | 780 | 0.8 | 570 | 0.6 |
| 国債費 | 20,272 | 22.8 | 15,544 | 18.9 | 18,037 | 22.1 | 18,445 | 18.3 | 21,011 | 21.6 |
| その他 | 1,946 | 2.2 | 131 | 0.2 | 133 | 0.2 | 3,973 | 3.9 | 3,127 | 3.2 |
| 合　計 | 89,037 | 100.0 | 82,416 | 100.0 | 81,445 | 100.0 | 100,973 | 100.0 | 97,087 | 100.0 |

## (4) 一般会計歳出決算額（主要経費別分類）

(単位：金額は，1934年度は百万円，1960年度以降は十億円，構成比は％)

| | 1934年度 金額 | 構成比 | 1960年度 金額 | 構成比 | 1980年度 金額 | 構成比 | 1999年度 金額 | 構成比 | 2012年度 金額 | 構成比 |
|---|---|---|---|---|---|---|---|---|---|---|
| 社会保障関係費 | 17 | 0.8 | 193 | 11.1 | 8,170 | 18.8 | 19,022 | 21.4 | 29,198 | 30.1 |
| 文教及び科学振興費 | 154 | 6.9 | 220 | 12.6 | 4,606 | 10.6 | 6,799 | 7.6 | 5,961 | 6.1 |
| 国債費 | 379 | 17.0 | 26 | 1.5 | 5,492 | 12.7 | 20,272 | 22.8 | 21,011 | 21.6 |
| 恩給関係費 | 171 | 7.7 | 124 | 7.1 | 1,653 | 3.8 | 1,485 | 1.7 | 570 | 0.6 |
| 地方財政関係費 | - | - | 332 | 19.0 | 7,829 | 18.0 | 13,084 | 14.7 | 16,884 | 17.4 |
| 防衛関係費 | 946 | 42.5 | 160 | 9.2 | 2,250 | 5.2 | 4,897 | 5.5 | 4,762 | 4.9 |
| 公共事業関係費 | 206 | 9.3 | 318 | 18.3 | 6,896 | 15.9 | 12,972 | 14.6 | 5,776 | 5.9 |
| 経済協力費 | 4 | 0.2 | 4 | 0.3 | 368 | 0.8 | 1,019 | 1.1 | 624 | 0.6 |
| 中小企業対策費 | 0 | 0.0 | 2 | 0.1 | 240 | 0.6 | 818 | 0.9 | 824 | 0.9 |
| エネルギー対策費 | - | - | - | - | 424 | 1.0 | 676 | 0.8 | 846 | 0.9 |
| 食糧安定供給関係費 | - | - | 32 | 1.8 | 1,030 | 2.4 | 266 | 0.3 | 1,353 | 1.4 |
| 産業投資特別会計へ繰入 | - | - | - | - | - | - | 113 | 0.1 | - | - |
| その他の事項経費 | 346 | 15.6 | 331 | - | 4,448 | 10.2 | 5,996 | 6.7 | 9,277 | 9.6 |
| 計 | 2,224 | 100.0 | 1,743 | 100.0 | 43,405 | 100.0 | 89,037 | 100.0 | 97,087 | 100.0 |

まず長期的傾向を確認すると，表 5-1 (3) には旧大蔵省が試算した 1934 年度の一般会計決算も示されているが，防衛関係費が 43.7％，国債費が 16.7％と合わせて半分超を占める。戦後は社会保障関係費が 60 年度の 13.3％から 2012 年度の 30.9％へと比重を大きく高めている。これに対して，教育文化費は同期間に 12.1％から 5.9％へ比重を低下させており，少子高齢化の進行をここからも垣間みることができる。また国債費の比重は 1970 年度まで 1 桁台であったが，75 年度補正予算で特例公債発行が再開されて以降は，80 年代後半からのバブル期を除いて，その発行が常態化し，建設国債の発行も相まって，80 年度の 12.7％から 2012 年度の 21.6％へ上昇した。また地方財政費は 1934 年度には一般会計の 0.2％にすぎなかったが，戦後は 20％近くを占め続けている。

そのときどきの政策課題に対応するために，政府は経費支出を変化させる。第 2 次大戦後に限ってみても，敗戦直後は経済復興経費が増大したが，1949 年のドッジ・ラインにより緊縮財政がとられた。高度成長期には国土保全及び開発費，教育文化費，社会保障関係費，産業経済費などが増大し，70 年代には景気対策と社会保障制度の拡充を受けて経費が急増した。80 年代は「増税なき財政再建」を掲げた社会保障の節減，公共部門の「民営化」・合理化，規制緩和が盛り込まれた行財政改革が展開されたのに対して，防衛費と対外援助費が増大した。90 年代はアメリカからの内需拡大要求とバブル経済崩壊を受けて公共投資が拡大され，国債費も急増した。2001 年から小泉純一郎内閣が進めた構造改革は社会保障・公共投資などを抑制したが，08 年からの世界金融危機を契機とする経済危機対策により経費は急増した。そして 11 年 3 月 11 日に発生した東日本大震災の復興と防災・減災対策，「社会保障と税の一体改革」など，政府は政策課題の変化に応じて経費支出を中心とする財政政策を展開してきた。その詳細は，第 3 章，第 12 章，第 13 章などで述べる。

2012 年度決算をみると，国債費や地方財政費のように法律などにより経費支出が義務づけられた義務的経費が一般会計歳出の 4 割を占め，さらに超高齢社会を映し出す社会保障関係費が 3 割を占めており，その残りを他の政策経費に充てる，という財政の現状がわかる。

(4) 主要経費別分類

主要経費別分類とは，政府に要請されるさまざまな施策に経費がいかに配分されるかを示すものとされ，その面では目的別分類と大きな違いはない。ただし，

目的別分類で国家機関費に含まれている司法，警察，徴税などの経費や行政官庁の本省経費が表5-1 (4) のように「その他の事項経費」になっている。

目的別分類とは異なり，同一名称でも年度により網羅する範囲が異なることがある。また，政府は重要施策として打ち出したものについて「主要経費」として新たな区分を設けることもある。たとえば，「エネルギー対策費」は1978年度から「主要経費」の区分として新設された。さらに，96年度には従来の「食糧管理費」が「主要食糧関係費」に変更され，2001年度からは「食糧安定供給関係費」に再び変更されている。

そのため「主要経費」はそのときどきの政策課題の経費の特徴を示すのに適しており，予算に関するマスメディアの報道でも主要経費別分類が重視される。ただし，これは年度間の比較や長期的動向の分析には不向きだとされる。

### 4.2 国民経済計算と経費

日本の財政制度による経費を諸外国の経費と比較する際，各国間でその基盤となる制度が多様であるため，各経費が網羅する範囲が異なり，単純な比較はできない。このような場合，**国民経済計算**（System of National Accounts：SNA）を用いた比較が行われる。国民経済計算とは，国連が主導した国際基準に基づいて，一国の経済状況について，フロー面（生産，投資，消費）およびストック面（資産，負債）を，マクロ経済理論に基づいて体系的に記録したものである。

国民経済計算には，制度上類似の性質をもつ制度単位の集まりにより分けた制度部門別分類があり，経済取引主体を①非金融法人，②金融機関，③一般政府，④対家計民間非営利団体，⑤家計の5つに分類している。公的機関であっても，独立採算制を原則とする場合は公的企業として①の非金融法人に，または公的金融機関として②の金融機関に分類されている。そして，国民経済計算における政府の範囲は③の一般政府（general government）とされ，集団や個人の消費目的で市場では取引されない財やサービスを生産し，主として他部門からの強制支払で資金を得る制度的単位と定義されている。

一般政府は，さらに①中央政府（central government），②地方政府（local government），③社会保障基金（social security funds）に三分されるが，これらは各国の財政制度と必ずしもそのまま一致するわけではない。国民経済計算上の定義をみると，中央政府は，その支配権が国家としての経済領域全体に及ぶ政府とそ

れに付属する全行政機関（社会保障基金を除く）とされる。日本では，国の一般会計（公務員賃貸住宅を除く），非企業特別会計，独立行政法人等が含まれる。また，地方政府は，支配権がその経済領域の一部のみに及ぶ公的機関（社会保障基金を除く）とされる。そして社会保障基金は，法律や規則に基づいて特定集団から資金の全部もしくは一部を差し出させて社会給付を行う中央・州・地方の全制度的単位とされ，日本では社会保険の特別会計や特別の法人が含まれる。なお，社会保障基金の区分にあたっては，たとえば日本の現行保険・年金基金を社会保障基金と金融機関に分ける際の基準づくりが難しいなど，国民経済計算と各国制度との対応関係が問題になることもある。

　なお，神野直彦『財政学』によれば，地方政府は「生活の場」としての地域において，医療，介護，保育，教育，環境など広義の対人社会サービスにより生活保障を担う政府と位置づけられる。また，社会保障基金は「生産の場」において老齢，傷病，失業などの理由により賃金を得られない場合，それに代替する現金給付を行って所得を保障する政府と位置づけられる。この２つはいずれも人々の自発的協力に基礎づけられた政府とされる。また，中央政府は国家全体としての役割に加え，地方政府と社会保障基金のサービスにかかわるミニマム保障を行うとされる。そしてこれら３つの政府の連携により，国民生活が保障されるのである。

　表5-2（1）に示した一般政府の段階別の経費支出配分をみると，2011年時点で，日本では中央政府が34.8％を占めており，これは同じく単一制国家（unitary state）とされるフランスの32.9％とほぼ同じである。「生活の場」の政府とされる地方政府の経費は，日本では29.3％，フランスでは20.8％である。これに対して，連邦制国家（federal state）における地方政府（州政府を含む）の場合，ドイツが38.7％，アメリカが46.0％である。また「生産の場」における政府である社会保障基金の経費は，日本では国の年金特別会計や労働保険特別会計，地方の国民健康保険特別会計など，また共済組合や健康保険組合などが含まれ，一般政府全体の35.9％を占める。社会保障基金の経費は，ドイツ，フランス，イタリアでも40％前後を占める。なお，この表では，アメリカとイギリスの社会保障基金は中央政府に含まれており，ここにはあらわれていない。また，単一制国家と連邦制国家それぞれの特徴については第9章でくわしく述べる。

　国民経済計算における一般政府の経費支出は，表5-2（2）にみられるように，

**表5-2　国民経済計算による一般政府支出の比較**

(1) 政府段階別の支出構成比 (単位：%)

|  | 日本 | アメリカ | イギリス | ドイツ | フランス | イタリア |
|---|---|---|---|---|---|---|
| 中央政府 | 34.8 | 54.0 | 73.3 | 16.1 | 32.9 | 30.7 |
| 地方政府 | 29.3 | 46.0 | 26.7 | 38.7 | 20.8 | 30.4 |
| 社会保障基金 | 35.9 | - | - | 43.2 | 46.5 | 38.9 |

(2) 機能別一般政府支出の構成比 (単位：%)

|  | 日本 | アメリカ | イギリス | ドイツ | フランス | イタリア |
|---|---|---|---|---|---|---|
| 一般公共サービス | 11.0 | 12.4 | 11.6 | 13.6 | 11.5 | 17.3 |
| 防衛 | 2.2 | 11.7 | 5.1 | 2.4 | 3.2 | 3.0 |
| 公共の秩序・安全 | 3.1 | 5.5 | 5.3 | 3.5 | 3.1 | 4.0 |
| 経済業務 | 9.8 | 9.4 | 5.3 | 7.6 | 6.3 | 7.1 |
| 環境保護 | 2.9 | 0.0 | 2.0 | 1.5 | 1.9 | 1.8 |
| 住宅・地域アメニティ | 1.8 | 2.1 | 1.8 | 1.2 | 3.4 | 1.4 |
| 保健 | 17.3 | 21.4 | 16.5 | 15.5 | 14.7 | 14.7 |
| 娯楽・文化・宗教 | 0.8 | 0.7 | 2.1 | 1.8 | 2.5 | 1.1 |
| 教育 | 8.4 | 15.5 | 13.4 | 9.4 | 10.8 | 8.5 |
| 社会保護 | 42.7 | 21.3 | 36.8 | 43.3 | 42.6 | 41.0 |

注：1) アメリカとイギリスの社会保障基金支出は，中央政府に含まれる。
　　2) アメリカとドイツの州政府支出は，地方政府支出に含まれる。
　　3) 一般公共サービスには，行政・立法機関，財務・財政業務，対外業務，対外経済援助，一般行政，基礎研究，公的債務取引，政府部門間の移転などが含まれる。
　　4) 経済業務には，農林水産業，鉱業，製造業，建設，エネルギー，運輸，通信，通商，労働関係業務などが含まれる。
出所：OECD, *National Accounts at a Glance 2013* などより作成。

①一般公共サービス，②防衛，③公共の秩序・安全，④経済業務，⑤環境保護，⑥住宅・地域アメニティ，⑦保健，⑧娯楽・文化・宗教，⑨教育，⑩社会保護の10種に機能区分される。日本は一般政府の経費支出における経済業務，環境保護の構成比が表示した国のなかで最も高く，逆に一般公共サービス，公共の秩序・安全，防衛および教育については構成比が最も低い。とくに教育の構成比は日本，イタリア，ドイツが低く，アメリカとイギリスで高いが，これについては各国の教育制度や少子化の程度などの事情も考えて実態を分析する必要がある。日本の経費支出に占める割合が最も高いのは社会保護の42.7％であり，ここには傷害，老齢，遺族，家族・児童，失業，住宅，生活保護などが含まれる。日本における保健の構成比は17.3％であり，ここには医療用品・器具・設備，外来・病院サービス，公衆衛生サービスなどが含まれる。

また経済効果別分類として，①最終消費支出（個別消費支出〔現物社会移転：医

療，教育，介護，保育など］，集合消費支出〔現実最終消費：外交・防衛，治安，公共施設管理，地域開発など］），②補助金（企業への経常交付金），③現物社会移転以外の社会給付（年金，児童手当，失業給付，生活保護などの社会保障現金給付），④その他の経常移転，⑤総固定資本形成（公共施設の建設工事など），⑥在庫品増加，⑦資本移転（企業への投資補助など）といった使途別の分類も表示されている。

さらに，一般政府は国民経済計算における制度部門の1つであり，所得支出勘定と資本調達勘定が掲げられている。所得支出勘定は93SNA（1993年に国連で採択されたSNAの第4次改定版）に従って，制度部門ごとの所得の配分・分配・再分配および使用を記録したものである。資本調達勘定は93SNAの実物取引表（資本蓄積〔投資〕と資本調達〔貯蓄〕の記録）と金融取引表（金融資産と負債の増減の記録）を統合したものである。こうした部門別構成および体系性や包括性をもった勘定構成は，日本の財政制度そのものにはみられない。

本書の至る所で確認されるように，世界的にみて膨大な政府債務を抱え，しかも超高齢社会への対応が必要な日本財政については，いかに経費をコントロールしつつ収入を確保するかが課題となる。歳入歳出を表裏一体で考えながら，今後のありかたを探求するためには，経費の研究が不可欠である。

**Keyword**
経費膨張の法則（ワグナーの法則） 転位効果 経費の生産性 費用便益分析 国民経済計算

**参考文献**
① 佐藤進・関口浩［1998］『財政学入門（改訂版）』同文舘出版
② 吉田震太郎［2001］『現代財政入門（第2版）』同文舘出版
③ Wagner, A. [1883] *Finanzwissenschaft*, 3 Aufl., Leipzig und Heidelberg: C. F. Winter'sche Verlagshandlung.
（ワグナー，A.［1904］『ワグナー氏財政學』瀧本美夫解説，同文舘）
④ Peacock, A. T., and J. Wiseman [1961] *The Growth of Public Expenditure in the United Kingdom*, Princeton University Press.
⑤ Rosen, H. S., and T. Gayer [2013] *Public Finance*, 10th ed., McGraw-Hill/Irwin.

①の第Ⅲ部「経費（財政支出）」は，経費膨張の法則，経費の生産性，公共財の理論，費用便益分析および日本の経費構造を体系的に論じる。②の第3章「現代主要経

費」は，現代の「巨大財政」における軍事費，社会保障関係費および教育費が果たす役割を分析する。③はドイツにおいて経費膨張の法則を展開したワグナーの教科書であるが，翻訳には「近世の国家に在ては其範囲益広大に趣むき為に要する経費も日に月に増加する」とのみある。原書76頁にはDas "Gesetz der wachsenden Ausdehnung der öffentlichen, insbesondere der Staatsthätigkeiten"（公共活動とくに国家活動拡大の原則）とあり，その説明がされている。④はピーコック＝ワイズマンが転位効果を論じた代表作である。⑤はアメリカにおける財政学の代表的な教科書である。

### 演習問題

① 経費支出を通じた公共サービスの現物給付と現金給付は，どのような意味で社会を統合するのに役立っているか，考えてみよう。
② 政府が支出する経費が経済的にみて生産的役割を果たすのはどのような場合か。例をあげてみよう。
③ 経費膨張に関する学説のなかで，現在の「大きな政府」を説明するのに適したものはどれだろうか。

❖ 関口 浩

# 第 6 章
# 租税の理論

## 1 租税原則と分類

### 1.1 租税の定義と目的
(1) 租税の定義

　租税とは，政府が公共サービスに要する支出をまかなうために，主として民間部門から強制的に無償で調達する貨幣である。とくに，強制性と無償性（調達に対する給付への請求権がないこと）が，民間部門の収入や他の政府部門の収入（公債収入，社会保険料〔社会保障負担〕収入等）とは異なる特徴である。

　たとえば，市場原理に基づく民間部門の収入は，強制性と無償性を欠く。民間部門の収入は，個別的に利益を受けた者からのみ徴収する。いいかえれば，個別的に徴収した者には必ず反対給付（個別的な利益）の請求権を与える。また，社会保障負担（社会保険料）収入は，自力執行権等が認められているという点で，強制性がないわけではないが，社会保険料を納付すれば，それを納付した家計に社会保障給付の受給権を与えるという点で，無償であるとはいいがたい。

　なお，近代以降の租税は貨幣形態をとることが重要であり，現在も貨幣形態をとらないものは例外的である。

(2) 租税の目的

　租税の定義にもあるように，租税の主目的は公共サービスのための財源調達にある。しかし，副次的には課税のもつ効果を利用して，資源の最適配分，所得の再分配，経済の安定化といった機能を発揮することも期待される。

　たとえば，個人所得税や相続・贈与税には，当初の所得や資産の分配を修正す

る効果が期待されている面もある。また，二酸化炭素（$CO_2$）排出の抑制を目的とした炭素税や地球温暖化対策税（いわゆる環境税）には，二酸化炭素排出に伴う外部不経済の発生を抑制し，資源配分を適正化する効果が期待されている面もある。さらに，所得税や法人税には，税収が景気に敏感に反応することにより，消費や投資への影響を通じて国民経済における総需要の変動を緩和するという形で，経済を安定化する効果が期待されている面もある。租税政策による景気対策も，経済を安定化する効果が期待されているともいえる。

なお，所得税における民間保険の保険料控除，法人税における投資税額控除にみられるように，納税者の貯蓄，投資等を促進するために，租税負担の軽減措置を行うことがある。これは実質的には政府から減税対象者への補助金支給である。このような政府による減税を通じた実質的な補助金を，租税支出という。

## 1.2 租税の根拠と租税負担配分の原則の発展

（1）租税の根拠

租税の根拠（租税はなぜ徴収されるのか）には，図6-1に示したように，租税利益説と租税義務説があるが，歴史的には前者から後者へと推移してきた。

まず，租税利益説とは，租税の支払と国民が国家から受ける公共サービスの対価とみなして，租税の徴収を説得する説である。17～18世紀のイギリス，フランスで発展したが，その考えは，社会契約説，すなわち国家は構成員である市民の身体と財産の保護を共通目的として追求する団体である，とする国家観を基礎にしている。これは，財産所有者のみによる，同質的な構成員による利害が議会に反映している状況が背景となっている。

しかし，財産所有者以外も含む，異質な構成員による分裂した多元的利害が議会に反映されるようになると，公共サービスの受益を意識しない人々を強制的な納税義務に服せしめる必要性が高まった。そのなかで発展したのが，租税義務説である。租税義務説とは，国家は国民生活の前提であり，そのような国家の存立を維持する費用をまかなうために国民が税を支払うのは当然の義務であるとして，租税の徴収を正当化する説であり，19世紀中葉以降のドイツで発展した。その考えは，国家は個人の意思を超えた，それなしには人間の社会的共同生活が困難な必然の存在だ，とする有機体説による国家観を基礎にしている。

**図 6-1 租税の根拠と負担配分原則**

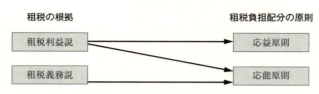

出所：佐藤進［1981］『財政学入門』同文館出版，152頁より，一部修正。

(2) 租税負担配分の原則

租税の根拠が確定すると，つぎに納税者の間での租税負担配分の原則が問題となる。租税負担配分の原則には，応益原則（利益原則）と応能原則（能力原則）があるが，これも歴史的には前者から後者へと推移してきた。

応益原則とは，公共サービスから受ける利益に応じて租税負担額を決定するべきだとする原則である。ここでの利益とは，各人が個別に受ける個別的利益ではなく，国民が全体として受ける一般的利益をさす。応益原則が適合するのは，政府の提供するサービスが最小限のものに限定され，市場が望ましい資源配分のみならず，望ましい所得分配ももたらすという信頼がある場合である。

しかし，貧困・社会問題等の発生により，市場による所得分配を租税により修正することが要請されると，応益原則は妥当しなくなる。そのようななかで発展したのが，応能原則である。応能原則とは，経済的能力に応じて租税負担額を決定するべきだ，という原則である。

(3) 租税の根拠と租税負担配分の原則の関係

租税の根拠に租税利益説をとれば，一般的利益に基づく租税負担を求める応益原則を想定することに首尾一貫性がある。また，租税の根拠に租税義務説をとれば，経済的能力があるが公共サービスの受益の意識が希薄な人々にも租税負担を求める応能原則に首尾一貫性がある。

しかし，租税負担によって全体として国民が利益を受けるといっても，全員同一額を納税する絶対的平等ではなく，個人的・経済的能力を考慮した相対的平等が望ましいと考えられれば，租税の根拠に租税利益説をとり，租税負担配分の原則に応能原則が対応することもある。

### 1.3 租税原則

租税原則とは，租税負担配分の原則を含みながら，租税政策のあるべき姿を体系的に論じたものである。

(1) 現代の租税原則

第1は，**公平性**の原則である。租税原則のなかで代表的なものは，支払能力が同じものには同じ租税負担を求めるという意味の水平的公平と，支払能力が高いものにはより高い租税負担を求めるという意味の垂直的公平である。多くの場合，所得，消費，資産が支払能力の尺度として採用される。一般的には，水平的公平は国民の合意が成立しやすいが，垂直的公平の水準は合意が成立しにくい。

第2は，**経済的中立性**（効率性）の原則である。これは，市場経済を基礎にした家計や企業の選択行動に対して，租税はできるだけ干渉すべきではないとする原則である。家計の選択行動の例としては，労働と余暇，貯蓄と消費等の選択が，企業の選択行動の例としては，土地購入と機械購入，株式発行と社債発行，個人企業と法人企業等の選択があげられる。この原則は，市場メカニズムを通じて最適な資源配分が達成される，という前提に基づいている。したがって，二酸化炭素排出による地球温暖化のような形で，いわゆる市場の失敗が発生するときは，租税による介入が肯定される。

第3は，**簡素**の原則である。納税者にとっては，租税の内容が十分理解できる平易なもので，納税事務に要する金銭費用や時間コストが高くないことが望ましい。また政府にとっては，徴税事務に要する金銭費用や時間コストが高くないことが望ましい。ただし，簡素をあまり重視しすぎると，公平や経済的中立性が犠牲になる恐れもある。

3つの原則はそれぞれ異なった要求に基づくものであり，相互の間には矛盾がある。租税政策の実際の運用は，この矛盾を政治的に調整する形で行われる。

(2) 租税原則論の歴史的展開

租税原則論は，歴史的にはまず公平性の確保や簡素性が意識されて，さらに市場社会の変遷とともに経済的中立性にも配慮する傾向が定着する形で，形成されてきた。表6-1に整理したのが，租税原則に関する代表的な議論である。

**スミスの租税原則**　スミス（A. Smith）の租税原則は，近代システムの形成期に主張されたものである。スミスは『国富論』の第5編において「公平」「明確」「便宜」「徴税費最小」の4つの租税原則を提唱している。「公平」の原則は，応

表6-1 租税原則の変遷

| スミスの原則 | ワグナーの原則 | ノイマルクの原則 | マスグレイヴの原則 |
|---|---|---|---|
|  | I．財政政策上の原則<br>　1．税収の十分性<br>　2．税収の可動性 | I．国庫収入上・財政政策上の原則<br>　1．十分性<br>　2．伸張性 |  |
|  | II．国民経済上の原則<br>　3．税源選択の妥当性<br>　4．税種選択の妥当性 | III．経済政策的原則<br>　7．租税の個別介入措置排除<br>　8．個人領域への介入最小化<br>　9．競争中立性<br>　10．課税の積極的弾力性<br>　11．課税の自動的弾力性<br>　12．成長政策実現 | 2．効率的な市場の経済決定にかんする干渉の最小化<br>3．投資促進などの租税政策による租税体系の公平侵害の最小化<br>4．租税構造と安定成長政策の調和 |
| I．公平 | III．公正の原則<br>　5．課税の普遍性<br>　6．課税の公平性 | II．倫理的・社会政策的原則<br>　3．普遍性<br>　4．公平<br>　5．給付能力比例<br>　6．所得・財政再配分 | I．税負担の配分の公平 |
| II．明確<br>III．便宜<br>IV．徴税費最小 | IV．税務行政上の原則<br>　7．明確<br>　8．便宜<br>　9．徴税費最小 | IV．税法上・税務行政上の原則<br>　13．整合性と体系性<br>　14．明瞭性<br>　15．実行可能性<br>　16．継続性<br>　17．徴税費最小<br>　18．便宜 | 5．公正で非恣意的な税務行政と理解の容易な租税体系<br>6．徴税費および納税協力費の最小化 |

出所：神野直彦［2007］『財政学（改訂版）』有斐閣，160頁（表11-1）より一部修正．

益原則に基づく租税負担配分の原則であり，残りの3つは租税の賦課と徴収という，税務執行上の原則である．

　スミスの租税原則の第1の特徴は，現代の経済的中立性の議論がない点にある．市場により，望ましい資源配分と所得配分の公正が保たれると考え，政府部門の役割を限定しているからである．第2の特徴は，現代の垂直的公平の議論がない点にある．財産所有者のみによる，同質的な構成員による利害が議会に反映している状況が背景となっているからである．

　**ワグナーの租税原則**　　ワグナー（A. Wagner）の租税原則は，19世紀末の現代システムの萌芽期に主張されたものである．その原則は「財政政策上の原則」「国民経済上の原則」「公正の原則」「税務行政上の原則」という4大原則（9小原

則）から構成されている。

　まず，ワグナーは第1大原則の「財政政策上の原則」で，税収確保という国庫的要請を最も重要な原則として位置づけたうえで，第2大原則の「国民経済上の原則」において，市場経済の発展を阻害しないように配慮する必要性を強調している。また，第3大原則の「公正の原則」と第4大原則の「税務行政上の原則」は，スミスの原則を整理し，拡張したものである。

　ワグナーの租税原則の第1の特徴は，能力原則に基づく租税負担配分の原則であり，現代の垂直的公平の議論が表れた点にある。ワグナーは，市場により望ましい資源配分と所得配分の公正が保たれず，政府部門が介入すべきだと考えたのである。財産所有者以外も含む，異質な構成員による分裂した多元的利害が議会に反映されるようになってきたこともその背景にある。第2の特徴は，現代の経済的中立性の議論が表れた点にある。一方で，市場では望ましい資源配分と所得配分の公正が保たれず，政府部門が介入すべきだとしつつ，他方で課税が資本蓄積を阻害して市場経済の発展を阻害しないように配慮すべきとしてバランスをとったのである。

　**租税原則論の現状——ノイマルク，マスグレイヴ**　　租税原則論の現状は錯綜しているが，ノイマルク（F. Neumark）やマスグレイヴ（R. Musgrave）の租税原則が取り上げている問題領域は，ほぼワグナーの4大原則に符合している。

　ノイマルクやマスグレイヴの租税原則の第1の特徴は，ワグナーの「公正の原則」が応能原則に基づく租税負担配分の原則であるのに対して，ノイマルクの議論は負担の公正という視点から一歩踏み出して再分配政策の手段として位置づけている点であり，マスグレイヴの場合はそれほど明確ではないものの，基本的には応能原則に基づく租税負担配分の原則から公平を考え，かつ再分配機能の必要性を認識していた点である。

　第2の特徴は，ワグナーの「国民経済上の原則」は，課税が市場経済の発展を阻害しないように配慮しているのに対して，ノイマルクとマスグレイヴの租税原則は，ミクロの経済秩序（市場の効率性の確保）に対しては租税が中立的であることをめざす一方で，マクロの経済秩序（景気調整や安定成長）に対しては租税が市場経済の調整手段となることをめざしている点にある。

　つまり，ノイマルクとマスグレイヴの租税原則は，景気調整，経済成長，再分配の手段としても租税を活用しようとしている点に特徴がある。

### 1.4　租税の分類

現代の租税制度は，単一の種類の税目から構成される単税制度ではなく，多くの種類の税目から構成される複税制度である。そして，複税制度に一定の基準を採用することで，租税を分類している。おもなものについて確認しておこう。

(1) 国税と地方税

これは，租税の賦課・徴収を行う主体を基準とする区分である。国（中央政府）が賦課・徴収する租税を国税といい，地方政府が賦課・徴収する租税を地方税という。日本では，地方税はさらに道府県税と市町村税に分かれる。なお，東京都については道府県と異なる若干の特例があり，東京都の特別区についても市町村の場合と異なる若干の特例がある。

なお，アメリカ，ドイツ，カナダなどの連邦制国家では，連邦税，州税および地方税が，それぞれ賦課・徴収される。

(2) 直接税と間接税

これは，納税義務者の租税負担を他者に移し替えるプロセスである「転嫁」の有無を基準とする区分である。租税の転嫁がなされず，法律上の納税義務者と実際の租税負担者（担税者）とが一致する税目を直接税，租税の転嫁がなされ，法律上の納税義務者と担税者とが一致しない税目を間接税という。

もっとも，租税の転嫁や実際の租税負担者が確定される課税の「帰着」の実態は必ずしも明確ではない。現実には，租税法で定められた納税義務者に課税のインパクトが発生したとき，立法者が転嫁を予定していない税が直接税，転嫁が予定される税が間接税，という理解がなされている。

(3) 人税と物税

これは，納税者の個別的事情を加味するか否かを基準とする区分である。納税者の個別的事情を加味して課税される租税を人税といい，納税者の個別的事情ではなく，物件の販売・購入・保有といった事実または物件に基づき課税される租税を物税という。やや難しくいえば，まず租税主体（納税義務者や担税者）を決定し，次に租税客体（租税主体に帰属する事実または物件。これを数量化したものが課税標準）を決める租税を人税という。反対に，まず租税客体を決定し，次に租税客体に従属する形で租税主体を決める租税を物税という。

(4) 所得課税，消費課税，資産課税

これは，生産，流通，分配，消費，貯蓄といった経済循環過程を基準とする区

分であり，現代租税論では重要な租税分類とされる。

資本主義経済が未成熟な時代には，国家が経済力を把握するうえで流通過程が要であったため，有価証券取引税，印紙税，登録免許税などの流通課税が重要な位置にあった。しかし，他の経済循環過程で経済力の把握が可能になったこと，流通課税が市場の阻害要因としてとらえられるようになったこと等により，近年では，主として生産（分配），消費，貯蓄に対応する形で，所得課税，消費課税，資産課税（等）という分類がなされている。

### 1.5 経済循環と租税分類

(1) 課税ベースの選択——所得・消費・資産課税について

経済循環を意識しつつ，租税分類の経済的位置づけとその相互関係を明らかにしよう。図6-2は，上下を「納税義務者」，すなわち家計部門と企業部門の相違で区分し，左右を「課税対象市場での課税ベース」すなわち所得（生産要素市場）と消費（生産物市場）の相違で区分することで，租税を4つの領域に分類している。これは「家計所得→家計消費→企業売上→企業所得→家計所得」という，主としてフローの経済循環に沿った課税ポイントと主要税目を示す。

(A)の領域は，納税義務者が家計，課税ベースが所得という租税であり，個人所得税や雇用者拠出の社会保険料が相当する。(B)の領域は，納税義務者が家計で，課税ベースが消費という租税であり，（後述するように）理論的には支出税と呼ばれる。(C)の領域は，納税義務者が企業で，課税ベースが所得という租税であり，法人税や雇用主拠出の社会保険料が相当する。(D)の領域は，納税義務者が企業で，課税ベースが消費という租税であり，日本の消費税やEUの付加価値税が代表的な租税である。

これに先に指摘した，直接税と間接税の分類を加えれば，(A)，(B)，(C)が直接税で，(D)が間接税となり，対称性に欠ける分類となることがわかる。ここにあえて直接税，間接税を位置づけるのは，転嫁・帰着を基準とした直接税・間接税の分類が直感的にはわかりやすいが，実は明確さと厳密さに欠ける分類であることを示すためであり，またそれ以上に，次に述べる転嫁・帰着にかんする論争が現在まで続いていることを示すためである。

(2) 転嫁と帰着

租税の転嫁の種類としては，経済循環からみて，前方（買い手）に租税が移転

1 租税原則と分類　109

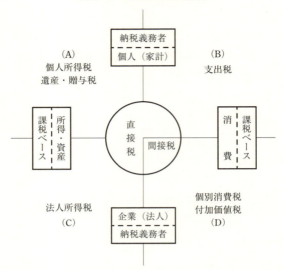

図6-2 主要な租税の分類

出所：宮島洋［1990］「課税ベースと課税方法の選択」宮島洋編『税制改革の潮流〔シリーズ現代財政（2）〕』有斐閣，2頁（図1-1）。

する「前転」，後方（売り手）に租税が移転する「後転」および生産性向上等によりコストが削減されて租税負担分が解消する「消転」がある。

入門的な租税理論では，租税の帰着の議論は部分均衡分析（経済社会の一部分だけを均衡の対象とし，他の状況は不変とする分析）を用いて行われる。その結論の要諦は，「租税の帰着は，需要量の価格弾力性と供給量の価格弾力性の大きさに応じて，需要者と供給者に分配される」というものである。

図6-3は，生産物市場において供給者（売り手。ここでは生産者）に個別消費税（従量税型）を課税したときの，課税後価格の変化を示している。(a)は供給者に多くの租税負担が帰着する場合を示し，(b)は需要者（買い手。ここでは消費者）に多くの租税負担が帰着する場合を示す。

一方で，(a)のように生産者が多くの租税負担を負うのは，課税の結果，生産者の単位当たりの実質的収入を示す生産者価格の下落幅（$P_0 \to P_2$）が，消費者の単位当たりの支払額を示す消費者価格の上昇幅（$P_0 \to P_1$）よりも大きいからである。それは，供給曲線の傾き（の絶対値）が需要曲線の傾き（の絶対値）より大きい場合である。いいかえれば，生産者がより多くの租税を負担するのは，供給量

### 図6-3 生産物市場──個別消費税の課税

(a) 生産者の負担が大きい

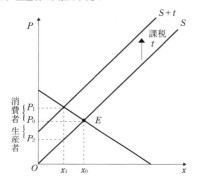

(b) 消費者の負担が大きい

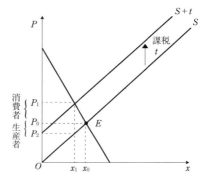

の価格弾力性が（需要量の価格弾力性よりも）小さい場合である。

他方で，(b)のように，消費者が多くの租税負担を負うことになるのは，課税の結果として，消費者の単位当たりの支払額を示す消費者価格の上昇幅（$P_0 \rightarrow P_1$）のほうが，生産者の単位当たりの実質的収入を示す生産者価格の下落幅（$P_0 \rightarrow P_2$）よりも大きいからである。それは，生産物市場での需要曲線の傾き（の絶対値）が供給曲線の傾き（の絶対値）よりも大きい場合である。いいかえれば，消費者がより多くの租税を負担するのは，需要量の価格弾力性が（供給量の価格弾力性よりも）小さい場合である。

以上が，部分均衡分析の枠組みを用いた租税の帰着の結論であるが，一般均衡分析（ある市場での課税が，他の市場や部門にも影響を与えることを加味する分析）になると，租税の帰着の議論はいっそう複雑になる。

たしかに理論的研究が指摘するように，租税は長期的には家計（消費者，労働者，株主等）に帰着すると考えられるが，企業を納税義務者とする租税の転嫁・帰着については，論争が多い。とくに，その経路や時間軸，さらにはどのような家計に帰着するのか等について，必ずしも共通の理解が得られておらず，実証研究での蓄積が待たれている状況にある。

このことは，租税制度の設計にも影響を与える。たとえば，企業段階での法人所得に対する法人税と家計段階での配当所得に対する所得税は，所得分配局面（生産要素市場）における二重課税（重複課税）問題として有名であるが，それに対する二重課税の調整制度（第7章参照）は，法人税の株主への帰着を前提として

いる。しかし，法人税の帰着が株主ではなく，消費者や労働者に帰着しているとすれば，二重課税の調整を行う議論の前提そのものが，疑わしいことになる。

## 2 代表的な租税理論——課税ベースと課税方法の選択

近代税制の歴史的発展は，おおむね土地課税，関税と個別物品課税，所得税と法人税，そして付加価値税（消費税）の順に発展してきた。租税理論は租税制度を批判ないし発展的に継承する形で展開してきたといってよい。

租税の歴史からみると，包括的な課税ベース概念や総合的な課税方式の主張は新しい考え方であり，むしろ制限的な課税ベース概念や差別的な課税方式のほうが伝統的であったといえる。しかし，第2次世界大戦以降にとくに盛んになった，主要な租税理論の対立関係をあえて単純化すれば，所得や消費内部の「同質性」を前提とした包括的所得税論と支出税論の対立があり，反対に，その「異質性」に着目して包括的所得税論や支出税論の短所を鋭く指摘した最適課税論という形で整理することができる。近年注目されている二元的所得税（第7章参照）は，課税ベースを所得としつつ，所得の異質性に着目した議論といえる。

ここでは代表的な租税理論である，包括的所得税論，支出税論および最適課税論を相互に比較することで，その特徴を明らかにしたい。なお，本節では，家計を納税義務者とする課税を意識した説明をするが，それは租税の転嫁・帰着の議論を回避することで，各租税理論のメッセージを明確にするためでもある。企業段階を含めた制度の説明は，第7章で行う。

### 2.1 包括的所得税論

**包括的所得税論**は，包括的な所得概念，各種所得の合算総合課税，単一の超過累進税率（本章第3節参照）構造を特徴とする。その所得概念は，一定期間のあらゆる経済力の純増加合計額である。それは，分配面でいえば，源泉（労働か資本か），形態（現金か現物か），タイミング（定期的か一時的か）等の相違を一切問わない，純所得の合計額である。それはさらに，支出面では「所得＝消費の権利行使の市場価値＋期首・期末間の保有財産権価値の変化」となる。資産の含み益も所得と定義されることから，経済力増価説と特徴づけられる。その観点からすれば，所得源泉説・周期説（限定的な所得概念）と差別的な課税方法を特徴とする分類所

得税論は，所得を不完全にしかとらえていないとして批判される。

19世紀末から20世紀にかけて急速な経済発展をしたドイツにおけるシャンツ（G. V. Schanz）とアメリカのヘイグ（R. M. Haig）およびサイモンズ（H. C. Simons）が提唱しはじめた。それは，急速な経済発展による所得源泉の多様化，それに伴う所得分類や税率調整の困難性，低税率課税や一時的所得の非課税を利用した租税回避行動の誘発等を背景とする。つまり，分類課税から生じる租税負担の不公平および経済への歪曲的影響を是正する目的で，包括的所得税論が唱えられたのである。

しかし包括的所得税論にも批判がある。未実現キャピタル・ゲインの捕捉（はそく），実質所得を把握するためのインフレ調整，フリンジ・ベネフィットの捕捉等が困難であり，ライフサイクル（生涯）を通じた消費・貯蓄行動に非中立的である，といった点である。支出税はそれを克服するものとして唱えられた。

## 2.2 支出税論

古典的支出税は消費を課税ベースとする家計税（もしくは個人税）であり，課税ベースは一定期間の各家計（もしくは個人）の税抜消費合計額となる。一般的には，「消費＝一定期間の資金流入額－消費以外の資金流出額」というキャッシュフロー法が採用される。端的にいえば，「消費＝所得－貯蓄」として算定される消費が課税ベースとされるのである。

支出税論は，フィッシャー（I. Fisher）やカルドア（N. Kaldor）により提唱され，1950年代にインドとスリランカで実施されたがうまくいかず，実施困難との烙印を押された。しかし，70年代になると，オイル・ショック後のインフレと低成長，所得ベースの課税の浸食，高齢化の進行などを背景に，支出税の再評価がなされ，実施提案が相次いで出された。

支出税は，キャピタル・ゲインや減価償却の計算が不要となるのみならず，インフレ調整も不要であるため，課税ベースの把握が容易である。また，フリンジ・ベネフィットも消費に回れば課税可能となる。しかも，支出税においては，生涯の所得が等しい人々の生涯の租税負担は貯蓄行動に左右されずに等しくなる，いいかえれば，ライフサイクル（生涯）を通じた消費・貯蓄行動に中立的である。さらに，家計による申告制度をとる古典的支出税であれば，課税最低限や累進税率の適用も可能となり，垂直的公平性も達成できるとされたのである。

しかし，支出税にも批判がある。第1に，消費時点までの課税繰延べを認め，さらに遺産・贈与の形で最終的な租税負担を回避することができるとすれば，支出税において負担の公平性は確保できない。第2に，貯蓄（資産）はたんなる消費時点の移動手段ではなく，資産保有による価値（経営権，担保価値等）をもつ。第3に，課税ベースとなる消費の概念は所得よりも明確というが，消費財（消費）と資本財（貯蓄）の区分は必ずしも明確ではなく，その執行は容易ではない。第4に，支出税がもつとされる水平的公平性と経済的中立性を実現するには，税率が超長期で一律不変である必要がある。つまり，税率の政策的変更や累進税率の導入は，水平的公平性と経済的中立性の達成と両立しない。

### 2.3 最適課税論

最適課税論は，課税の超過負担を最小限に抑える課税対象および課税方法の選択論である。入門的な議論においては，部分均衡分析の枠組みにより，生産要素の供給弾力性，生産物の需要弾力性，消費者余剰，生産者余剰などの概念を用いて，超過負担が分析される。

課税の超過負担は，課税に起因する納税者の経済的調整行動，すなわち課税による生産要素価格もしくは生産物価格の変化に対する労働・貯蓄供給の削減や需要削減の効果から生じる。これは代替効果と呼ばれる。つまり，最適課税論の主たる関心は，課税に伴う代替効果によって超過負担がどの程度生じるか，という点にある。そこで，所得ベース課税については主として生産要素供給の**価格弾力性**に，消費ベース課税については主として生産物（財・サービス）需要の価格弾力性に着目する。

結論としては，需要や供給の価格弾力性の小さい生活必需品課税や勤労所得課税を重課し，価格弾力性の大きい奢侈品課税や資産所得課税を軽課することが望ましいことになる。

個別消費課税の最適課税論として有名なのがラムゼイ（F. Ramsey）が唱えたラムゼイ・ルール（逆弾力性ルール）である。一定の税収を確保しながら，超過負担を最小にするには，異なる財に対してその需要の価格弾力性に逆比例した税率の適用が望ましい，というものである。つまり，個別消費税で一定の税収を上げるという制約条件のもとで，社会的余剰を最大化する（超過負担を最小化する）には，需要の価格弾力性の大きな消費財にはより低い税率を適用し，需要の価格弾力性

の小さな消費財にはより高い税率を適用することが望ましいとする。

　以上の視点をもつ最適課税論は，支出税論よりも相対的に資源配分の効率性を重視して，従来の課税ベース選択論（所得ベースか，消費ベースか）と税率選択論（累進税率か，比例税率か）に鋭い批判を加えた。まず，最適課税論は課税ベースである所得・消費内部の異質性に着目する。そして一方で，包括的所得税論が労働所得と資本所得に同一の税率を適用することに対して「労働と資本の価格弾力性が等しいと仮定している」と批判する。他方で，支出税論が労働所得を全額課税し，貯蓄収益を非課税とすることに対しては「労働は価格に非弾力的であり，資本は価格に弾力的であると仮定している」と批判する。

　ただし，最適課税論にも批判がある。端的にいえば，経済的中立性（効率性）の評価そのものが，価格弾力性や代替効果等の評価に依存するのである。その評価は，理論的にも実証的にも必ずしも明確にはなっていない。

## 2.4　小　　括

　このように，代表的な租税理論にもそれぞれ批判があり，単一の明快な結論が導き出されるわけではない。一方で，所得ベース課税の理論的支柱の1つとなっている包括的所得税論は，資産保有から生じた未実現所得等を捕捉することが前提とされている。しかし，包括的所得税論の想定するような未実現の段階で所得を捕捉するという前提は，時価のあるもの以外は事実上困難である。

　他方で，消費ベース課税の理論的支柱の1つとなっている支出税論では，生涯所得を全額消費しきること，また資産性所得が生じない（あるいは正常な範囲でのみ生じる）ことが前提とされている。しかし，そのような前提も，現実的に考えれば妥当性を欠く。

　つまり，資産性所得を把握できない，あるいは，贈与等により貯蓄が長期的に引き継がれるといった問題があることをふまえれば，所得ベース課税についても消費ベース課税についても，資産課税を行ってそれらを補完することが必要である。そうしてはじめてそれぞれの租税理論を完結させることが可能になる。

　近年はタックス・ミックスの観点から，所得・消費・資産のバランスのとれた税体系が必要であることが指摘されるが，これらの課税ベースに加えて，税率構造まで考慮に入れると，議論はいっそう複雑化する。

## 3 税率の選択

税率の選択について,望ましい税の条件である公平性と中立性の観点もふまえて確認してみたい。

### 3.1 比例税率と累進税率

税額は通常,課税標準(課税ベース)に法定税率を乗じて算定される。一般に,法定税率には比例税率と累進税率がある。

比例税率では,課税標準の大小にかかわらず均一の税率を適用する。これに対して累進税率では,課税標準が大きくなるにつれて次第に高い税率を適用する。とくに留意すべきは,累進税率には単純累進税率と超過累進税率の2つがあることである。単純累進税率では税率区分が変わるところで負担額に大きな飛躍が生じるが,超過累進税率ではそのような負担額の飛躍があまり生じない。

一般に比例税率が好まれるのは,課税の中立性(効率性)の議論においてである。累進税率が好まれるのは,課税の公平性,とくに垂直的公平性の議論においてである。日本を含めて多くの国の所得税では超過累進税率が適用される。

### 3.2 平均税率と限界税率

租税負担の水準を議論する指標のうち,平均税率とは課税標準(分母)に対する税額(分子)の割合である。これに対して,**限界税率**とは課税標準の増加額(分母)に対する税額の増加額(分子)の割合である。

一般に,平均税率は,ある租税の負担が「累進的か,比例的か,逆進的か」といった,課税の公平性を議論するときに用いられることが多い。それに対して限界税率は,課税により家計や企業の経済活動がどの程度影響を受けるかといった,課税の中立性(効率性)を議論するときに用いられることが多い。

たとえば,法人課税の議論にあっては,平均税率は立地選択に影響し,限界税率は投資規模に影響するといわれることがある。しかし,平均税率あるいは限界税率の議論においては,分母に経済的所得,会計利益等を採用する場合もあり,また分子において税額控除や税効果を考慮する場合もある。このように,論者によって分母と分子の定義が異なる可能性があることには注意を要する。

> Column ④　給料への課税は労働時間を減少させるか？

　新聞記事で，所得税を増税すると勤労意欲を阻害するという議論を目にしたことがあるであろう。しかし，給料への課税によって労働時間がつねに減少するかというと，そうではない。給料への課税によって失われた所得を取り戻そうとして，労働時間を増加させることもあるからである。

　つまり，給料への課税と労働時間の増減は，つねに一定の方向にあるというわけではない。給料への課税によって勤労意欲が阻害されて労働時間を減少させる効果（代替効果）と，給料への課税によって失われた所得を取り戻そうと労働時間を増加させる効果（所得効果）の大きさに依存する。これを，課税の効果にかんする理論的分析では，給料（労働所得）への課税と労働時間の増減との関係は，代替効果と所得効果の大きさに依存する，と説明している。

　同じ手法を用いた理論的な説明は，利子所得への課税と貯蓄との関係についても行われる。利子所得への課税により貯蓄を減少させる効果（代替効果）と利子所得への課税により失われた貯蓄を取り戻そうと貯蓄を増加させる効果（所得効果）の大きさに依存するというものである。つまり，利子所得への課税と貯蓄の増減との関係も，つねに一定の方向にあるというわけではない。

　以上のような理論的視点を切り口に，多くの実証研究が行われているが，実証研究での結論も一定の方向にあるものではない。

---

　なお，近年は事前的な平均税率や限界税率を用いた議論もみられるが，ここでは取り上げない。

## 4　課税単位の選択

　これまでは納税義務者を家計と企業として議論してきたが，納税者の範囲そのものを問題とする課税単位の議論もある。

　第1に，家計部門では「個人単位か，夫婦（家族）単位か」の選択が問題となる。たとえば，個人所得課税において，個人単位課税の場合，夫婦の場合も夫と妻の所得が別々に課税される。そのため，税率構造を問わず，租税負担は個人ベースの経済能力に対して課税されるという点で公平であり，また結婚・離婚に対して中立的である。しかし，個人単位課税にあっては，夫婦の共同生活で生じる規模の利益（間接共通費の節約）等に配慮することが困難である。

それに対して，家族単位課税の場合，夫婦の所得が合算されるので，夫婦の生計費を考慮した夫婦ベースの支払能力に応じて課税される点で公平である。ただし，累進税率がとられている場合，所得合算の分だけ独身のときよりも租税負担が重くなるので，結婚の抑制につながるという意味で非中立的である。

第2に，企業部門では，「単独企業単位か，連結企業単位か」の選択が問題となる。とくに，親会社が100％出資に近い子会社を設立し，実質的に1つの企業集団として経営を行うケースが増加し，それに対応して導入されたのが，連結企業単位の法人所得課税としての連結納税制度である。日本で連結納税制度を導入するにあたっては，連結企業間の損益通算，内部取引損益の課税繰延べ，連結の加入・離脱等で生じる可能性のある租税の節約や租税回避の機会への対処により，課税の公平性と中立性を確保することがめざされた。

これらの課税単位については，長い間議論がなされているが，公平性と効率性をともに満たす制度設計はきわめて難しい。

## 5　国境・行政区域と課税権の調整

経済活動のグローバル化が進むと，企業・個人とも国境を越えて所得を生み出し，また資産を保有するケースが増える。消費にかんしても「クロスボーダー・ショッピング」等が行われる。そのため，境界間で「税収配分の（利益説的）公平性」と「生産物・生産要素移動の経済的中立性」との対立を，課税権調整による二重課税の制限を通じていかに解決するかが争点となる。これは，国際課税はもちろんのこと，地方税にも関連する問題としてとらえる必要がある。

### 5.1　所得課税の調整

所得課税については，自国の居住者に対してのみ，所得源泉地の国内・国外を問わず，すべての所得に課税する居住地原則と，自国の居住者か非居住者かを問わず，自国内（領土）を源泉地とする所得に対してのみ課税する源泉地原則がある。国際課税における所得への課税には，統一された国際的な合意はない。そのため，課税権の調整がなければ，国家間の二重課税が生じる。

日本とアメリカの所得税を例にとれば，日本は居住者に対しては居住地課税を行い，非居住者に対しては源泉地課税を行っている。つまり，日本の居住者がア

メリカで国外源泉所得を得た場合，アメリカでは非居住者として源泉課税され，さらに日本では国内所得と合算して課税される。もし課税権の調整がなければ国際的二重課税が生じる。現実には，アメリカで源泉課税された税額を日本で外国税額控除という形で税額から控除して，二重課税が回避されている。なお，所得にかんする国際課税は，第14章で改めて取り上げる。

2つの課税原則の採用に伴う二重課税の問題は，州・地方税でも生じうる。アメリカの州・地方政府のなかには，州・地方所得の源泉地に一次的課税権を付与しつつ，居住地にも課税権を認め，居住地において税額控除方式や所得控除方式等によって，地域間の二重課税を緩和しているところもある。それに対して，日本の個人住民税は居住地原則に統一されているため，地域間の二重課税は生じない仕組みとなっている。

### 5.2　消費課税の調整

消費課税については，財・サービスが実際に消費・利用される国家・地域で課税する仕向地原則と，財・サービスが生産された国家・地域で課税する原産地原則がある。国際課税において消費への二重課税を回避する方式は，国際的な合意により，原則として仕向地原則に統一されている。

仕向地原則の場合，境界（税関）における輸出・輸入の管理が必要となる。近年，電子商取引の進展に伴い，境界（税関）で輸出・輸入を捕捉することが困難となってきた。それに対してEUは，付加価値税の徴税について域外事業者に登録義務を課し，輸出先の税率による納税義務を課す方式を採用している。

境界管理が難しいのは，地方税の本質的問題でもある。ブラジルの州が課す付加価値税は，原産地原則による課税・徴収を行うことで，地域間の二重課税を回避している。日本の地方消費税は，原産地で課税・徴収することで地域間の二重課税を回避しつつ，原産地で徴収された税収を清算基準により消費地に帰属させることで，仕向地原則と同じ税収の帰属となるようにしている。

## Keyword

公平性　経済的中立性　包括的所得税論　価格弾力性　限界税率

## 参考文献

① 金子宏［2014］『租税法（第19版）』弘文堂
② 佐藤進・伊東弘文［1994］『入門租税論（改訂版）』三嶺書房
③ 増井良啓・宮崎裕子［2011］『国際租税法（第2版）』東京大学出版会
④ 宮島洋［1986］『租税論の展開と日本の税制』日本評論社
⑤ 井堀利宏［2003］『課税の経済理論』岩波書店

　①は法学的見地から，②は財政学の見地から租税制度の歴史や理論を論じている基本書である。③は近年問題となることが多い国際課税（なかでも所得課税）について，簡潔明瞭な説明と図を交えた好著である。④は財政学の租税論という領域から理論と制度を分析する必読文献である。⑤は租税理論にかんする上級書。意欲のある学生はチャレンジされたい。

## 演習問題

① 租税原則の歴史的展開と背景について説明しなさい。
② 日本の所得税税率表に即して，限界税率と平均税率を表示しなさい。
③ 境界をまたぐ取引への課税という視点から，国際課税と地方税について論じなさい。

※ 関口　智

第 7 章
税制の国際比較と日本税制

## 1 税制の国際比較

はじめに,日本税制の現状を学ぶための準備作業として,量的指標による国際比較を行う。量的指標による国際比較は,各国の租税構造およびその背後にある政治的,社会的,経済的な構造を考慮していない点で,その評価には慎重を期する必要がある。そこで,比較の尺度を近づけるべく,ここでは先進国間での比較を行う。

### 1.1 租税・社会保障負担率の国際比較

租税負担に社会保障負担を加えた負担率(対 GDP 比)を用いて単純な国際比較を行うと,日本の租税・社会保障負担率は,アメリカとともに相対的に低い。第2次世界大戦後,この点は一貫している。表7-1に示した課税ベース(所得・消費・資産)を基準とする租税分類により,現在の特徴を指摘してみよう。

第1に,消費課税(財貨・サービス課税)の対 GDP 比は,日本(5.3%)が連邦レベルで付加価値税(Value Added Tax:VAT)をもたないアメリカ(4.4%)とともにきわめて低く,ヨーロッパ諸国の比率が高い。たとえば,スウェーデンは12.9%と日本の2.4倍の水準にある。

第2に,個人所得課税の対 GDP 比も,日本(5.3%)がきわめて低い。しかし,消費課税の水準が同じであったアメリカ(8.9%)は,日本の1.7倍の水準にある。それ以上に特徴的なのは,スウェーデン(12.2%)が日本の2.3倍と,個人所得課税も消費課税の場合(2.4倍)とほぼ同程度の水準にある点にある。

表7-1 租税・社会保障負担の対GDP比（2011年）

(単位：%)

| | 個人所得税 | 給与税 | 社会保障負担 | 雇用者 | 雇用主 | 法人所得税 | 財貨・サービス課税（消費課税） | 一般消費税 | 個別消費税 | 資産課税 | 合計 |
|---|---|---|---|---|---|---|---|---|---|---|---|
| 日　本 | 5.3 | 0.0 | 11.9 | 5.1 | 5.4 | 3.4 | 5.3 | 2.7 | 2.0 | 2.8 | 28.6 |
| アメリカ | 8.9 | 0.0 | 5.5 | 2.0 | 3.1 | 2.3 | 4.4 | 1.9 | 1.7 | 3.0 | 24.0 |
| イギリス | 10.1 | 0.0 | 6.7 | 2.7 | 3.9 | 3.1 | 11.5 | 7.4 | 3.7 | 4.2 | 35.7 |
| ド イ ツ | 9.1 | 0.0 | 14.2 | 6.3 | 6.7 | 1.7 | 10.8 | 7.3 | 3.1 | 0.9 | 36.9 |
| フランス | 7.5 | 1.4 | 16.7 | 4.0 | 11.4 | 2.5 | 10.9 | 7.2 | 3.4 | 3.7 | 44.1 |
| スウェーデン | 12.2 | 4.4 | 10.1 | 2.7 | 7.5 | 3.2 | 12.9 | 9.6 | 2.9 | 1.0 | 44.2 |

注：内訳はおもな税目のみ。
出所：OECD [2013] *Revenue Statistics 1965-2012*, pp.87-129 より作成。

　第3に，社会保障負担の対GDP比は，日本が11.9％と，アメリカ（5.5％），イギリス（6.7％），スウェーデン（10.1％）より高いが，ドイツ（14.2％），フランス（16.7％）より低い。ただし，社会保障支出の財源調達方式が国ごとに異なる点に留意すべきである。たとえば，公的医療の財源を租税で調達するイギリスとスウェーデンでは，医療給付のための社会保障負担がない。また，アメリカには現役世代（貧困者を除く）向けの公的医療保険が存在しない。これに対して，フランス，ドイツ，日本の社会保障負担は，年金・医療・介護などの主要財源の地位にある。

　第4に，法人所得課税の対GDP比は，従来は日本の数値がきわめて高かった。現在も3.4％と，アメリカ（2.3％），フランス（2.5％），ドイツ（1.7％）よりも高い水準にあるが，1990年代以降の減税や各国における法人税の増収により，スウェーデン（3.2％），イギリス（3.1％）にほぼ等しい水準となっている。

　最後に，資産課税の対GDP比は，日本（2.8％）はイギリス（4.2％），フランス（3.7％）よりも低く，ドイツ（0.9％），スウェーデン（1.0％）よりも高く，アメリカ（3.0％）と同程度である。各国とも資産課税は，所得課税や消費課税に比べて対GDP比が大きくない。その理由は，地方政府の主要な財源ではあるが，国税に占める割合は小さいこと，資産課税が所得課税と消費課税の補完税となっていることなどがあげられる。

　次に，先進諸国における租税・社会保障負担の構成比の推移をみよう。表7-2に示したように，租税・社会保障負担に占める一般消費税（消費型付加価値税）の割合が高まっていることは事実である。しかし，それは一般消費税が個別

表7-2 OECD加盟国における租税・社会保障負担対GDP比の推移

(単位：%)

| 年 | 所得課税 | 個人所得税 | 法人所得税 | 財貨・サービス課税（消費課税） | 一般消費税 | 個別消費税 | 資産課税 | 社会保障負担 | 全体 |
|---|---|---|---|---|---|---|---|---|---|
| 1965 | 9.1 | 6.9 | 2.2 | 9.7 | 3.4 | 5.7 | 1.9 | 4.6 | 25.8 |
| 1985 | 13.1 | 10.4 | 2.6 | 10.2 | 5.4 | 4.4 | 1.8 | 8.2 | 34.2 |
| 2000 | 14.8 | 10.5 | 3.8 | 11.0 | 6.6 | 3.6 | 2.2 | 8.7 | 37.4 |
| 2011 | 13.5 | 10.0 | 3.2 | 10.5 | 6.6 | 3.3 | 2.1 | 9.0 | 35.9 |

注：OECD加盟34カ国のうち，表に示したすべての年についてデータがある23カ国（オーストラリア，オーストリア，ベルギー，カナダ，デンマーク，フィンランド，フランス，ドイツ，ギリシャ，アイスランド，アイルランド，イタリア，日本，ルクセンブルク，オランダ，ニュージーランド，ノルウェー，スペイン，スウェーデン，スイス，トルコ，イギリス，アメリカ）の単純平均値。
出所：OECD［2013］*Revenue Statistics, 1965-2012*, pp. 91-123 より作成。

消費税に取って代わった部分が大きいことも事実である。つまり，このデータによる限り，財貨・サービス課税（消費課税）全体としての水準には大きな変動はない。また，個人所得税をはじめとする所得課税が租税・社会保障負担の中軸であることは一貫している。課税ベースをできる限り広げた所得課税において累進的負担を課したうえで，消費型付加価値税を加え，それらを資産課税で補完するのが現代税制の基本型である。なお，近年急増している社会保障負担（社会保険料）は，その負担構造が逆進的であることが問題とされているが，そもそも労働所得税タイプであれば理論的には付加価値税と同値であるとの議論もある。

### 1.2 各税目の特徴と税目間の相互関連

以上のように，対GDP比という量的指標による単純な比較によれば，日本では消費課税と個人所得課税に増税の余地があるようにみえる。しかし，もう少し制度的枠組み，たとえば，税額が算定されるに至る課税ベースと税率構造，各税目間の関連，納税義務者などを意識した比較が必要である。

（1）個人所得課税の国際比較

第1に，個人所得税の税率構造は各国とも**超過累進税率**である。日本では，国税である所得税は超過累進税率，地方税である住民税は比例税率を採用しており，全体としては累進構造である。イギリスには地方税としての所得税は存在しないが，アメリカでは連邦税も州・地方税も累進税率を適用している。

第2に，課税ベースとして給与所得に着目すると，図7-1に示したように，日本の給与所得課税の負担水準は相対的に低い。また，日本の課税単位は世帯を

図7-1 給与収入別の所得課税負担の国際比較(国税・地方税等合計, 2013年1月現在)

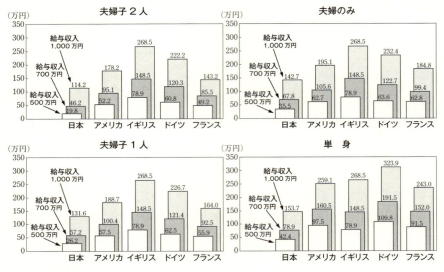

注:所得控除などは, 通常利用されるものを想定している。
出所:財務省ウェブサイト (http://www.mof.go.jp/tax_policy/summary/income/028.htm)。

加味した個人単位課税であるが, フランスは世帯単位, アメリカは個人単位と世帯単位の選択適用といったように, 各国の課税単位は必ずしも同じではない。

第3に, 課税ベースとして資産性所得(利子, 配当, 株式譲渡益など)に着目すると, その課税方式は適用税率が20～30％の比例税率が適用される分離課税, 累進税率が適用される総合課税(もしくは段階的課税)の2つに分けられる。近年, 前者が強調される傾向にあるが, 現実には, 表7-3に示したように, アメリカのような併用型や, イギリスのような段階的課税, フランスのような総合課税のみの国もある。

資産性所得に比例税率が適用されるのは, 金融商品が多様化して所得区分の変更が容易になったのに応じて, 裁定取引を抑えるため, ともいわれる。また, 分離課税の際に, 利子・配当所得に対して給与所得より低い税率が設定されるのは, 給与所得が収入から必要経費を控除するネット課税であるのに対し, 利子・配当が必要経費を認めずにグロス課税されるためとされる。

さらに資産性所得に比例税率が適用する理論的根拠として, 最適課税論(第6章参照)や二元的所得税論を用いることがある。二元的所得税論は, 北欧諸国な

表 7-3 金融資産性所得課税の国際比較（2013 年 1 月現在）

| | 日本 | アメリカ | イギリス | ドイツ | フランス |
|---|---|---|---|---|---|
| 利子 | 源泉分離課税 20%（国15%, 地方5%） | 総合課税（連邦税 10～39.6％＋州・地方税） | 段階的課税（10%, 20%, 40%, 50%） | 申告不要（分離課税）26.375%または総合課税 14～47.48% | 総合課税 21～60.5% |
| 配当 | [上場株式等（大口以外）] 申告不要（源泉徴収）10%（国7%, 地方3%）または総合課税 10～50%（選択） | 連邦税（段階的課税 [0%, 15%, 20%]）および州・地方税（総合課税） | 段階的課税（10%, 32.5%, 42.5%） | 申告不要（分離課税）26.375% または総合課税 14～47.48%（選択） | 総合課税 21～60.5% |
| 株式譲渡益 | [上場株式等（大口以外）] 申告分離課税 10%（国7%, 地方3%）（申告不要のケースが多い） | [1年超保有] 連邦税（段階的課税 [0%, 15%, 20%]）および州・地方税（総合課税）[1年以下保有] 総合課税（連邦税 10～39.6％＋州・地方税） | 段階的課税（18%, 28%）（土地譲渡益と合わせて, 年間 10,600 ポンドが非課税） | 申告不要（分離課税）26.375% または総合課税 14～47.48%（選択） | [8年超保有] 社会保障関連課税 15.5%（所得税なし）[8年以下保有] 総合課税 21～60.5% |

注：日本の上場株式等の配当・譲渡益は, 2014 年 1 月から税率 20%（国 15%, 地方 5%）となっている。
出所：財務省ウェブサイト（http://www.mof.go.jp/tax_policy/summary/financial_securities/index.html）より作成。

どの個人所得税制を説明する理論で, 所得を勤労所得（給与, 年金など）と資本所得（金融所得, 不動産所得など）に分けて, 前者には累進税率, 後者には比例税率を適用する。とくに後者の資本所得への比例税率を, 勤労所得の最低税率および法人税率と等しくすることにより, 資本の国外流出を防止できるとしている。

第 4 に, 個人所得課税と社会保障負担の雇用者拠出分との関連は多様である。アメリカとイギリスでは, 雇用者拠出分に対する所得控除を行わない。スウェーデンは社会保険料控除（税額控除）があるが, 医療給付の財源は租税である。日本では, 後にふれるように, 所得税に社会保険料控除（所得控除）があるので, 社会保障負担（社会保険料）が増加すれば, 所得税額が減る。また, 日本の課税方式であれば, 社会保障給付に対して総合課税するのが筋であるが, 実現には至っていない。

(2) 法人所得税の国際比較

第 1 に, 各国の法人所得税の法定実効税率（2014 年 1 月時点）は, 日本（東京都）

35.64％，アメリカ（カリフォルニア州）40.75％，フランス 33.33％，ドイツ（平均）29.59％，イギリス 23.00％である。ただし，法定実効税率は法定税率から機械的に算定されており，法人事業税の損金算入を除いて課税ベースは考慮されない。また中小法人に軽減税率が適用される国があることに留意しなければならない。

第2に，各国の法人所得税の納税義務者を確認すると，日本では原則として法人組織は法人所得税の納税義務者になるが，アメリカのＳ法人やドイツの人的会社（合名・合資会社）は，法人組織であるものの，個人所得税の納税義務者である。つまり，日本の法人所得税の対象となる法人の範囲は相対的に広い。

第3に，法人所得税の租税負担水準は，税額のみならず，分母となる法人所得（経済的所得）も考慮に入れて比較すべきである。しかし，法人所得（経済的所得）について共通の尺度で算出するのは難しい。そのため，個別の課税所得の規定ごとに比較がなされることが多い。

たとえば，日本では 2009 年度税制改正により，外国子会社からの配当が益金不算入となった。これにより外国子会社の留保所得が日本の親会社に配当として還流しやすくなったとされるが，直接的には法人税収に寄与しない。これに対してアメリカでは，外国税額控除方式を採用しているため，低税率国の外国子会社からの配当であれば，法人税収の増加に寄与する。

第4に，雇用主拠出の社会保障負担は，いずれの国でも法定福利費として損金算入され，法人所得税の課税ベースから控除される。つまり，各国とも雇用主拠出の社会保障負担が増加すれば，法人所得課税が減少する関係にある。

日本の法定実効税率はアメリカに次いで高い。しかし，前掲表7－1や表7－4からわかるように，法人所得課税負担と雇用主拠出の社会保障負担の合計は，高いとはいいがたい。日本はアメリカと同様に課税ベースが狭いのに加えて，原則的には年金，医療，介護給付などを社会保障負担でまかなうとする割には，その水準が低いのである。また，法人所得課税と社会保障負担の帰着の経路と時間軸も配慮すべきである。

(3) 消費課税の国際比較

**一般消費税**　まず，一般消費税の代表例である付加価値税を比較すると，標準税率（2009 年）は，日本（5％）がスウェーデン（25％），ドイツ（19％），フランス（19.6％）などに対して著しく低い。そのため，必要な税収を確保するためには，消費税率を引き上げる余地があると主張される。しかし，標準税率では課税

表7-4　法人所得課税および社会保障負担（雇用主負担）の国際比較にかんする調査
（2006年3月）　　　　　　　　　　　　　　　　　　　　　　　　　（単位：％）

|  | 自動車製造業 | | | エレクトロニクス製造業 | | | 情報サービス業 | | | 金融（銀行）業 | | |
|---|---|---|---|---|---|---|---|---|---|---|---|---|
|  | 租税 | 社会保障負担 | 合計 | 租税 | 社会保障負担 | 合計 | 租税 | 社会保障負担 | 合計 | 租税 | 社会保障負担 | 合計 |
| 日　本 | 23.0 | 7.4 | 30.4 | 21.0 | 12.3 | 33.3 | 25.0 | 19.2 | 44.2 | 23.0 | 3.2 | 26.3 |
| アメリカ | 22.4 | 4.5 | 26.9 | 20.0 | 8.3 | 28.3 | 35.0 | 11.7 | 46.7 | 25.8 | 2.0 | 27.8 |
| イギリス | 14.5 | 6.1 | 20.7 | 13.0 | 10.3 | 23.4 | 23.0 | 16.3 | 39.3 | 20.9 | 2.7 | 23.6 |
| ドイツ | 25.2 | 11.7 | 36.9 | 19.2 | 18.9 | 38.1 | 26.6 | 29.1 | 55.7 | 18.7 | 5.0 | 23.8 |
| フランス | 19.3 | 22.3 | 41.6 | 12.3 | 37.0 | 49.2 | 12.3 | 57.8 | 70.1 | 21.5 | 9.8 | 31.3 |

注：1）　数値は，法人所得課税負担および社会保障負担の「税引前当期利益＋社会保障負担」（総売上から社会保障負担以外の費用を引いた額に等しい値）に対する比率を国際比較したもの。
　　2）　モデル企業の立地場所は，日本は東京，アメリカはカリフォルニア州とテネシー州（自動車製造業），カリフォルニア州とニュージャージー州（エレクトロニクス製造業），カリフォルニア州（情報サービス業），カリフォルニア州とニューヨーク市（金融業），イギリスはロンドン，ドイツはデュッセルドルフ，フランスはパリと仮定した。
出所：税制調査会 第3回専門家委員会（2010年4月7日）における財務省提出資料「法人課税の国際比較」により作成。

ベースの相違や複数税率を考慮していない。

　そこで，課税ベースの相違や複数税率をも考慮した付加価値税の実効税率（国内の消費支出額（税抜き）に対する付加価値税の比率）を確認してみると，表7-5に示したように，日本は標準税率5％に対して付加価値税の実効税率3.5％前後であり，差は比較的小さい。これに対して，スウェーデンは標準税率25％に対して付加価値税の実効税率は13％前後であり，大きな差がある。

　これに関連して，C効率性と呼ばれる尺度が使われる。これは，実際の付加価値税の税収額が，標準税率で算出した付加価値税の税収想定額に占める比率に100を乗じた値である。C効率性が100に近いほど税収調達力が高いことになる。日本の消費税は2009年のC効率性が67と他国に比して相対的に高いが，それは単一税率を採用している要因が大きい。このことは，消費税への複数税率の導入や非課税措置の拡大を行いながら，必要な税収を消費税でまかなうとすれば，標準税率のさらなる引上げが必要となることを意味している。

　**個別消費税**　　つぎに，消費課税のもう1つの主役である個別消費税を検討してみよう。個別消費税は，取引数量を課税標準とする従量税として，歴史的には一般消費税より早く誕生した。それは，税務行政上，取引価格よりも取引数量のほうが捕捉しやすいからである。現在も，酒税，たばこ税，揮発油税，関税などが，財源調達と同時に産業保護，消費抑制などの趣旨で課税されている。税制の

表7-5　付加価値税の実効税率

|  | 標準税率<br>(%)<br>2009年 | 付加価値税の実効税率 (%)[1] | | | | | | |
|---|---|---|---|---|---|---|---|---|
|  |  | 1996年 | 2000年 | 2003年 | 2005年 | 2007年 | 2009年 | C効率性 |
| 日　本 | 5.0 | 3.6 | 3.4 | 3.3 | 3.6 | 3.5 | 3.4 | 67 |
| ドイツ | 19.0 | 11.4 | 11.6 | 10.6 | 10.5 | 10.5 | 10.6 | 56 |
| フランス | 19.6 | 10.0 | 9.7 | 9.8 | 9.9 | 10.0 | 9.0 | 46 |
| カナダ[2] | 5.0 | 2.4 | 2.6 | 2.5 | 2.6 | 2.6 | 2.5 | 49 |
| オーストラリア[3] | 10.0 | – | – | 5.5 | 5.6 | 5.4 | 5.2 | 52 |
| イギリス | 15.0 | 7.4 | 7.2 | 7.4 | 7.2 | 7.2 | 7.1 | 47 |
| フィンランド | 22.0 | 11.9 | 13.2 | 13.2 | 13.2 | 13.2 | 12.1 | 55 |
| デンマーク | 25.0 | 14.5 | 15.1 | 14.9 | 15.4 | 16.3 | 14.8 | 59 |
| ノルウェー | 25.0 | 15.1 | 16.8 | 14.0 | 14.3 | 15.8 | 13.5 | 54 |
| スウェーデン | 25.0 | 12.5 | 13.1 | 13.0 | 13.8 | 14.3 | 14.3 | 57 |

注：1) VAT税収／（税込消費 - VAT税収）として算出（標準税率は2009年）。
　　2) 連邦政府分のみ算定。
　　3) 2000年にGST導入。
出所：OECD［2012］*Consumption Tax Trends 2012*, Table 4.1をもとに作成。

歴史的展開のなかで，従価税タイプの一般消費税が個別消費税を凌駕したのは，インフレーションに伴う従量税の実質的減収に対応する必要が生じたこと，また取引価格の捕捉が容易になったことによる。

しかし近年，炭素税にみられるように，環境関連税として従量税タイプの個別消費税が再評価されている。その背景には，価格の捕捉が容易になったと考えられていた市場での価格形成において，外部不経済を内部化することが困難だ，との認識が高まっていることも影響している。OECDが「環境に関連すると考えられる租税客体への課税」と定義する環境関連税の主軸は，エネルギー製品と自動車への課税である。この定義に従えば，日本にも従来から環境関連税は存在してきたが，国民にそのような意識は乏しかった。しかし，2012年10月からエネルギー課税の1つである石油石炭税の税率が，地球温暖化対策を意図する形で段階的に引き上げられるなどしており，国民の関心も次第に高まっている。

(4) 資産課税の国際比較

第1に，相続税のような死亡時にかかる資産移転税は，各国ともに原則として超過累進税率であり，富の再分配などを目的にしているといわれる。しかしアメリカやイギリスは，被相続人（死亡者）の遺産を課税対象とし，納税義務者を原則として被相続人（正確には遺言執行者）とする遺産税方式をとる。それに対して，

ドイツやフランスは，遺産分割後の各相続人の取得資産を課税対象とし，納税義務者を原則として各相続人とする遺産取得税方式をとる。後者は遺産分割を促進するともいえるが，相続人の個別的事情に応じた課税を行える。日本の相続税は，第6節で述べるように，両者を併用した法定相続分課税方式をとる。

第2に，贈与税のような生前贈与などにかかる資産移転税も，各国ともに超過累進税率が多く，相続税の租税回避を抑制する補完税として位置づけられている。しかし，日本，ドイツおよびフランスの納税義務者は，原則として受贈者であるのに対し，アメリカやイギリスの納税義務者は，原則として贈与者である。

第3に，資産保有税の税率は比例税率が多いが，課税ベースは多様である。納税義務者も，日本の固定資産税やアメリカの財産税は原則として資産所有者であるが，イギリスの住宅用資産へのカウンシル税や，非住宅用資産へのビジネスレイトは，原則として資産占有者（使用者）である。

なお，租税の転嫁・帰着は資産課税にもかかわる問題である。とくに，所得課税と消費課税に「抜け穴」が多い場合，資産課税でそれを補完する必要がある。

## 1.3　公的社会支出を視野に入れた税制の国際比較

租税・社会保障負担の国際比較を行う場合，本来は歳出構造との関係や公債などの他の歳入との関係等について視野に入れた議論も必要である。最後に，租税・社会保障負担と社会保障給付との関連を意識して，公的社会支出（社会保障給付）を視野に入れた形で，国際比較を行ってみたい。

日本の公的社会支出（社会保障給付）の特徴は，①年金などの高齢者向け「現金給付」は他国と同等レベルだが，家族への給付が少ないこと，②医療・介護サービスなどの「現物給付」の水準が高くないこと，さらに③「積極的労働市場政策」が弱いことにある。このような観点から，「現金給付」である家族への給付や「現物給付」の充実，「積極的労働市場政策」の必要性が指摘される。

しかし，これらの支出をまかなう財源面を確認すると，日本の租税・社会保障負担率は低い。一般に，租税・社会保障負担率が高い国は公的社会支出も大規模で，普遍的給付を行い，租税・社会保障負担率が低い国は公的社会支出が小規模で，選別的給付を行う。公的社会支出と租税・社会保障負担率を示した表7-6によると，租税・社会保障負担率で19.5ポイントの差があるスウェーデンとアメリカは，「グロスの公的社会支出」でも14.7ポイントの差がある。そこで「高

表7-6 租税・社会保障負担と公的社会支出

|  | 日本 | アメリカ | イギリス | ドイツ | フランス | スウェーデン |
|---|---|---|---|---|---|---|
| 租税・社会保障負担（対GDP比） | 28.3 | 27.9 | 36.0 | 36.0 | 43.7 | 47.4 |
| グロスの公的社会支出（対GDP比） | 20.3 | 17.4 | 23.3 | 28.4 | 32.8 | 32.1 |
| 　現金給付 | 11.3 | 8.6 | 11.2 | 16.5 | 19.7 | 15.0 |
| 　現物給付 | 8.8 | 8.7 | 11.7 | 11.1 | 12.0 | 15.8 |
| 　積極的労働市場政策 | 0.2 | 0.1 | 0.4 | 0.8 | 1.0 | 1.3 |
| (−) グロス公的社会支出への課税額 | −1.1 | −0.9 | −1.7 | −3.7 | −4.3 | −6.4 |
| 　給付への課税（直接税）額と社会保障負担額 | −0.4 | −0.6 | −0.3 | −1.5 | −1.6 | −4.0 |
| 　現金給付からの消費支出に課税される間接税額 | −0.7 | −0.3 | −1.4 | −2.2 | −2.7 | −2.4 |
| (+) 社会目的の租税優遇措置 | 1.4 | 3.0 | 0.5 | 2.7 | 1.0 | 0.0 |
| 　純現金給付と同じ役割を果たす租税優遇措置 | 0.6 | 0.7 | 0.4 | 1.3 | 1.0 | 0.0 |
| 　私的給付（年金以外）に対する租税優遇措置 | 0.0 | 1.4 | 0.1 | 0.5 | 0.0 | 0.0 |
| 　私的年金関係に対する租税優遇措置 | 0.8 | 0.9 | n.a. | 0.9 | 0.0 | 0.0 |
| = ネットの公的社会支出（対GDP比） | 20.6 | 19.5 | 22.1 | 27.4 | 29.5 | 25.7 |
| 　財政介入前（等価市場所得）のジニ係数（百分比） | 44.3 | 48.6 | 50.0 | 49.9 | 48.5 | 43.2 |
| 　財政介入後（等価可処分所得）のジニ係数（百分比） | 32.1 | 38.0 | 33.1 | 28.5 | 28.8 | 23.4 |
| 財政介入によるジニ係数の変化率 | ▲27.5 | ▲21.8 | ▲33.8 | ▲42.9 | ▲40.6 | ▲45.8 |
| 財政介入後（等価可処分所得）の相対的貧困率 | 14.9 | 17.0 | 10.3 | 8.3 | 7.2 | 5.3 |

注：1) 公的社会支出は2007年度。対GDP比を算定するGDPは要素価格表示。
　　2) ジニ係数と相対的貧困率は，2000年代中盤。
出所：Adema,W., Pauline Fron and Maxime Ladaique [2011]．"Is the Europian Welfare State Really More Expensive?" OECD Social,Employment and Migration Working Papers, No.124; OECD Stat. より筆者作成。

福祉・高負担のスウェーデンと低福祉・低負担のアメリカ」という構図が生まれる。

ところが，「グロスの公的社会支出」に対する租税・社会保障負担の直接的・間接的影響を加味した「ネットの公的社会支出」に基づいて国際比較を行うと，スウェーデンとアメリカの乖離が，6.2ポイントに縮小する。具体的には，スウェーデンのように普遍的社会給付を行う国で受けた給付にも所得税が課されるため「グロスの公的社会支出への課税額」の規模が大きく，それがグロスの社会支出から6.4ポイント控除される。それに対して，アメリカのように選別的給付を行う国では，市場での活動（民間慈善活動，私的年金など）の促進を意図した「社会目的の租税優遇措置」つまり租税支出（減税の形をとる補助金）の規模が大きく，それがグロスの社会支出に3.0ポイント加算される。そのため，両国の間でネットの公的社会支出の規模を見ると，両国の支援には大差がないようにもみ

える。

しかし，支援内容の差異には留意する必要がある。スウェーデンでは社会目的の租税優遇措置がほぼ存在しないが，アメリカでは私的年金や民間医療保険への租税優遇措置が多い。ようするに，スウェーデンのように支出面で普遍的給付を行う国は，収入面では社会目的の租税優遇措置を多用せず，低所得層も含めて普遍的給付に課税する。これに対して，アメリカのように支出面で選別的給付を行う国は，収入面で社会目的の租税優遇措置を多用し，給付への課税を回避する。

また，マクロレベルの「ネットの公的社会支出」の収斂化の傾向も，分配面の問題を解決しているわけではない。「財政介入後のジニ係数（百分比）」「財政介入前後の削減率」「相対的貧困率」を確認してみると，アメリカ，イギリス，日本の状況は，普遍的給付国よりも良好とはいいがたい。

## 2 日本の租税構造

では，日本の租税構造を概観しよう。表7-7は，主要な税目を課税権者と課税ベースにより分類している。なお，租税と日本の社会保障負担である社会保険料との関係は，第7節で述べる。

国税についてみると，所得課税である所得税と法人税，そして消費課税である消費税が多くの税収を上げる。このように税収に占める地位が高い税を基幹税と呼ぶ。所得課税の収入が税収の50％を超えることから，国税は所得課税中心の構造をもつといえる。

こうした構造は，第2次世界大戦中の税制改革や，1949年のシャウプ勧告に基づく税制改革により定着した。第3章で述べたように，1940年の税制改革により所得税が大衆課税化され，所得税中心の税制が確立した。そして，戦後の税制改革の指針となったシャウプ勧告は，包括的所得論や法人擬制説，資産課税強化，間接税整理などを掲げ，所得税中心の税体系を改めて提案した。地方税については，市町村税は住民税と固定資産税を，道府県税は所得型付加価値税を中軸とするよう提案した。50年税制改革によりシャウプ勧告を反映した税制が成立した。

その後，日本が占領下を脱し高度成長期に至る過程で，利子課税の分離課税化やキャピタル・ゲイン課税の廃止，資本蓄積を目的とする各種の租税特別措置の

表7-7 国税と地方税の種類と内訳（2012年度決算額）

(単位：億円, %)

| 区分 | 国 税目 | 金額 | 構成比 | 都道府県 税目 | 金額 | 構成比 | 市町村 税目 | 金額 | 構成比 |
|---|---|---|---|---|---|---|---|---|---|
| 所得課税 | 所得税 | 139,925 | 29.7 | 個人道府県民税 | 45,926 | 32.5 | 個人市町村民税 | 69,422 | 34.0 |
| | 法人税 | 97,583 | 20.7 | 個人事業税 | 1,776 | 1.3 | 法人市町村民税 | 21,286 | 10.4 |
| | 地方法人特別税（特） | 16,698 | 3.5 | 法人道府県民税 | 8,320 | 5.9 | | | |
| | 復興特別所得税（特） | 511 | 0.1 | 法人事業税 | 23,537 | 16.6 | | | |
| | 復興特別法人税（特） | 6494 | 1.4 | 道府県民税利子割 | 1,151 | 0.8 | | | |
| | | | | 道府県民税配当割 | 704 | 0.5 | | | |
| | | | | 道府県民税株式等譲渡所得割 | 188 | 0.1 | | | |
| 資産課税等 | 相続税・贈与税 | 15,039 | 3.2 | 固定資産税（特例） | 23 | 0.0 | 固定資産税 | 85,804 | 42.0 |
| | 登録免許税 | | | 不動産取得税 | 3,356 | 2.4 | 特別土地保有税 | 7 | 0.0 |
| | 印紙税 | 10,777 | 2.3 | | | | 事業所税 | 3,498 | 1.7 |
| | 地価税 | 0 | 0 | | | | 都市計画税 | 12,155 | 6.0 |
| | | | | | | | 国有資産等所在市町村交付金 | 914 | 0.4 |
| 消費課税等 | 消費税 | 103,504 | 22.0 | 地方消費税 | 25,511 | 18.0 | 軽自動車税 | 1,843 | 0.9 |
| | 酒税 | 13,496 | 2.9 | 道府県たばこ税 | 2,889 | 2.0 | 市町村たばこ税 | 8,871 | 4.3 |
| | たばこ税 | 10,179 | 2.2 | 軽油引取税 | 9,249 | 6.5 | 鉱産税 | 20 | 0.0 |
| | 揮発油税 | 26,219 | 5.6 | 自動車取得税 | 2,104 | 1.5 | 入湯税 | 218 | 0.1 |
| | 石油ガス税 | 107 | 0.0 | ゴルフ場利用税 | 507 | 0.4 | 法定外普通税 | 14 | 0.0 |
| | 航空機燃料税 | 494 | 0.1 | 自動車税 | 15,860 | 11.2 | 法定外目的税 | 14 | 0.0 |
| | 石油石炭税 | 5,669 | 1.2 | 鉱区税 | 4 | 0.0 | | | |
| | 電源開発促進税 | 3,280 | 0.7 | 狩猟税 | 17 | 0.0 | | | |
| | 自動車重量税 | 3,969 | 0.8 | 法定外普通税 | 256 | 0.2 | | | |
| | 関税 | 8,972 | 1.9 | 法定外目的税 | 80 | 0.1 | | | |
| | とん税 | 98 | 0.0 | | | | | | |
| | 特別とん税（特） | 123 | 0.0 | | | | | | |
| | 地方揮発油税（特） | 2,805 | 0.6 | | | | | | |
| | 石油ガス税（譲与分）（特） | 107 | 0.0 | | | | | | |
| | 航空機燃料税（譲与分）（特） | 141 | 0.0 | | | | | | |
| | 自動車重量税（譲与分）（特） | 2,724 | 0.6 | | | | | | |
| | たばこ特別税（特） | 1,575 | 0.3 | | | | | | |
| | 合計 | 470,492 | 100.0 | 合計 | 141,456 | 100.0 | 合計 | 204,066 | 100.0 |

注：1) 国税の（特）は特別会計分。
2) 国税の地価税は現在課税停止中。
3) 都道府県税の（特例）とは，固定資産税の大規模償却資産に対する道府県の課税分。
4) 四捨五入しているため，各税目の合計額と合計欄の金額は一致しない場合がある。
出所：財務省財務総合政策研究所編［2014］『財政金融統計月報』第745号より作成。

実施，付加価値税の廃止など勧告がめざしたものとは異なる改正が行われたが，高度成長によって所得税や法人税の自然増収が生じ，所得課税中心の租税構造はむしろ強化された。日本経済が低成長期に移行すると，所得課税の税収は停滞し

た。また,財政状況の悪化を受けて所得税や法人税の負担が上昇し,中堅所得層と企業の不満が高まった。そのため,広く勤労世代以外の国民にも負担を求める消費税が1989年に導入された。バブル経済の崩壊後は,不況を背景とする所得課税の減収や減税によってその構成比がさらに低下する一方で,消費税は比較的景気に左右されにくい性質と税率の引上げによって上昇している。

地方税についてみると,道府県税では,住民税（道府県民税）と事業税が大きく,地方消費税がそれに次ぐ。市町村税は,資産課税である固定資産税と都市計画税の規模が大きく,おもに所得課税である住民税（市町村民税）がこれに次ぐ。なお地方税について,くわしくは第9章,第10章で述べる。

税制は,多種多様な税目の組合せである。それは,財政需要の膨張に伴う収入増加の必要や,経済発展に伴う税源の変化や多様化,諸階層の利害を反映した税制改革論の展開,その妥協的産物である税制改革により発展し複雑化してきた。税制は歴史的な構成物といえる。

## 3 所 得 税

### 3.1 所得税の仕組み

所得税は個人の所得に対して課される。税額計算の過程はおおよそ次の通りである。まず給与収入,事業収入,土地・株式を譲渡して得た収入など,1年間の収入をその発生形態に応じて10種類に分類する。そして所得分類ごとに,収入から必要経費などを差し引いて所得金額を算出する。ただし利子所得のように必要経費がない場合や,給与所得のように必要経費などの相当額を実額ではなく概算（給与所得控除）により求める場合もあり,計算方法は一様ではない。次に,所得金額を合算し,そこから基礎控除,扶養控除,配偶者控除などの金額を差し引く所得控除を行う。さらに,控除後の課税所得に超過累進税率を適用して算出税額を求める。税率は,2015年分からは5〜45％の7段階である。最後に,この算出税額から税額控除額を差し引くことで納税額が決まる。税額控除には,二重課税の調整を目的とするもの（外国税額控除,配当控除）と特定の政策手段として活用されるものがある（住宅取得資金等特別控除など）。

所得税の特徴を整理すると,第1は,総合課税,すなわち個人に帰属するすべての所得を総合して課税することである。これにより,所得の種類にかかわらず

各人の得た所得金額を正確に把握し，個人の負担能力に応じた課税を行える。第2は，課税に際して個人や世帯の事情を考慮することである。所得額が同じであっても，各人のおかれた状況により負担能力は異なる。所得から各種の所得控除（配偶者控除，扶養控除，社会保険料控除など）を差し引くことにより，各人の最低生活費や負担能力に影響を与える要因を勘案して課税することができる。ただし，所得控除のなかには，寄付金控除，生命保険料控除，地震保険料控除のように，租税支出つまり「隠れた補助金」も含まれている。第3は，超過累進税率をとっていることである。これは，第6章で述べたように，所得が増加するにつれて，その増加部分に対してより高い税率を適用するものである。これにより，所得の多い者ほど所得に占める所得税の負担割合も高くなる。以上の特徴により，所得税は租税負担の公平性を満たすのである。

### 3.2　所得税改革の論点

所得税については，課税の公平性を巡って，問題点も指摘されている。第1は，所得の種類による所得捕捉率の格差であり，クロヨン問題とも呼ばれる。つまり捕捉率は，給与所得が9割，事業所得が6割，農業所得が4割とされる。実態は同じ所得額であっても，捕捉率に格差があるために負担税額に差が生じれば，水平的公平が損なわれる。この問題が生じるのは，給与所得と事業所得・農業所得との間で納税方式が違うことにある。一方で，給与所得は収入金額から給与所得控除という法定の控除が差し引かれ，納税は給与支払者が給与から税額を源泉徴収する制度がとられる。他方で，事業所得は収入から必要経費の実額控除が行われ，納税義務者が申告納税する制度がとられる。その計算の過程で，必要経費に家事関連経費が混入する恐れがある。近年，この格差は解消に向かっているとの指摘もあり，また給与所得者にも一部の支出には実額控除が可能になっているが，根本的な解決には至っていない。

第2は，総合課税の原則とは裏腹に，分離課税や申告不要制度が多数存在し，所得税の累進性を弱めている点である。とくに表7-3でみた利子，配当，株式譲渡益といった金融所得の分離課税は歴史が長い。しかし，金融所得を低率の分離課税という形で優遇する方式は，バブル経済の崩壊後に，資本市場の活性化策として進められた面がある。2014年1月より金融所得課税は20%という比例税率に揃えられているが，配当と株式譲渡益との損益通算が認められ，少額投資非

課税制度（NISA）が導入されるなど，近年も優遇制度が拡充されている。

　こうした取扱いを最適課税論や二元的所得税論に基づいて擁護する議論もみられるが，課税の公平性という観点からは問題がある。金融所得に低率の定率課税を行えば，総合課税であれば高い限界税率が適用されるはずの高所得者ほど有利である。金融所得は，高所得者ほど所得に占める割合が高い傾向があるため，課税の垂直的公平性が損なわれる。

　所得税の問題点は他の制度にも波及する。たとえば，個人住民税所得割の課税標準は所得税のそれにきわめて近い。また，社会保障領域で用いられる所得基準も，個人住民税の所得証明書や非課税証明書を所得確認の資料とすることが多い。所得税の改革は，こうした影響も考慮して議論されなければならない。

## 4　法人税

### 4.1　法人税の仕組み

　法人税は，法人所得に対して課される。この法人所得は，企業会計における利益とは算出の目的が異なる。企業会計上の利益は，おもに企業の資産負債の保有状況や経営成績を正しく認識し，配当可能な財源を表示することを目的として計算される。それに対して，法人税法上の所得は，課税の公平や特定の政策目的を達成することを考慮して計算されるのである。ただし，両者は無関係というわけではない。法人所得は益金から損金を控除して算出される。この益金は，企業会計上の収益に対して「益金算入額」を加え，「益金不算入額」を除いて算出する。損金は，企業会計上の費用に対して「損金算入額」を加え，「損金不算入額」を除くことで算出する。この益金算入・不算入と損金算入・不算入の項目に，企業会計の収益・費用と法人税の益金・損金の取扱いの違いが表れており，その他の部分の取扱いは基本的に同じである。

　法人税の税率は法人の種類により異なる。2015年2月現在，一般的な株式会社については25.5％の比例税率が適用される。ただし，資本金1億円以下の中小法人について，年800万円以下の所得に対しては15％の軽減税率が適用される。

　法人の本質にかんして，法人擬制説と法人実在説という2つの考え方がある。前者は法人を株主の集合体と考え，後者は法人を独立した経済主体と考える。

　法人擬制説によれば，法人の利潤はすべて株主に帰属するので，法人税は個人

株主に課される所得税の前取りといえる。完全な個人所得税が課されていれば，配当は配当所得として捕捉されるし，内部留保は株価の値上がりに反映されてキャピタル・ゲインとして捕捉される。そのため，法人税と所得税が同時に課税されれば二重課税となる。日本では，二重課税を調整するため，所得税に配当控除が設けられている。ただし，配当控除は配当所得額の一定割合を税額控除する簡易な仕組みであり，また配当所得には分離課税や申告不要制度が認められていることから，完全な調整は行われていない。

法人実在説に基づく場合，二重課税の問題には直面しない。法人税は，法人の負担能力に着目した応能課税となる。

また，法人が事業活動を行う際，道路，空港，港湾，水道などの公共施設，治安・消防，人材の基礎形成を担う教育，従業者世帯の生活を支える介護，医療，子育て援助など，さまざまな公共サービスの便益を受益する。そこで，応益課税としての法人課税も行われる。しかし，公共サービスの便益を享受していても，所得が課税ベースであれば赤字法人は課税されない。そこで，応益課税としての法人課税は，付加価値などの外形標準とするのが適当である。

なお，応益課税は法人実在説だけでなく，法人擬制説からも導き出せる。法人が受ける公共サービスの便益も，結局は株主をはじめとして，債権者，従業者などの利害関係者が享受するとも考えられる。その場合，法人に原産地課税することによりそれらの人々に間接的に負担を求める，との論理が成り立つ。

法人の本質を巡る論争は「神学論争」とも呼ばれ，第6章でふれたように，法人税が転嫁するかどうかの論争も含めて，決着をみていない。

### 4.2 法人税改革の論点

近年の法人税改革は，長期にわたる不況やグローバル化の進展と国際競争の激化を背景として進められてきた。

第1は，合併や会社分割など，企業組織再編成を後押しするための税制や，その再編成に対応し，企業集団を1つの課税単位として課税する制度の整備である。前者は組織再編に伴う法人間の資産の移転や，株主が保有する株式の移転・交換・譲渡などに対する課税を繰り延べる。後者は，親会社・子会社の関係にある企業集団内で損益を通算し，内部取引損益の課税を繰り延べる。これらの措置により，企業が不採算部門の整理や新規事業分野の開拓といった事業の再構築を進

め，国際競争力を高めることが期待されている。しかし，特定の企業に限って優遇する措置に公共性が十分にあるのか問われなければならない。

第2は，税率の引下げである。1989年に40.0％だった法人税の表面税率が，98年には34.5％に，99年には30％に，2012年には25.5％に引き下げられた。その背景として，企業立地の選択がグローバルな視点で展開されるなかで，法人税は立地選択の要因としてあげられ，その引下げが強く求められてきたという事情がある。税率は先進諸国の水準に近づいたが，なおアジア諸国と比較して高いと指摘され，法人実効税率の引下げが財界から要望されている。

しかし，1.2（2）で述べたように，税率を比較するだけでは不十分である。益金と損金の範囲，租税特別措置の効果などの課税ベース，社会保険料の雇用主拠出分，さらに所得課税以外の租税公課（不動産税など）を考慮すべきである。

そもそも法人の立地選択に影響する要因は，市場アクセスと情報獲得の利便性，賃金と労働市場，物価・地価，為替相場，教育・技術水準，治安，保健衛生，産業基盤，規制など多様であり，税制はそれらと並ぶ要素の1つにすぎない。

国家間で税率引下げや税制優遇措置の租税競争が行われれば，税収不足を招き，生産活動の基盤となるインフラ整備，治安維持，そして企業の人材確保に役立つ教育・社会サービスの低下を招く。また各種の税制優遇措置は，自由な投資活動をゆがめる。OECDもそれを「有害な税の競争」と批判している。

## 5 消費税

### 5.1 消費税の仕組み

消費税のうち，個別消費税には，産業保護をはかる関税，消費抑制をめざすたばこ税・酒税など，財源調達だけでなくさまざまな政策目的をもつ税目がある。それに対して，一般消費税はほとんどの財貨・サービスに課税して一般的な財源調達を行うことを目的としており，日本では消費税がそれに該当する。

消費税は，事業者を納税義務者とし，図7-2に示したように，すべての取引段階で課税される。事業者は税額分を価格に上乗せして販売し，最終的には消費者が税を負担すると想定されている。ただし，転嫁の度合いは，財貨・サービスの需要と供給の状況により決まる。

消費税において，消費に負担を求める趣旨に合わない取引，たとえば所有権の

### 図 7-2　消費税の仕組み（税率 8％の場合）

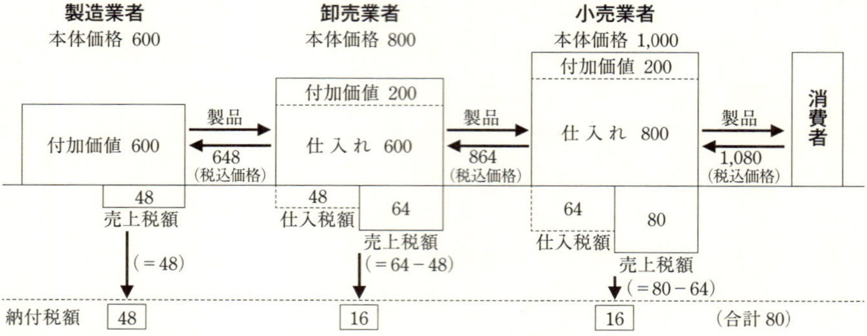

|  | 製造業者 | 卸売業者 | 小売業者 |  |
|---|---|---|---|---|
|  | 本体価格 600 | 本体価格 800 | 本体価格 1,000 |  |

付加価値 600　→製品→　仕入 600（付加価値 200）　→製品→　仕入 800（付加価値 200）　→製品→　消費者
　　　　　　　　648（税込価格）　　　　　　　　864（税込価格）　　　　　　　　1,080（税込価格）

売上税額 48　／　仕入税額 48・売上税額 64　／　仕入税額 64・売上税額 80

納付税額　48　　　　16（＝64-48）　　　　16（＝80-64）　　　（合計 80）

出所：著者作成。

移転にすぎない土地や有価証券の譲渡は非課税となる。また、社会政策的な配慮から、社会保険医療、社会福祉事業、学校の授業料なども非課税とされる。

　消費税は多くの取引段階で課税されるため、負担の累積が発生しうる。そこで、税額計算において、売上高にかかる消費税額から仕入高に含まれる消費税額を控除する仕入税額控除が行われる。これにより、消費税は各事業者が付与した付加価値に対する課税になる。また、消費税における仕入れには、原材料・商品の仕入れに加えて、建物・機械設備などの購入も含まれる。このように、固定資産の購入について減価償却分ではなく全額即時控除を認める付加価値税を、消費型付加価値税と呼ぶ。これは減価償却を必要としないため、耐用年数と償却率の決定、償却ベースのインフレ調整などの納税コストを回避できる。

　消費税の税率は現在一律 8％であり（国税 6.3％、地方税 1.7％分）、2017 年 4 月には 10％（国税 7.8％、地方税 2.2％分）に引き上げられる予定である。

　1.2（3）で述べたように、日本の消費税は付加価値に対して定率で課税するために税収調達力が相対的に高く、また税収が景気に比較的左右されにくい。これは増加する社会保障支出の財源としての適性とも読み換えられ、1999 年度からは予算総則においてその使途を基礎年金、医療もしくは介護に限定する「福祉目的化」が行われている。2014 年からの税率引上げに際しては、その使途を年金、医療、介護もしくは子育て支援に限定することとなった。

## 5.2　消費税改革の論点

しかし，消費税が抱える問題点も少なくない。

第1は，消費者が支払った消費税分の一部が政府に納税されずに事業者の手元に残る「**益税**」の問題である。益税は，中小事業者の事務負担を緩和して納税協力を得るために設けられた免税点制度と簡易課税制度からおもに生じる。

免税点制度のもとでは，課税売上高が1000万円以下であれば免税事業者となり納税は免除される。免税事業者は販売価格に消費税額を上乗せする必要がなく，仕入れにかかった消費税分を上乗せすれば損得はない。しかし実際は税額分を上乗せして販売することもあり，その差額は益税として事業者の儲けになる。

簡易課税制度は，課税売上高が5000万円以下の事業者について，仕入税額控除の税額を実際の仕入高から計算せずに売上高から推定することを認める制度である。小売業，製造業といった事業形態に応じて「みなし仕入率」（90％～50％の5区分）が定められている。これは簡便な方法であるが，実際の仕入高よりもみなし仕入率で計算した仕入高のほうが高額になれば，益税が発生する。

消費税の導入当初，免税点は3000万円，簡易課税制度の適用上限は5億円であった。制度は徐々に縮小されてきたが，問題は解消されていない。

益税の解消策として，インボイス方式の導入が有効だといわれる。日本の消費税は，帳簿と請求書に記載された仕入高をもとに仕入高に含まれる税額を算出する請求書等保存方式をとる。それに対して，ヨーロッパ諸国では，付加価値税の課税を行う事業者は，取引の際に税額を明記したインボイス（invoice）という文書を発行することが義務づけられ，控除される仕入税額はインボイスに記載された税額に限られる。インボイス方式は，税の次段階への転嫁を容易にし，売上の過少申告を防止できるうえ，免税事業者になるインセンティブを失わせる。免税事業者はインボイスを発行できず，免税事業者からの仕入れは税額控除の対象にはならないので，免税事業者が取引から排除されるからである。

第2は，所得に対する消費税負担率は高所得者よりも低所得者のほうが高いという，負担の**逆進性**の問題である。これは，低所得者ほど所得に占める消費の割合が高いために生じる。その解決策として，基礎的な消費財やサービスに軽減税率またはゼロ税率を適用する複数税率の導入が考えられる。しかし，軽減税率やゼロ税率の恩恵は高所得者にも及ぶうえ，適用する品目の定義が難しい。さらに，請求書等保存方式のもとでは複数税率を加味した税額計算は困難である。

> **Column ⑤　消費税における「益税」と「損税」**
>
> 　消費税においては「益税」が問題とされている。ただし，免税事業者や非課税取引を行う事業者は，仕入税額控除を行うことができない。そこで，仕入れに含まれる税額を販売価格に上乗せできなければ，事業者が消費税を実質的に負担してしまう。また，大企業に商品を納入する中小企業が，売上税額分を納入価格に上乗せできずに，本体価格の引下げを迫られて，やはり消費税を実質的に負担してしまうことがある。これらは「益税」とは反対の現象，つまり「損税」と呼ぶことができる。
> 　中小企業庁が 2002 年に行った「中小企業における消費税実態調査」では，売上高 1000 万円以下の零細事業者のうち，じつに 67％が「仕入・購入段階の消費税分のみ」もしくはそれ以下しか転嫁できていないと回答した。そのなかでも「消費税分はほとんど転嫁できていない」と回答した者が 46％に上った。
> 　「益税」とともに「損税」も無視できない問題である。

　逆進性対策としては，所得税に消費税相当額を税額控除する仕組みを設ける方法もある。たとえば，カナダの所得税には，付加価値税の逆進性対策という意味をもつ還付型税額控除制度が設けられている。ただし，日本の所得税制度は分離課税を多く含むため，個人の総合的所得を捕捉できていない。また，所得税申告者の激増による税務行政コストの増大など，検討すべき課題が多い。

　第 3 の問題は，社会保障支出の財源としての限界である。高齢者世代は，若年世代よりも所得格差や資産格差が大きい。また，公的年金の支給額には物価スライド制がとられるので，年金収入の多い高齢者は消費税増税の負担を年金受給の増額によってほぼ回避することができる。高齢者は今後も増加するので，社会保障支出の財源を消費税に過度に依存せず，高齢者世代のなかで所得格差や資産格差を是正できる租税体系を整備する必要性が指摘されている。

## 6　相 続 税

　資産を課税対象とする租税は，資産の保有段階で課税する資産保有税と，資産の移転時に課税する資産移転税に区別できる。
　資産保有税は，固定資産税のような保有資産に対する経常的課税と，臨時的な

資本課徴に区別される。日本では，第2次大戦期に累積した戦時国債を償還するため，1946年に「財産税」が課税されたことがある。

資産移転税は，死亡時の遺産相続に対する相続税と生前贈与に対する贈与税に区別される。相続税の意義は，富の過度の集中を抑制することである。相続人が偶然得た富に重課することは「機会の平等」の確保につながる。また贈与税は，生前贈与により相続税を回避する「抜け穴」をふさぐ補完税である。

1.2（4）でふれたように，日本の相続税は遺産税方式と遺産取得税方式の両方の要素を取り入れた法定相続分課税方式をとる。具体的には，第1に，相続される遺産総額を算出する。第2に，遺産総額から基礎控除などを差し引いて，それを法定相続人に法定相続分通りに按分し，法定相続人ごとに10〜50％の超過累進税率を適用して税額を算出する。第3に，その税額を合計して相続税総額を算出する。第4に，税総額を各相続人に実際に財産を取得した割合に応じて按分する。そのうえで各相続人の事情に応じて税額控除を行い納付額が決まる。

日本の相続税は，一部の資産保有層に軽い負担を求めているにすぎない。2011年度，死亡者数に占める課税件数は4.1％ときわめて低かった。法定相続人が配偶者と子2人の場合，課税価格に対する納付税額の割合は，課税価格が2億円の場合4.8％にすぎない。これは基礎控除の高さと税率構造による。2014年現在，相続税の基礎控除は5000万円に法定相続人1人につき1000万円を加えた金額である。1980年代のバブル経済時，地価急騰に応じて基礎控除は引き上げられ，税率は引き下げられた。その後，地価下落にもかかわらず基礎控除は据え置かれ，累進性は緩和されたままである。さらに事業用資産や小規模住宅に対する課税軽減措置が講じられ，相続税がもつ富の集中排除機能は後退した。

これに対して，相続税の基礎控除と税率構造を見直し，相続税の所得再分配機能を回復させようとする改正が提起された。その結果，2013年度税制改正において，15年から基礎控除を3000万円に法定相続人1人につき600万円を加えた金額とし，税率は最高税率を55％に引き上げることになった。

## 7　租税と社会保険料

社会保険料について，租税との異同を整理しておきたい。

まず，社会保険料の納入は法律上義務づけられており，滞納すれば強制的な徴

収が予定されている点で，強制性を特徴とする租税と類似している。また，社会保険料は，医療，年金，雇用などに目的が特定されるものの，社会保障政策の財源調達手段として機能する点で，目的税的な性格をもつ。

　それに対して，租税と社会保険料を分ける明らかな相違点は，対価性の有無である。第6章で述べたように，租税は，それを納めても特定の給付を受けられるわけではないという意味で，無償性を特徴とする。しかし社会保険料は，それを納めることによって保険給付の受給権が与えられるという意味で，一定の対価関係が存在する。租税は負担能力のない者も含むすべての者に権利としてサービスを提供する財源であるが，社会保険料はその負担能力がある者のみにサービス受給権を与えるのである。

　最後に，所得税と社会保険料（雇用者拠出分）の負担構造を比較する。第1は，賦課される所得の範囲の違いである。雇用者に課税される所得税は，給与所得のみならず，事業・不動産などの所得も合算して総合課税される。また，金融所得などには分離課税が行われる。それに対して，社会保険料の賦課ベースは主たる勤務先の給与に限定されており，資産所得・移転所得などには賦課されない。第2は，給与にかかる賦課ベースの違いである。所得税においては，給与収入から給与所得控除を差し引いて給与所得を求め，さらに各種の所得控除を差し引いたものが課税所得となる。それに対して，社会保険料の賦課ベースは給与収入であり，控除は行われない。第3は，賦課対象金額の上限の有無である。所得税には，課税所得の上限がない。それに対して社会保険料は，給与収入が一定額を超えると，超過した部分は保険料賦課対象にならない。第4は，税率と保険料率の構造の違いである。所得税が超過累進税率であるのに対して，社会保険料率は給与の多寡にかかわらず一定率である。

　このような制度上の相違により，所得税が累進的負担構造をもつのに対して，社会保険料は給与所得に対して軽度の逆進的な負担となる。資産所得などを含めた総所得金額に対する保険料負担はさらに逆進的なものとなる。

## Keyword

超過累進税率　総合課税　実効税率　益税　逆進性

## 参考文献

① 石弘光［2008］『現代税制改革史──終戦からバブル崩壊まで』東洋経済新報社
② 関口智・伊集守直［2006］「税制改革の将来構想」神野直彦・井手英策編『希望の構想──分権・社会保障・財政改革のトータルプラン』岩波書店
③ 住澤整編［2014］『図説日本の税制（平成26年度版）』財経詳報社
④ 三木義一［2012］『日本の税金（新版）』岩波書店
⑤ 宮島洋［1986］『租税論の展開と日本の税制』日本評論社
⑥ 諸富徹［2013］『私たちはなぜ税金を納めるのか──租税の経済思想史』新潮社

　①は終戦後からバブル崩壊に至る日本の税制改革の変遷を，その背景にある経済情勢の変化や，審議機関の議論を交えつつ解説している。②は，社会保障，地方分権，税制改革，債務管理などのトータルプランを論じる共同研究のなかで，税制改革の課題を提示している。③は，日本税制の解説書。各税目の仕組みを図表・統計を用いて詳しく解説し，国際比較も行っている。毎年度改訂される。④は，日本税制の仕組みをわかりやすく解説しており，初学者が日本の税制の仕組みを学ぶうえで参考になる。⑤は，現代における租税理論の展開と問題点をくわしく論じており，日本税制を論じるうえでも必読書である。⑥は，400年にわたる租税制度と租税思想の歴史を紹介し，税金を巡る国家・経済・市民の関係を明らかにしている。

## 演習問題

① 今日の日本の租税構造の特徴とそれが形成された背景を説明しなさい。
② 所得税が抱える問題点を説明しなさい。
③ 社会保障の財源として，消費税が注目される理由を説明しなさい。

※ 関口 智・根岸 睦人

# 第 8 章 公債

　現代財政における特徴の1つは，巨額の財政赤字の発生と**公債**の**大量発行**である。財政赤字と公債についての理解は，現代財政をとらえるうえで欠かすことができない。ただし，一般的に公債発行による政府資金の調達は例外的なものであり，その累積は多くの問題を引き起こすものとも考えられている。以下では，財政運営上正当化されにくい公債発行の特徴について整理するとともに，日本の公債にかんする政策動向を把握することを通じて，「租税のオプション」としての公債が現代財政において占める重要性について検討する。

## 1 現代財政における公債

### 1.1 公債の役割と分類
　公債とは，政府による借入であり，歳入不足が生じた際に発行されるものである。政府の歳入が主として租税によってもたらされることを考慮すれば，公債の償還財源は租税である。したがって，政府資金調達の側面からは，公債は「租税のオプション」としてとらえることができる。

　では，租税と公債の違いはどこにあるのか。第1に，租税が強制性を有するのに対して，公債は自発性を有する。すなわち，公債の購入者は自発的に行動しているため，政府は租税と比べて抵抗なく政府資金を調達することが可能である。さらに，強制性を有する租税を徴収する場合は納税者の消費を抑制する可能性があるが，自発性を有する公債発行は消費の減退を招かない傾向がある。

　第2は，臨時性である。恒常的に収入をあげる租税に対して，急を要する歳出をまかなうときは公債発行により資金調達が行われる。したがって，戦時（とく

に開戦直後）や災害時などには政府が公債を発行して資金を調達することが多い。

　第3は，負担と便益の関係である。政府の歳出による効果が長期にわたる場合には，租税で資金調達すれば，将来世代は負担をせずに歳出の便益を受けることになる。これに対し，公債発行によって資金を調達し，長期にわたって償還を進めれば，世代間の負担を平準化することができる。

　租税と比較して以上の特色を有する公債は，ほかにもいくつかの基準によって分類することができる。代表的なものとして発行目的による分類がある。日本であれば，建設公債か，赤字公債か，という区分である。まず，**建設公債**は，狭義には調達した資金を用いた事業で得た収益により元利償還することを前提にした公債であり，生産的公債と考えることもできる。さらに広義には，公債を発行して調達した資金を用いて道路のように社会的な生産力を拡充する公共施設をつくる際に発行する公債も，建設公債に該当するとされる。実際はこちらのほうが発行額は多い。

　これに対して**赤字公債**は，経常的経費に用いる資金を公債により調達するものである。日本の財政法第4条は「国の歳出は，公債又は借入金以外の歳入を以て，その財源としなければならない。但し，公共事業費，出資金及び貸付金の財源については，国会の議決を経た金額の範囲内で，公債を発行し又は借入金をなすことができる」と定めており，そこでは赤字公債は認められていない。

　建設公債が生産的公債であるのに対して，赤字公債は原則として非生産的公債とされている。しかし，経常的経費にも社会的生産力を拡充する財・サービスを供給するものはあるので，建設公債と赤字公債の区分は必ずしも明確ではない。

　他方，募集地による公債分類も存在する。国内で消化される公債は内債（国債であれば内国債），国外で発行される公債は外債（国債であれば外国債）である。一般に，国内の資金が十分に豊富であれば公債は内債中心に発行される。しかし，国内の資金が不十分であり，国外で発行することで公債費負担が軽くなる場合は外債が発行される。経済のグローバル化の進展とともに，そのような選択は増えている。

　外債は国外で発行されるため，外貨建であることが多い。したがって，外債は常に為替変動リスクにさらされる。さらに，内債と外債は，国際収支面からも違いがある。外債を発行することで，国内に資金が流入する一方，海外へ利子が流出することになる。さらに，歴史的には外債は国際収支危機を引き起こす一因と

> **Column ⑥　繰り返されるソブリン危機**

　2008年世界同時不況の契機となったのはサブプライム・ローン問題であった。世界中の資金がアメリカの中低所得者向け住宅ローン市場に流入し，住宅バブルを引き起こした後，リーマン・ショックとともに流出し，実体経済にも多大な影響を与えることとなった。こうした資金の流出入はその後ヨーロッパにおいても問題となっている。ポルトガル，アイルランド，イタリア，ギリシャ，スペインなどでは，国債市場からの資本流出が生じたのである。

　こうした国際間の資本移動による問題は，21世紀に入ってから始まったことではない。1990年代後半にはアジア通貨危機やルーブル危機が生じているが，その端緒は中南米諸国における累積債務問題であろう。70年代を通じて主として公企業に流入した資本は，2度にわたるオイル・ショックによる公企業の行き詰まりとアメリカの金融引締めの影響によって，大規模に中南米諸国から流出することとなった。

　以上の資金移動の根源をたどっていけば，ニクソン・ショックが1つの契機になっていることがわかる。戦後のブレトンウッズ体制のもとで維持されてきた金とドルの兌換制やドルと他国通貨の固定相場制が崩れたのが1970年代初頭であった。その後，急速に増加した国際間の資本移動は，中南米諸国に代表されるように政府部門（政府系金融機関への融資や長期債の購入など）への資金流入を招いたが，最終的にはデフォルトを引き起こしたのである。

　このような国際間の資本移動が生じる原因は，国内に有望な投資先がみつからないことにある。重厚長大産業が行き詰まり，新しい産業への投資が困難である結果として，租税資金の裏打ちがある政府部門への投資が増大する。国内の公債投資が頭打ちになれば，他国の公債への投資に移るのである。

　現在のようにソブリン危機が繰り返される状況は，投資すべき新しい産業がみつからないことに加えて，財政収支の悪化による公債発行が各国で進んでいることで生み出されているのである。

なってきた。外債の売却を通じた資金の引揚げが生じることで，当該国の対内通貨価値および対外通貨価値を不安定化させるとともに，実体経済にも大きな影響を与える可能性がある。

　さらに別の視点として，消化・引受方法によって公債を分類することもできる。第1の方法は，公債の購入者を公募する公募公債であり，競争入札方式で発行する方式と，シンジケート方式などの相対取引方式がある。前者は多数の者が参加

する市場メカニズムを追求するのに対して，後者は主要な購入者である主要金融機関に発行するものであり，公債の安定消化をめざして行われる。どちらの場合も，発行主体は購入者の欲する条件を重視しなければならない。

第2の方法は，中央銀行による引受である。中央銀行の引受は，多くの国で原則として禁止されているが，通貨発行権を有する中央銀行は，市中での消化と比較して，公債を引き受ける際の制約が少ない。その反面，中央銀行が公債を大量保有している場合には，公債価格の下落が生じた際に通貨価値の下落に結びつきやすい。したがって，発行主体である政府の意図通りに公債を引き受けないという中央銀行の姿勢と通貨価値の安定は密接につながっている。

以上のように公債には多様な分類方法があるため，公債の発行残高が増大する場合，その種類によって異なる影響があることが予想される。

### 1.2 公債累積の問題点

そもそも，公債の存在は必ずしも悪いものとしてとらえられてきたわけではない。主権者の借入や公債発行については，楽観論と悲観論が並存してきた。悲観論の立場をとる古典派的公債政策思想は，財政支出が生産的ではないという財政観に裏づけられたものである。他方，ディーツェル（C. Dietzel）に代表される反古典派的公債政策思想においては，国家の活動に生産性を認めることで公債を正当化する観点を見出すことができる（池田［1991］77～80, 195頁）。

しかし，公債で調達した資金による社会資本の整備と経済成長が結びつかないと判断されれば，楽観論よりも悲観論が優勢となろう。市中に資金が存在し，その資金を政府部門よりも民間部門が活用することで高い経済成長に結びつくということを前提にすれば，公債は経済成長にとっての障害とみなされる。公債発行による資金調達を，民間投資に回すべき資金を吸収してしまうことだと考える傾向が強くなるのである。

こうした見方の代表例として**クラウディング・アウト**論がある。クラウディング・アウトは，本来民間部門が使用すべき資金を公的部門が吸収することで，民間部門の資金が不足することをさす用語である。この議論は，完全雇用，すなわち労働市場の需要と供給が一致している状態を前提としている。クラウディング・アウト論は，こうした状況で追加的に投資する主体が政府部門か民間部門かによって異なる影響が出るものと考える。その判断基準は金利が上昇するかどう

かである。すなわち，本来民間部門が調達するはずの資金を政府部門が調達した結果，市中の資金が減少して，金利が上昇してしまう。そのために民間部門の資金調達コストが増大して，財の供給や需要が減少すれば，経済成長は鈍化する。公債が累積している状況であれば，市中における資金が減少しており，こうしたクラウディング・アウトが生じやすい環境だといえる。

　金利の変動による財政運営に対する影響としては，利払い負担の変化もあげることができる。利払い費は原則として公債残高と公債利回りの積によって決まる。したがって，利回りが一定であれば，公債残高が増大することは利払い費の増大を意味する。金利が低下して公債の利回りも低下していけば必ずしも利払い負担は増加しないが，金利上昇局面では利払い費が増大する。利払い費の変化は通貨価値の変化によっても生じる。とくに，インフレ局面では公債残高の実質価値は減少するため，利率が一定であれば利払い費の実質額も減少する。

　さらに，世代間の負担移転を巡る論点も存在するが，この点については何を負担ととらえるかによって見方が異なる。ブキャナン（J. M. Buchanan）によれば，個人の効用や利用可能な資源が強制的に減少させられることを負担としているため，現在世代が自発的に公債を購入することは負担と考えられない。しかし，将来世代は公債の償還財源を租税によって徴収させられるため，負担が生じることになる。ほかにも，各世代全体の生涯消費が減少することを負担ととらえるボーエン（W. G. Bowen）らや，民間投資の減少によって将来所得が減少することを負担と定義するモディリアーニ（F. Modigliani）も，将来世代に負担が転嫁されるという立場をとる（永廣顕［2005］「公債と公債管理政策」金澤史男編『財政学』有斐閣，137～138頁）。

　他方，ハンセン（A. H. Hansen），ラーナー（A. P. Lernar）らのケインズ派は，完全雇用下での内国債を発行する際には，租税であろうと公債であろうと民間部門から公的部門への同世代内での資金移転という点で同じであると考えている。さらに，元利償還を受ける公債保有者とその財源となる租税の納税者は同一世代に属するため，所得再分配が生じるだけであり，将来世代へ負担が転嫁されているとはみていない（前掲永廣［2005］137頁）。

　こうした見解については，リカード（D. Ricardo）が同世代内の資金の移転としてとらえていた。公債発行，元利償還，償還のための租税の徴収は，公債の購入者と納税者との間で資金の移転を発生させる。この問題は所得階層間の資金移転

を招く可能性がある。ただし，公債発行と公債償還が同一世代内で行われれば，公債発行による資金調達であろうと租税による資金調達であろうと国民全体の購買力は一定に保たれるという見方であり，これは「中立命題」と呼ばれる。

同一世代間の中立命題に対して，バロー（R. J. Barro）は世代の枠を超えても中立命題が成立する可能性があることを示した。公債発行による資金調達は租税の前取りであると考えることができる。したがって，その償還のための租税の調達を，公債発行をした世代で行わなければ，購買力が世代を超えて移転する可能性がある。というのも，公債を発行した世代が後世代のために資産を残すことによって，課税される後世代の購買力が保たれるためである。このような考えに立てば，公債発行による経済の安定化は説得力を失うこととなる。

公債については，財政民主主義の観点からも考慮すべきであろう。財政民主主義に則って考えれば，納税者は代表者を通じて財政運営に関与する。公債の負担が後世代に影響を及ぼすとすれば，後世代は負担をするにもかかわらず，公債発行時の決定に関与できないこととなる。

では，こうした問題は日本ではどのようにあらわれてきたのだろうか。

## 2　日本の財政赤字と累積債務

### 2.1　日本の累積債務

戦後の日本において，高度成長末期までは国債発行が抑制された。前述の通り，財政法第4条は公債不発行主義を掲げる。高度成長期には政府は赤字国債に否定的であり，国債発行残高は相対的に低位にあった。しかし，赤字国債の不発行主義のもとでも公債発行残高は増加しうる。そもそも財政法第4条第1項の但書きは「公共事業費，出資金及び貸付金の財源については，国会の議決を経た金額の範囲内で，公債を発行し又は借入金をなすことができる」としている。これは，公債政策において景気安定化が考慮されうる証左といえよう。

このように赤字国債の発行を控える一方で，実際，高度成長期にあっても建設国債の発行残高は増大した。それは都市部を中心に社会インフラ（道路や上下水道，港湾など）の整備が進められた時期と重なる。耐用年数の長い社会インフラは，その便益が後世まで続く。ただし，整備期間は特定の時期に集中する。したがって，公債の特徴である負担の平準化は，社会インフラの整備財源として公債

を選択する際に正当性を有するものであった。

　他方，高度成長の初期には地方債や政府保証債も増大していたが，その理由も建設国債と同じである。社会インフラの整備は国による事業だけでなく，地方自治体や財政投融資の対象機関（財投機関）による事業も含まれていた。多様な社会インフラの整備主体が発行する公債も，この時期に増大したのである。

　しかし，こうした状態は長続きしなかった。1965年度補正予算において公債不発行主義は放棄され，71年のニクソン・ショック，73年のオイル・ショックを経て，国債発行残高は飛躍的に増加した。景気の停滞により，一方で税収が落ち込むとともに，他方で景気対策として積極的な財政支出拡大策がとられたため，建設国債だけでなく，75年度からは赤字国債の発行をも余儀なくされたのである。赤字国債の発行は，毎年度特例法の制定を必要とした。

　その後，高度成長から低成長への移行期は，国民皆保険・国民皆年金が成立した後，社会保障制度が整備された時期であり，中長期的に続く歳出増という一般会計への圧迫が顕在化する時期でもあった（武田隆夫・林健久編［1986］『現代日本の財政金融 Ⅲ』東京大学出版会，145～146頁）。

　ただし，1980年代には一時的に財政収支の改善がみられた。いわゆるバブル経済は，国庫に対しても自然増収をもたらしたのである。歳入面での改善により，90年度から数年間は赤字国債を発行せずに予算を編成することが可能であった。

　その反面，オイル・ショック以降，大量に発行された国債は金融面の影響も大きかった。国債の大量発行と国債市場の流動化の結果，市場取引によって国債価格が決定されるようになったのである。国債利回りが市場取引によって決まるようになると，それまでの日本の規制金利体系は崩れた。規制金利体系のもとでの国債消化は成立しなくなるとともに，関連する金融体系も大きく変化した。なお，財政投融資資金はこの時期に公債の保有を進めており，それにより公債発行・消化が可能となったのである（山田［1990］173～177頁）。

　こうした傾向は1990年代に入るとさらに加速することになる。この理由は，バブル経済の崩壊を受けて，政府が94年度から再び赤字国債を発行せざるをえなくなったためである。景気の低迷による歳入減少の反面，積極的な財政出動を実施した結果，公債の発行残高は増加した。その結果，国債の流通市場も拡大し，利回りは市場動向の影響を受けるようになった。

　しかも，この変化は一時的なものではなく，その後の財政運営を特徴づけるも

のになった。経済の長期停滞は切れ目のない経済対策のなかで積極的な財政出動を必要とした。加えて，高齢化に伴う社会保障関係費の増大は構造的な財政赤字の要因となった。

他方，積極的な経済政策は地方公共団体を巻き込みつつ行われた。大規模な公共事業を地方自治体が実施することで，地方債の発行残高は飛躍的に増大した。公共事業による地方債の累積は後年の財政硬直化に結びつく可能性があったが，後年度の地方交付税加算が一部約束されていた。したがって，この時期の地方債累積は国の政策が主導していたといえる。

ただし，こうした状況は長続きしなかった。金融自由化の進行により，1990年代には財投資金の公債保有が増大すると同時に，財政投融資自体の改革も進められた。第11章で述べるように，2001年の財投改革により，財投機関の市場での資金調達や原資機関の金融市場での運用が行われるようになった。それにより，政府は公債消化に財投を活用しにくくなった（富田［2001］224～229頁）。

その結果，公債市場の市況を考慮する必要性がいっそう増してきた。市場のニーズをふまえた公債を発行・管理しなければ，円滑に消化できないだけでなく，利払い費の増加や経済の不安定化にも結びつく可能性がある。そこで「市場との対話」が行われるようになった。財政当局と主要な公債保有者が対話を行って巨額の公債を適正に管理する途が模索されたのである。

さらに，2004年，プライマリー・ディーラー制度が導入され，国債発行額の一定割合について指定した金融機関が落札するようになった。他方で，06年，シンジケート団引受が廃止された。この変化は，公債を市場消化し，公債管理が市場利回りの影響を受けるようになった結果である。しかし，市況の影響を強く受ける公債管理は，安定した財政運営を困難にするおそれがある。

こうした財政当局側のリスクを抑えるためには，超長期債市場の育成が必要となる。そもそも年金資金の運用など超長期資金の運用先が限られているなかで，超長期債には市場からのニーズがあると考えられる。多様な投資需要に対応しながら，安定した政府資金の調達という目的を達成しようとすれば，超長期債市場への参加者を増やし，市場を育成しなければならない。

ただし，超長期債には特有のリスクがある。一般に，償還期間が長い公債はデフォルト・リスクなどが高いために利回りも高くなるのに加えて，通貨価値の大きな変化は公債投資のリスクとなる。その効果的な対策としては，物価連動債な

どの発行が考えられる。元本が物価に連動した債券は通貨価値の急激な下落にも対応するため，超長期債の安定消化が可能になるのである。

公債保有者の多様化も，公債市場を育成するうえで重要な課題である。従来は大口の公債保有者ではなかった個人投資家や海外投資家の公債保有促進は，市場の安定消化に資する面がある。ただし，海外投資家の公債保有促進には「内債か外債か」という問題がある。利払い費は国外への資金移転であると同時に，財政当局は世界的な資金循環状況に対応する必要がある。財政当局は，公債市場の参加者が多様になることを期待しつつ，問題を見極めなければならない。

なお，近年，赤字国債の根拠となる単年度の特例法は政局の材料とされてきた。そのため，2012年に「財政運営に必要な財源の確保を図るための公債の発行の特例に関する法律」が制定され，12年度から15年度まで，すなわち複数年度の赤字国債発行が1つの法律で根拠づけられている（浅羽［2013］39頁）。

### 2.2　金融緩和のもとでの公債累積

公債の累積については，金融政策の動向も重要である。財政硬直化の原因となる利払い費は，公債残高とともに金利動向にも影響を受けるからである。日本では1980年代からの金融自由化により金利が低下傾向にあったのに加えて，90年代末から量的緩和政策が展開された。日銀は日銀法の改正により法的独立性を増す一方で，積極的に国債を買い入れることで低金利を実現してきた。

これにより，日本では国債残高が増大する一方で，国債の利払い費は抑制傾向にあった。国債の発行残高は急増しつづけているものの，表8-1に示したように，一般会計に占める国債費の割合は20％台前半のまま推移しており，財政の硬直化は必ずしも直線的に進んでいるわけではない。

他方，公債の累積と国際収支との関係も，検討が必要である。2011年以降急激に拡大している貿易収支の赤字は，経常収支の悪化要因であるが，他方で所得収支黒字も増加しつつある。所得収支黒字は日本から海外に向けた投資の成果である。こうした状況は，為替レートとも密接な関係がある。円高になれば日本への資金還流が進むが，円安になれば海外への投資が進む可能性がある。円安により海外投資が進めば，結果的に所得収支黒字が増えることになろう。

しかし，海外への投資は国内の資金が海外へ流出することを意味する。内債が国内貯蓄を活用するものと考えれば，それだけ内債の発行条件は悪化する。さら

表8-1 国の一般会計における公債残高および国債費

(単位:億円, %)

| 年　度 | 公債残高 | 対GDP比 | 国債費 | 歳出構成比 |
|---|---|---|---|---|
| 1970 | 28,112 | 3.7 | 2,870 | 3.5 |
| 1980 | 705,098 | 28.4 | 54,916 | 12.7 |
| 1990 | 1,663,379 | 36.8 | 143,142 | 20.7 |
| 2000 | 3,675,547 | 72.0 | 214,461 | 24.0 |
| 2010 | 6,363,117 | 132.5 | 195,439 | 20.5 |
| 2012 | 7,050,072 | 149.2 | 210,107 | 21.6 |

注:いずれも決算時の数値。
出所:財務省「財政関係基礎データ」(2014年2月)の「一般会計公債発行額の推移」,
　　　財務省「昭和42年度以降主要経費別分類による一般会計歳出予算現額及び決算額」。

に，公債の発行残高が増大すれば公債管理はよりいっそう困難になる。国内に滞留する資金は国際収支の影響を受けるため，グローバル化が進むなかでは，公債管理も国際間の資金循環を意識したものにならざるをえない。

### 2.3　財政赤字と公債残高増大の要因

公債残高の増大は，財政赤字を出しつづけた結果である。したがって，本質的には財政赤字が続く構造を問うことが重要である。日本財政の特徴は，ヨーロッパ諸国と比較して租税負担率が低いことである。それは，福祉の社会化による財政需要の増大に対して十分な資金を供給できていないことを示す。租税で資金を調達できなければ，不足する政府資金を公債で調達しなければならず，結果として，図8-1に示したように，公債残高が増大しているのである。

さらに，他国と比べて大規模な公共投資を続けていることも，日本の特徴である。1990年代までは財政投融資を利用して大規模な公共投資が続けられてきた。2000年代に入り，公共事業は減少傾向にあったが，近年は再び大規模な公共事業が実施され，その結果として，建設公債も大量に発行されており，公債の累積を助長している。これは，基礎的社会インフラの整備が終了した後に公共事業が減少した他国とは異なる動向である。

より構造的な問題点として，人口動態の急激な変化がある。他国よりも急速に進行した少子高齢化は，社会保障給付を急増させる一方で，その財源調達の困難化をもたらした。社会保障関係費は1990年代以降急激に増加しており，その資

図8-1 公債発行残高の推移（対GDP比）

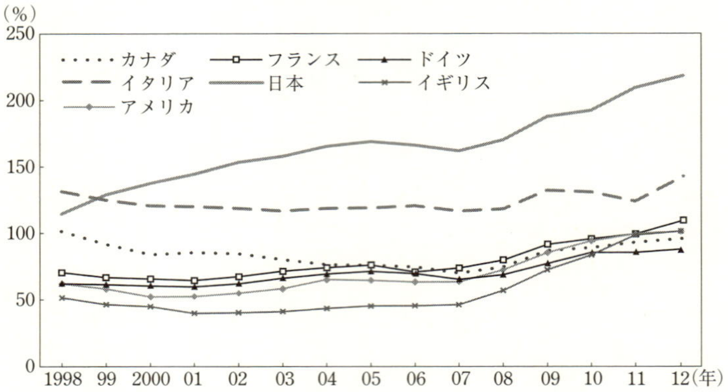

注：2009～12年は予測値。
出所：*OECD Economic Outlook No.94* [2013] より作成。

金調達は租税の賦課よりも公債発行に依存している。人口動態の変化と社会保障関係費の増大は，公債残高が累積する要因となったのである。

## 3 財政再建に向けて

### 3.1 財政再建の手法

以上のような問題点を抱える公債のストックを減らすためには，フローである財政収支を改善しなければならない。それには増税もしくは歳出削減が必要であるが，公債の累積が著しい場合，単年度の財政収支改善では不十分である。そこで，中長期的な財政収支の改善が求められるが，その手法のうち代表的なものがプライマリー・バランス論である。プライマリー・バランスは，利払い費を除く歳出と経常的歳入との収支である。それは，一般会計の歳出を新規の借入に頼らずに調達した資金でまかなうことを前提とした財政指標である。

ただし，プライマリー・バランスが黒字であっても，公債残高が増加することもある。すなわち，公債残高と公債利回りの積である利払い費がプライマリー・バランスの黒字額よりも大きければ，新たな公債発行が必要になる。したがって，プライマリー・バランスの黒字化は財政再建の途中段階であり，実際にはその黒字額が利払い費を上回らなければ公債残高の減少には結びつかない（貝塚編

［2005］162～163 頁)。

　他方，EU は財政収支目標値を設定することで，公債残高の増大に歯止めをかけようとしてきた。共通通貨ユーロを用いる諸国では，各国が独自の通貨発行権をもたないので，政府は中央銀行引受を原則として実施できない。したがって，ある国の公債発行が増えすぎれば，中央銀行引受を行う国と比べて，早い段階で返済不能に陥る。その影響は同じくユーロを用いる諸国へ広がるため，事前に財政収支目標値を設定して財政赤字を抑制しようとしているのである。

　また，個別の裁量的経費の増大を抑制することで財政収支を改善する取組みもある。たとえばペイ・アズ・ユー・ゴー原則では，歳入減もしくは歳出増を招く政策を新たに行う場合，増税か他の歳出削減を行わなければならない。

　上のように財政運営を実施する行政内部の管理を厳格化する方法ではなく，外部効率性を高めることで財政収支の改善をはかる方法もある。その代表的な例が財政責任法の制定である。財政責任法は財政の見通しなどを作成させるとともに，その情報を広く公開することを義務づける。情報公開により財政運営の透明性を高め，その結果として財政再建にかんする理解も深まる。

　ただし，財政運営の情報を公開するだけで財政再建が効果的に進むとは限らない。そこで財政責任法を制定する国の多くは，財政収支の改善のために財政収支目標値の設定やペイ・アズ・ユー・ゴー原則を併用している。財政収支にかんするルールを設定して行政内部の効率性を高めるとともに，財政情報を公開することで行政外部の効率性を高め，財政再建を進める取組みだといえる。

　財政再建の方法による効果を計測した研究のうち代表的なものは，アレシナ＝ペロッティによるものである（A. Alesina and R. Perotti［1996］"Fiscal Adjustments in OECD Countries: Composition and Macroeconomic Effects," *NBER Working Paper*, No. 5730)。この研究は，財政健全化を進める際に，増税よりも歳出削減に頼った国のほうが財政再建に成功していることを実証的に示した。すなわち，政府部門の規模を拡大させるよりも縮小させるほうが財政再建を進められる，と考えられたのである。こうした方針は，多くの先進国で進められる財政再建とも共通している。

　ただし，アレシナ＝ペロッティの研究結果についても考慮すべき点は残っている。この研究は複数の先進国を対象に，異なる時期について，財政再建が進められた方法を歳入面と歳出面の動向から分析したが，その際に各国がおかれていた

状況を必ずしも配慮できていない。すなわち，社会保障関係費と関連する人口動態や金利動向など，費用の削減可能性に影響する要素までは考慮されていない。したがって，この研究結果から財政再建は歳出削減を中心とすべきだという評価を直ちに導けるものではない。

### 3.2 「財政健全化」の可能性

　構造的に増大する財政赤字に対して，「財政健全化」を進めるのは容易なことではない。日本政府は2013年に「中期財政計画」を作成し，財政健全化目標として，国・地方のプライマリー・バランスの目標値を設定している。15年度までに10年度に比べてプライマリー・バランス赤字の対GDP比を半減させ，20年度までに黒字化することをめざしている。しかし，上で述べたように公債は財政政策と金融政策の両面を考えなければならず，プライマリー・バランスの黒字化は財政収支改善の一面をあらわしたものにすぎない。

　歳出削減はサービスの水準を低下させるので，中期財政計画は以下の3点に留意しながら，歳出の重点化と効率化を進めて財政赤字を削減するとしている。第1は，投資効果の高い社会資本整備である。ただし，そこにあげられたのは，国際競争力の向上や地域活性化など，経済活動を直接促進するものに加えて，「国土強靱化」のように直接的には経済活動に結びつかないものも含まれており，必ずしも従来の公共事業と違わない。第2は，社会保障関係費の水準を抑制する方針である。しかし，社会保障関係費の増大は人口動態および家族形態の変化など，中長期的な社会構造の変化によって規定されてきたものである。したがって，その水準を抑制することは，必然的に新たな社会構造の変化をもたらす。具体的には，福祉の社会化を再び家族に戻す動きである。こうした変化は新たな社会問題の温床となりうる。第3は，地方財政対策の平常化である。リーマン・ショック以降の危機対応策として地方交付税は増額されていたが，平常時の水準へ戻す方針がとられようとしている。ただし，景気対策は慢性化しており，いまだに正常化する見通しが立っていないのが現状である。

　このように日本において財政再建が進まない原因はどこにあるのだろうか。歳出面では，家族構成の変化と少子高齢化が同時に進行し，社会保障関連費の増大が避けられないという構造的な要因が考えられる。さらに，もう1つの主要な費目である公共事業関係費も，削減するのは容易ではない。大都市圏への人口移動

とともに衆議院選挙の1票の格差は是正されてきたが，非大都市圏の利害を反映する参議院選挙における1票の格差は残っている。結果として，公共事業を重視する非大都市圏の利害を反映しなければ政情が不安定になる状況がつくられている（井手英策［2012］『財政赤字の淵源』有斐閣，207〜210頁）。

歳入面での改善も今後の課題である。従来，増税による財政再建が困難であった背景には，財界による法人所得への減税圧力や，所得課税の減税財源としての消費課税という点があった（前掲井手［2012］225頁）。したがって，増税による増収に財政再建の効果を期待することは，政治の現状をみると難しいといえよう。

加えて，近年の税制改革においては，社会保障関係費の増大に対応する資金として消費課税の強化が主張されてきた。しかし，消費課税の強化は，景気への影響や逆進性などから国民の反発が強い（池上岳彦［2014］「日本財政の展開」片桐正俊編『財政学（第3版）』東洋経済新報社，71頁）。財政再建のための財源としてはなお検討の余地があるだろう。

公債の問題は，その対象が財政政策にとどまらず，金融政策や経済のグローバル化と密接に結びつきながら展開している。公債発行およびその管理は，政治，経済，社会のミッシングリンクである財政現象としてとらえながら，考察する必要がある。

**Keyword**
公債の大量発行　建設公債　赤字公債　クラウディング・アウト　プライマリー・バランス

**参考文献**
① 浅羽隆史［2013］『建設公債の原則と財政赤字——厳格な発行ルールと巨額財政赤字』丸善出版
② 池田浩太郎［1991］『公債政策思想の生成と展開』千倉書房
③ 貝塚啓明・財務省財務総合政策研究所編著［2005］『財政赤字と日本経済——財政健全化への理論と政策』有斐閣
④ 富田俊基［2001］『日本国債の研究』東洋経済新報社
⑤ 山田博文［1990］『国債管理の構造分析——国庫の資金繰りと金融・証券市場』日本経済評論社

　①は，日本の公債制度の核としての建設公債の変遷を考察することで，国および地方公共団体の財政赤字増大の原因を明らかにしている。②は，17世紀における官房

学的財政論から現代に至るまでの公債政策思想について幅広く紹介しており，公債を巡る思想の変遷を知る手がかりとなる。③は，財務省財務総合政策研究所の「財政を巡る諸問題に関する研究会」報告書をもとに，日本の財政赤字の原因から財政再建の手法までを包括的に紹介する。④は，1990年代を中心に日本の国債市場の特徴について，当時の国内外の金融状況や市場関係者の実務の細部まで紹介しながら検討している。⑤は，日本における国債管理の構造を分析し，戦後の公信用の動態を解明している。日銀と資金運用部資金の役割について理解を深めることができる。

### 演習問題

① 公債が累積することの問題点を3点あげて，それぞれ説明しなさい。
② 日本の財政赤字増大の要因について説明しなさい。
③ プライマリー・バランスの改善を通じた財政再建が成功する条件について説明しなさい。

❖ 水上 啓吾

# 第 9 章 政府間財政関係

## 1　中央政府と地方政府の政府間財政関係

### 1.1　政府間財政関係とは

　第1章で取り上げられているように，財政の主体は中央政府，地方政府，社会保障基金政府という3つの政府によって構成されている。そうした複数の政府の間に形成されている財政上の関係を政府間財政関係という。本章では，政府間財政関係のなかでも基軸的な関係である中央政府と地方政府の政府間財政関係に焦点をあてる。中央政府と地方政府との役割分担や税源配分など，政府間財政関係上の諸問題について，その理論と実際を各国の制度に言及しつつみていく。また，1980年代以降，地方分権化が世界的な潮流になっており，各国で政府間財政関係の再編が進んでいるが，地方分権化の意義について整理する。

### 1.2　連邦制国家と単一制国家

　中央政府と地方政府によって構成される多層的な政府体系を分類する際に，その国の主権をどの階層の政府が留保しているかに着目した区分として，連邦制国家と単一制国家という区分がある。主権が州や邦などの地方政府に留保されている国が連邦制国家であり，アメリカ，カナダ，ドイツなどが含まれる。連邦制国家は，州がまずあり，その集合体として連邦政府が成立している。州は内政にかんする広範な権限を有している。アメリカのように州がそれぞれに憲法を制定している国が多い。連邦制国家では，財政上の権限についても連邦と州がそれぞれに行使しており，州ごとの税財政制度，とくに州政府と地方政府（郡，市町村）

の権限・事務配分,税制などの多様性が目立っている。これに対して,中央政府が有する主権を地方政府に付与しているのが単一制国家であり,日本,フランス,イギリス,スウェーデンなどが含まれる。単一制国家においては,一般的に連邦制国家と比べて地方政府の役割は限定的である。ただし,日本やスウェーデンのように地方政府が大きな役割を担っている国もある。

### 1.3 政府間財政関係を特徴づける概念

中央政府と地方政府の政府間財政関係を特徴づける概念として,図9-1に示したように,「集権／分権」「集中／分散」「融合／分離」という概念がある。まず,「集権／分権」という軸は,権限の所在に着目した分類である。集権とは,中央政府に地域レベルの行財政にかんする多くの権限が集中しており,中央政府が地方政府の意思決定に広範な制限を設けている関係をいう。一方,地方政府が広範な決定権を有し,中央政府による制限から自由に意思決定できる関係を分権という。次に,「集中／分散」という軸は,中央政府と地方政府との間における事務の配分を財政支出の量的な側面に着目してとらえた分類である。中央政府が多くの事務を行い,一国の財政支出のうちおもに中央政府が支出している場合に集中という。一方,地方政府が多くの事務を担い,一国の財政支出のうちおもに地方政府が支出している場合を分散という。

「集権／分権」「集中／分散」という2つの軸を組み合わせて各国の政府間財政関係を類型化すると,日本の政府間財政関係は「集権的分散システム」であるといえる(神野［1998］)。表9-1に示したように,日本の地方歳出の比重はイギリス,フランスを大きく上回り,さらには連邦制国家であるアメリカよりも大きい。日本の地方政府は国際的にみても多くの事務を執行しているのである。しかし,事務の執行や地方税にかんする地方政府の決定権は制約されている。つまり,日本の政府間財政関係は,中央政府に決定権が集中しているが,事務を執行するのは地方政府であるという「集権的分散システム」になっている。これに対して,広範な決定権をもつ地方政府が,それを行使して多くの事務を行っているスウェーデンは「分権的分散システム」に分類できる。

政府間関係を「集権／分権」「融合／分離」という2つの軸によって整理することもできる。「集権／分権」という軸の意味は上で述べた通りである。「融合／分離」という軸は,事務を執行するうえでの中央政府と地方政府との分担の仕方

図9-1 政府間財政関係を特徴づける概念

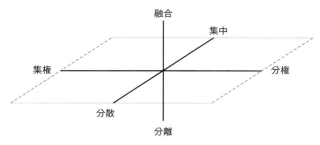

出所:著者作成。

表9-1 地方財政(歳出・税収)と財政移転の規模(2012年)

(単位:%)

|  | 連邦制国家 | | 単一制国家 | | | |
|---|---|---|---|---|---|---|
|  | ドイツ | アメリカ | フランス | 日本 | スウェーデン | イギリス |
| 地方歳出(純計) | 70.7 | 47.1 | 38.9 | 63.6 | 58.8 | 28.5 |
| 地方税収 | 49.1 | 46.1 | 28.1 | 42.0 | 41.9 | 6.0 |
| 財政移転 | 49.7 | 12.5 | 23.1 | 59.0 | 39.9 | 24.7 |

注:1) 地方歳出は,地方歳出が中央歳出と地方歳出の合計に占める割合。純計額は総歳出からその他経常移転(支払)を控除して算出。
2) 地方税収は,地方税収が中央税収と地方税収の合計に占める割合。
3) 財政移転は,中央政府のその他経常移転(支払)が中央歳出に占める割合。
4) 連邦制国家の地方分には州政府を含む。
出所:OECD [2014] *National Accounts of OECD Countries, General Government Accounts 2013* より作成。

に着目した分類である(西尾 [2007] 9~10頁)。中央政府の事務と地方政府の事務が明確に区分されている場合を分離という。中央政府の事務は中央政府の機関が執行し,地方政府の事務は地方政府の機関が執行するので,中央政府が地域的に事務を執行する場合は出先機関を設置して行う。一方,中央政府と地方政府の事務が明確に分かれておらず,地方政府が中央政府の事務も執行している場合を融合という。地方政府は中央政府の出先機関としての役割も果たし,地方政府の事務に加えて中央政府から委託された事務も執行する。

「集権／分権」「融合／分離」という2つの軸を組み合わせて政府間関係を類型化すると,連邦政府と地方政府(州政府および下層の地方政府)との間で事務が区分されており,加えて事務の執行における決定権を地方政府(とくに州政府)が有しているアメリカやカナダは「分権・分離型」に分類される。一方,中央政府

## Column ⑦　アメリカにおける州税制の多様性

　中央政府と地方政府との関係が分権的な国では，集権的な国に比べると地方政府の税財政制度の多様性が目立つ。ここでは，アメリカの州税制について紹介する。

　州の主要な税目として個人所得税，一般売上税，法人所得税があげられるが，すべての州が同じ税目を課税しているわけではない。アラスカ州，フロリダ州，ネヴァダ州，サウスダコタ州，テキサス州，ワシントン州，ワイオミング州の7州は個人所得税を課税しておらず，アラスカ州，デラウェア州，モンタナ州，ニューハンプシャー州，オレゴン州の5州は一般売上税を課税していない。ネヴァダ州，サウスダコタ州，テキサス州，ワシントン州，ワイオミング州の5州は法人所得税を課税していない。

　また，同じ税目についてもその課税客体や税率等は州によって異なる。この点を個人所得税についてみると，課税標準については，連邦政府の個人所得税の調整総所得あるいは課税所得を基礎として算出する州が多いが，その場合でも各州が独自の調整を行っている。ニュージャージー州やペンシルベニア州等の7州は連邦政府の個人所得税とは独立に課税所得を定めており，そのなかでニューハンプシャー州とテネシー州は利子・配当所得のみに限定している。税率構造については，比例税率を採用している州が9州，残りの34州が累進税率を採用している。累進税率を採用している州のなかでもブラケット数や税率水準は各州で異なっており，最高税率が最も低い州はノースダコタ州 (3.99%)，最も高い州はカリフォルニア州 (13.3%) である (2013年1月時点)。

　このように課税している税目や各税の仕組みを州ごとに決めているため，各州の税収構成や税負担水準・配分もまた大きく異なっている。税収構成についてみると，オレゴン州，ヴァージニア州，ニューヨーク州，マサチューセッツ州では個人所得税が州税収入の5割以上を占めるが，ワシントン州，フロリダ州，サウスダコタ州，テネシー州，ネヴァダ州，テキサス州では一般売上税が州税収入の5割以上を占めている (2012年度)。

　連邦制国家であるアメリカでは，州の課税権が強い。強力な課税権を活かして各州が独自の税制を構築しているのである。

＊ The Council of State Governments [2013] *Book of the States 2013*; U.S. Census Bureau, *State Government Finances: 2012* を参照。

---

に権限が集中しており，また中央政府に委託されて地方政府が執行する事務も多い日本やフランスは「集権・融合型」に分類される。

## 1.4 地方分権化の潮流

一国の財政が中央政府と地方政府から構成されるとして，そのなかでは地方政府に比べて中央政府の役割（規模）が大きくなる歴史的な傾向があるという指摘がある。第5章で取り上げられているように，ワイマール・ドイツ期の財務官僚ポーピッツ（J. Popitz）は，この傾向を「法則」と呼んだ（ポーピッツの法則）。また，第2次世界大戦後，イギリスの財政学者であるピーコック（A. T. Peacock）とワイズマン（J. Wiseman）は，20世紀前半のイギリスにおいて，2度の世界大戦を契機として財政支出と税収の両面で規模が飛躍的に膨張する「転位効果」とともに，中央政府の役割が高まる「集中過程」が生じたことを指摘した。社会保険の充実と完全雇用を目標とした財政政策，全国的に一定水準の行政サービスなどの課題に対応できるのは中央集権的な財政システムだと考えられたのである。

しかし，1980年代以降，地方分権化の方向に政府間財政関係を再編する地方分権改革が各国で課題となっている。**地方分権化**とは，地方政府の権限と財源を拡充し，地方政府が自らの決定に基づいて地域社会のニーズに応じた役割を果たせるようにすることである。80年代初頭から地方分権改革を進めてきたフランスでは，2005年には中央政府から広域地方政府（デパルトマン，レジオン）に権限が移譲され，社会福祉，医療，交通，教育，地域開発における広域地方政府の権限が拡大した。また，日本では地方自治体が国の機関として執行する機関委任事務が2000年の地方分権一括法により廃止され，さらに06年度税制改正により中央政府から地方政府への税源移譲（所得税の一部を個人住民税に移譲）が行われた。

各国で地方分権改革が課題となっているおもな背景として，第1にグローバル化がある（池上［2004］）。多くのヒト・モノ・カネが国境を越えて自由に移動するグローバル化が進行すると，各国の政府に対して資本の獲得をめざして法人税や資本所得税を軽減する租税競争あるいは産業基盤となるインフラ整備や科学技術研究支援を行うよう求める声が高まる一方，財政を通じた景気対策や租税回避への対応といった面では国際的な政策協調も求められる。そこで，中央政府にはそれらの国際的な課題に集中して取り組むことが求められる。第2は市場化である。1970年代以降，高度成長から低成長へと移行し財政赤字が累積すると，公的部門の民営化や規制緩和を求める市場化の圧力が高まった。「小さな政府」を実現する手段として地方分権化が位置づけられ，地方政府間の競争や地方政府の中央政府からの自立を促すことによって財政運営の効率化がめざされた。第3は

少子・高齢化の進展である。保育，医療，福祉，介護等の対人社会サービスに対する需要が高まり，その供給主体としての地方政府の権限と財源基盤の強化が求められている。

## 2 政府間財政関係の理論と実際

### 2.1 中央政府と地方政府の役割分担

　財政の役割を中央政府と地方政府でどのように分担すればよいのだろうか。マスグレイヴ（R. Musgrave）やオーツ（W. E. Oates）らによって展開されてきた**財政連邦主義**の議論では，財政の機能を資源配分機能（公共財の供給），所得再分配機能，経済安定化機能の3つに分類したうえで，それらの3機能を中央政府と地方政府で次のように分担することが望ましいとされる。まず，資源配分機能は公共財の便益の及ぶ範囲に応じて分担する。外交のように全国民がその便益を受ける公共財は中央政府が供給し，近隣公園や生活道路のように近隣住民がその受益者となる公共財は地方政府が供給する。

　次に，財政連邦主義の議論では，所得再分配機能と経済安定化機能は中央政府が担うものとされてきた。地方政府が所得再分配機能を担うと，所得再分配の水準が地域によって異なることになる。すると，累進課税や手厚い低所得者向けサービスなどの所得再分配を重視する地域には低所得者が流入するが，所得再分配の財源負担が軽いことを望む高所得者は他の地域へ流出する可能性がある。その結果，その地域には低所得者が集まる一方で高所得者が減少し，所得再分配機能を持続することは困難となる。経済安定化機能についても，地方政府が実施する景気対策の効果は他の地域へ波及し，政策が実施された地域での効果が減殺されることもある。また，地方政府は中央銀行をもたないので，金融政策を実施することができず，財政政策と金融政策を一体的に実施することができない。

　このように，財政連邦主義の議論は，中央政府が所得再分配，経済安定化，便益の全国に及ぶ公共財の供給を担い，地方政府は便益の地域的に限定された地方公共財の供給を担うのが望ましいとする。

　しかし，実際には多くの国において，地方政府は地方公共財の供給だけでなく，所得再分配機能や経済安定化機能においても小さくない役割を果たしている。所得再分配機能においては，地方政府が教育，医療，社会保護（社会福祉）等を供

給する役割を中央政府とともに部分的に担っている場合がある。日本では社会福祉や生活保護等の執行を担っているのは地方政府であり，年金を除く社会保障関連の中央・地方財政支出に占める地方の比率は高い。また，スウェーデンでは中層の地方政府（ランスティング）が医療を担い，下層の地方政府（コミューン）が福祉を担っている。

　経済安定化機能においても，日本では公共投資の大部分を地方政府が実施している。1990年代の長期不況下では，景気対策の一環として中央政府が地方政府を動員して公共投資を拡大した。地方政府は中央政府と一体となって経済安定化機能を果たしている。また，地方政府は地域経済開発の主要な主体でもある。

　中央政府と地方政府間の実際の機能配分は政治構造や制度的条件等に規定されつつ歴史的に形成されており，財政連邦主義の議論は必ずしも実際の政府間機能配分と整合的になっているわけではない。むしろ，政府間の役割分担において住民に最も身近な下層の地方政府をできる限り優先し，下層の地方政府が十分に実行できない場合は中層の地方政府が担い，中層の地方政府が十分に実行できない場合は中央政府が担うという**補完性原理**が，地方政府への権限移譲を進める論拠として注目されている。補完性原理は，ヨーロッパ評議会がヨーロッパにおける地方分権改革の指針として1985年に採択したヨーロッパ地方自治憲章（1985年）に盛り込まれ，その後，イタリア憲法（2001年改正）やフランス憲法（2003年改正）などに盛り込まれている。

### 2.2　中央政府と地方政府の税源配分

　中央政府と地方政府がそれぞれの役割を果たすうえで，どの税目が適しているだろうか。財政連邦主義の政府間機能配分論を前提とする税源配分論は，中央政府は累進的所得税，法人税，相続税などの所得再分配機能と経済安定化機能に適した租税を課税し，地方政府は移動性の低い税源に課税すべきだとする。その理由は次の通りである。住民や企業は地方政府間を容易に移動できるため，地方政府が移動性の高い税源に課税すると，地方政府間で税源の獲得をめざして税率を引き下げる租税競争が誘発される。そして税率が引き下げられた結果，必要な税収を調達できなくなる可能性がある。たとえば，企業が税負担の低い地域に移動する傾向があるとすれば，地方政府は企業誘致をめざして企業所得への減税を行うであろう。それに対して，企業の流出を恐れる他の地方政府も追随して税率を

引き下げる。結果的に，すべての地方政府で税率が引き下げられて税率の地域差は発生せず，企業の地域間移動も起きない。しかし税率引下げの結果，税収は減少し，公共サービスの財源が不足する。こうした租税競争を回避するためには，地方政府は移動性の低い税源に課税するのが望ましい。

具体的には，下層レベルの地方政府は不動産税を課税し，中層レベルの地方政府は比例的所得税や売上税などを課税するのが望ましいとされる。下層レベルの地方政府による公共サービスが地域の不動産価格を上昇させるため，不動産税を課税することは応益課税の観点からも正当化される。このような税源配分は，国税は応能原則，地方税は応益原則で課税し，さらに地方税では税源の普遍性や税収の安定性が高い税目を課税するべきだとする伝統的な税源配分論が唱える税源配分ともほぼ合致する。

しかし，中央政府に個人所得税や法人税を配分し，地方政府（とくに下層の地方政府）に不動産税を配分する税源配分は，所得再分配機能や経済安定化機能にも関与している実際の地方政府の役割とは必ずしも調和しない。個人所得税や法人税のように多額の税収を調達できる税目が中央政府に配分されるため，中央政府に税収が集中してしまう。その面で，これまでの税源配分論は中央政府を重視した議論であった。しかし，地方政府の財政支出が大きい場合，不動産税を中心とする税制では十分な税収を調達することが難しい。そこで近年は，不動産税だけでなく，個人所得に比例税率で課税する地方所得税や地方消費税も地方税としてふさわしいとする分権型の税源配分論も展開されている。

表9-2によって各国の地方税制をみると，連邦制国家であるアメリカとドイツでは州政府において個人所得税と消費課税の比重が大きい。下層の地方政府についてはアメリカでは資産課税（不動産税）が中心となっているが，ドイツでは中央政府と共同で課税している個人所得税の比重が大きい。単一制国家では，フランスとイギリスが資産課税（不動産税）を中心としているが，スウェーデンは比例税率の個人所得税でほとんどすべての地方税収を調達している。これに対して日本は所得・資産・消費に分散して課税している。このように，資産課税（不動産税）は主要な地方税になっているが，連邦制国家であるアメリカやドイツ，単一制国家でも地方財政支出の大きいスウェーデンと日本では，個人所得税や消費課税の比重も大きい。

表 9-2 中央政府と地方政府の租税構成（2011年度）

(単位：%)

| | | 所得課税 | | | 社会保障負担・賃金税 | | | 資産課税 | 消費課税 | | | その他 | 合計 |
|---|---|---|---|---|---|---|---|---|---|---|---|---|---|
| | | 合計 | 個人所得税 | 法人所得税 | 合計 | 社会保障負担 | 賃金税 | | 合計 | 一般消費税 | 個別消費税・利用税 | | |
| アメリカ | 連邦 | 92.3 | 72.1 | 20.1 | 0.0 | 0.0 | 0.0 | 0.6 | 7.1 | 0.0 | 7.1 | 0.0 | 100.0 |
| | 州 | 39.8 | 34.6 | 5.2 | 0.0 | 0.0 | 0.0 | 2.4 | 57.7 | 30.7 | 27.0 | 0.0 | 100.0 |
| | 地方 | 5.2 | 4.0 | 1.2 | 0.0 | 0.0 | 0.0 | 73.2 | 21.6 | 10.7 | 11.0 | 0.0 | 100.0 |
| ドイツ | 連邦 | 37.7 | 34.0 | 3.8 | 0.0 | 0.0 | 0.0 | 0.2 | 62.1 | 33.5 | 28.5 | 0.0 | 100.0 |
| | 州 | 52.6 | 46.4 | 6.3 | 0.0 | 0.0 | 0.0 | 5.2 | 42.2 | 41.0 | 1.2 | 0.0 | 100.0 |
| | 地方 | 78.9 | 51.4 | 27.5 | 0.0 | 0.0 | 0.0 | 15.1 | 5.9 | 4.9 | 1.0 | 0.1 | 100.0 |
| フランス | 中央 | 35.5 | 18.2 | 17.2 | 4.1 | 2.6 | 1.4 | 4.9 | 54.4 | 44.9 | 9.6 | 1.2 | 100.0 |
| | 地方 | 0.0 | | | 6.7 | 0.0 | 6.7 | 52.6 | 24.1 | | 24.1 | 16.6 | 100.0 |
| イギリス | 中央 | 47.9 | 37.4 | 10.6 | | | | 8.9 | 43.2 | 27.2 | 15.9 | | 100.0 |
| | 地方 | 0.0 | | | | | | 100.0 | 0.0 | | | | 100.0 |
| スウェーデン | 中央 | 0.3 | −13.9 | 14.3 | 39.6 | 20.0 | 19.6 | 2.8 | 57.0 | 42.2 | 14.8 | 0.2 | 100.0 |
| | 地方 | 97.4 | 97.4 | | | | | 2.6 | | | | | 100.0 |
| 日本 | 中央 | 54.0 | 29.8 | 24.1 | 0.0 | 0.0 | 0.0 | 5.6 | 40.4 | 22.6 | 17.9 | 0.0 | 100.0 |
| | 地方 | 48.4 | 33.6 | 14.8 | 0.0 | 0.0 | 0.0 | 31.0 | 19.6 | 7.5 | 12.1 | 1.1 | 100.0 |

注：1）スウェーデンの個人所得税（中央）は，還付額が徴収額を超過しているためマイナスになっている。
　　2）四捨五入により端数を処理しているため，各数値の合計と合計値が一致しないことがある。
出所：OECD [2013] *Revenue Statistics 1965-2012* より作成。

### 2.3　課税自主権と政府間租税関係

　地方税の課税方式は，国税との関係によって分離方式（独立税），重複方式（付加税），共同方式（共通税）という3つの方式に分類することができる。第1に分離方式は，国税とは別の課税客体に対して地方税を課税する方式である。第2に重複方式は，国税と同じ課税客体に地方税も重複して課税する方式である。この場合，国税と同様の課税標準に課税する方式と，国税の納税額に対して税率を乗じて課税する付加税方式がある。たとえば，日本の個人住民税は，国税である所得税と重複して個人所得に課税する重複方式の地方税である。

　第3に共同方式は，中央政府と地方政府で同一の租税の税収を分け合う方式である。ドイツで課税されている共同税はこの方式による課税形態の1つである。共同税の場合，どのように課税するかについて中央政府と地方政府が共同で決定する必要があるため，中央政府と地方政府の共同意思決定機関が必要である。共同方式には共同税のほかに，地方税収の一部あるいは全部を中央政府に納める分

賦税，国税として課税した租税の税収の一部あるいは全部を地方政府に分配する分与税という方式もある。

地方分権の観点からは，課税自主権のありかたが問題となる。**課税自主権**とは，地方政府が地方税の税目や税率などについて自主的に決定できる権限をいう。地方政府に課税自主権が与えられれば，地方税率の変更を通じてサービスの受益と負担を連動させることでサービス供給の効率化が促進される。また，地域の事情に応じて独自の地方税を課税することが可能である。

課税自主権が拡大すれば，地方税を課税するうえで地方政府の裁量はそれだけ大きくなる。しかし，地方税を課税することは，その地方政府だけでなく中央政府や他の地方政府の課税にも影響を与える。これを租税の外部性という。租税の外部性は，異なるレベルの政府間で生じる垂直的外部性と，同じレベルの政府間で生じる水平的外部性に分けられる。

垂直的外部性の典型的な例は，重複方式において生じる。たとえば，中央政府と地方政府がともに売上税を課税している場合，地方政府が税率を引き上げると財の価格が上昇するので消費量が減少する。その結果，中央政府の税収が減少する。地方政府の租税政策が中央政府の税収に影響を与えるのである。

水平的外部性の典型的な例は，租税競争と租税輸出である。租税競争は，上で述べたように，課税客体がその地域に流入することをめざして，それぞれの地方政府が税率を引き下げることである。結果として税収は不足し，公共サービスが過小になる。

租税輸出とは，地方税を他地域の住民に負担させることである。たとえば，地方政府が売上税を課税している場合，当該地域で他地域の住民が財を購入すると，売上税を他地域の住民が負担することになる。この地方政府の提供する公共サービスから便益を受けているのが当該地域の住民のみであるとすれば，他地域の住民の負担で当該地域の住民が便益を受けることになる。つまり，当該地域の税負担を他地域に「輸出」したことになる。そうなれば，サービスにおける受益と負担の関係が断たれ，効率的なサービス供給が阻害される。ただし，地方政府のサービスから他地域の住民が便益を受けているとすれば，受益に応じた負担を他地域の住民に求めることは応益課税に適う。

このように地方税の課税は租税の外部性を発生させる可能性がある。課税自主権の拡大と租税の外部性とをどのように調和させるかが課題である。

## 2.4 政府間財政移転

政府間財政移転とは，政府間で移転される資金のことである。移転は地方政府間でも行われるが，中央政府から地方政府への補助金が中心的である。

補助金はいくつかの基準によって分類できる。第1に，補助金は，その使途が特定されているか否かにより，一般補助金と特定補助金に分けられる。一般補助金は使途が特定されていない補助金であり，補助金を受け取る地方政府が自由に使い道を決められる。特定補助金は特定された使途のみに利用できる補助金である。日本では，第10章で取り上げる地方交付税が一般補助金の形式をとっているのに対して，国庫支出金は特定補助金である。なお，一般補助金と特定補助金の中間に位置づけられるものとして，福祉や教育といった分野ごとに包括的に使途を定め，特定補助金よりも使途制限を大幅に緩和したブロック補助金（包括的補助金）がある。

第2に，補助金は，その交付額が地方政府の財政支出額に結びついているかによって定率補助金と定額補助金に分類される。定率補助金は，地方政府による財政支出額の一定割合を交付する補助金である。したがって，交付額は地方政府の財政支出額に応じて変化する。その際，交付額に上限が設定されている補助金を閉鎖型補助金といい，交付額に上限が設けられていない補助金を開放型補助金という。定額補助金は，地方政府の財政支出額とは無関係に一定額を交付する補助金である。日本では，国庫支出金の多くが定率補助金である。

特定補助金には次のような問題点がある。第1に，特定補助金を伴う事業が地方政府の予算編成において住民の意向に反して優先されてしまう。そのうえ，中央政府が補助金交付の条件として事業の詳細を決めているため，全国的に画一化された事業が行われる。第2に，特定補助金の分野ごとに中央政府から地方政府につながる「縦割り」行政システムが形成される。第3に，補助金交付の陳情や交付に伴う煩雑な事務手続き等のために多くの経費と時間が浪費される。このように特定補助金は「集権的分散システム」を支える役割が大きい。

政府間財政移転のうち，全国的に一定水準の公共サービス供給を可能にするため，一般補助金を通じて地方政府の財源保障と地方政府間の財政力格差是正を行うのが**財政調整制度**である。日本の地方交付税はこれにあたる。財政調整制度は日本のほかにもドイツ，カナダ，フランス，イギリス，スウェーデン，オーストラリア等，多くの国々で導入されている。アメリカでは一部の州で導入されてい

るが，連邦政府による全国的な財政調整制度は設けられていない。

　地方政府は，警察，消防，公衆衛生，上下水道，福祉，教育など，日々の生活に欠かせない公共サービスを提供しており，居住地を問わず全国民に標準的なサービス水準（ナショナル・スタンダード）を保障することが求められている。しかし，ほとんどの国では，経済活動が全国的に展開されていること，徴税の効率化，景気対策における税制の活用等の理由によって税源は中央政府に集中し，標準的サービス水準を実現する役割を担う地方政府に十分な税源が与えられていない（垂直的財政不均衡の存在）。とくに経済力の弱い地域では，地方税のみで標準的サービス水準を達成することは難しい。そこで，すべての地方政府が標準的サービス水準を達成できるように財源を保障する必要がある。これが財政調整制度の財源保障機能である。

　財政調整制度は財源保障機能に加えて，財政力格差是正機能も有する。地方政府間には次の理由により財政力格差が存在する（水平的財政不均衡の存在）。第1に，地方政府が調達できる人口1人当たり税収は，住民の所得・資産状況を反映して格差が生じる。第2に，サービスに対するニーズが住民の年齢構成や所得状況等によって異なる。高齢者や学齢児童，低所得者の多い地域では，そうでない地域よりもサービスに対するニーズが大きい。第3に，サービスの供給コストが，自然条件や経済的条件を反映して異なっている。たとえば，山間地では道路整備等の費用が高く，都市部では人件費が高い。

　これらの理由によって地方政府間に財政力格差が存在するため，すべての地方政府が同じ税制で課税しても，供給可能なサービス水準は地方政府間で異なる。あるいは，すべての地方政府が同じ水準のサービスを提供しても，地方税負担に格差が生まれる。これは，公平性と効率性（中立性）の観点で問題がある。公平性の観点では，経済的に同等な状態にある人であっても，どの地域に居住するかによって，同じ水準のサービスを受けるために必要な地方税負担が異なれば，「同様の状態にある人を同様に取り扱う」という水平的公平の観点で問題がある。また，全体として所得水準の低い地域では標準的サービス水準を達成できないので，地域間の生活水準格差を助長する。垂直的公平の観点を重視するならば，その格差を是正するために地域間の財源再分配を行うことになる。効率性の観点からは，低い税負担で充実したサービスを受けられる財政力の強い地域に住民や企業が流入し，財政力の弱い地域から流出するという問題が生じる。財政力格差を

起因として住民・企業が移動するとすれば,市場メカニズムにより決定されるはずの住民・企業の効率的な居住地・立地決定が歪められたことになる。このように,公平性と効率性の双方の観点から財政調整制度は必要である。

また,人は進学や就職・転勤などの理由で一生の間に何度も居住地を変えることがある。そのため,教育や介護サービスを受ける地方政府と地方税を納める地方政府が異なることも多く,地方税だけでは個人の生涯における受益と負担のバランスをとることができない。そこで,財政調整制度は個人の生涯における受益と負担を調和させる役割も担う。さらに,農山漁村の地域社会を維持することが国土・環境保全に貢献するのであれば,国全体の社会システムの維持という観点からも財政調整制度は必要となる。

以上の理由により,水平的財政不均衡を調整する財政調整制度は多くの国で導入されているが,その制度設計は,各国の歴史や政治構造等を反映して多様である。イギリス,カナダ,日本などでは中央政府が財政的に貧しい地方政府に税収の一部を交付する垂直的財政調整が行われている。これに対し,スウェーデンやドイツ(州間財政調整)では財政的に豊かな地方政府が貧困な地方政府に交付する水平的財政調整も行われている。また,何をどのように調整するかという点でも,カナダは州政府の課税力のみを調整しているが,イギリス,スウェーデン,日本などはサービスのニーズと供給コストを反映した財政需要も考慮して財政調整を行っている。なお,あらかじめ国税の一定割合を財政調整制度の財源として規定する日本の地方交付税のような場合,それは地方政府が共有する固有財源と性格づけることができる。

### 2.5 地方債の起債

中央政府だけでなく地方政府もまた債務を負うことがある。地方政府の債務のうち一会計年度を越えて返済される債務を地方債という。地方債の発行が認められる場合も,地方政府の財政規律を保つために一定の起債制限が行われ,また地方債の使途が制限されている。イギリス,フランス,アメリカの多くの州,日本などでは原則的に地方債の使途は投資的経費に限られており,経常的経費にあてることは例外的な場合を除き認められない。ただし,スウェーデンでは使途制限は課されていない。

近年,地方分権改革における地方債発行の規制緩和に伴い,地方政府の財政規

律を維持する手段として，市場による規律付けを重視する傾向がみられる。金融市場から資金を借り入れる場合，財政状態が悪く信用力の低い地方政府の借入金利は高くなるので，地方政府は財政健全化に取り組み，信用力を高めようとする。このように金融市場による地方債の評価を通じて財政規律を維持しようとするのが市場による規律付けである。しかし，地方債の起債においてより重要なことは，地方債充当事業の内容や必要性について住民への説明責任を拡充し，財政民主主義に基づいて決定することであるとして，市場の規律付けに批判的な立場もある。

## 3 地方分権化の意義

### 3.1 地方公共財の効率的供給

地方分権化によって公共サービスの効率的な供給が促進されることを指摘する代表的な議論として，ティボー（C. Tiebout）の「足による投票」という考え方とオーツの分権化定理がある。

ティボーの「足による投票」という考え方によれば，多数の地方政府が独自に公共サービスと税負担の内容を決めることによって，公共サービスの効率的な供給が可能になる。多数の地方政府がそれぞれ独自の公共サービスと税負担の組合せを提供していれば，住民は自らの選好に合った組合せを提供している地方政府に移り住むことができる。居住地選択という「足による投票」が行われる結果，各地方政府で住民の選好に合った公共サービスが提供されるようになる，というのである。

ただし，「足による投票」が実現するには，住民がすべての地方政府の公共サービスと税負担の組合せについて完全な情報をもつ必要があるうえ，地方政府間を自由に移動できなければならない。しかし，情報を入手するには費用がかかるうえ，居住地の選択は職業上の理由や人間関係などに左右される。また，住民の選好の多様性に対応できるほど多数の地方政府が存在するとは限らない。このようにティボーの議論は地方分権化によって効率的なサービス供給が促進される可能性を示唆しているが，必ずしも現実的ではない。

オーツの分権化定理は，地方政府間で住民の選好が異なる公共サービスについては，中央政府が全国で画一的に供給するよりも，各地方政府が住民の選好に応じて自ら供給するほうが効率的だとする。分権化定理を論拠として，財政連邦主

義の政府間機能配分において地方公共財の供給が地方政府に配分されている。その点で分権化定理は地方分権化を支持する論拠となるが、その反面、地方政府の役割を地方公共財の供給に限定する論拠にもなっている。

### 3.2 地方政府による対人社会サービス供給

オーツの分権化定理において地方政府の役割として想定されているのは、受益が地域住民に限定された地方公共財の供給である。しかし、上で述べたように、実際の地方政府の役割は地方公共財の供給に限られているわけではない。しかも、1980年代以降、地方政府の供給する福祉、介護、保育等の対人社会サービス（準私的財）に対する需要が高まっている。

そのおもな背景として、第1に、グローバル化が進行している。グローバル化に伴い国境を越えたヒト・モノ・カネの移動を規制する中央政府の能力が弱まり、累進的な課税や現金給付を通じた中央政府の所得再分配機能が弱体化した。それに比して、地域に居住する住民に対する地方政府のサービス現物給付、すなわち対人社会サービスの供給による所得再分配の役割が高まっている。

第2に、家族や地域コミュニティという共同体が縮小している。人間の生存に不可欠な保育や介護等の対人社会サービスは、家族や地域コミュニティにおいておもに女性の無償労働により支えられてきた。しかし、少子・高齢化の進行によって保育や介護等の需要が増大する一方、都市化の進行に伴う地域コミュニティの衰退、製造業中心からサービス業中心への産業構造転換に伴う女性の社会進出により、対人社会サービスを提供する共同体機能が縮小している。その結果、政府が共同体機能を代替して社会システムを維持することが求められている。

保育や介護等の人間の生存に欠かせない対人社会サービスは、所得や資産の多寡等を条件として供給する選別主義ではなく、すべての人々を受給の対象とする普遍主義に基づいて、生涯における各段階で人々の必要に応じて供給されるサービスである。また、対人社会サービスのニーズは地域社会によって多様である。したがって、全国画一的に供給するよりも、地域住民のニーズを把握しやすい地方政府が自己決定に基づいて供給するほうが適している。このように、地方政府が地域のニーズに応じて普遍的対人社会サービスを供給する必要性が高まっている。こうした役割を地方政府が果たせるように地方政府の権限と財源を拡充することが地方分権化の意義となる。その焦点は、地方税の拡充と財政調整制度の安

定的運営である。

### 3.3 地域民主主義の促進

地方分権化は**地域民主主義の促進**という観点からも要請される。すなわち、住民に身近なところに公共サービスの内容と負担のありかたを決める公共的意思決定の場を創出することが、地方分権化の目的である。したがって、公共的意思決定過程への参加が比較的容易な下層の地方政府による公共サービスの提供を優先する補完性原理が、分権的な政府間財政関係の基本原則である。

地方政府が「近くて遠い政府」にならないようにするためには、地域民主主義の促進、すなわち住民が地方政府を民主的にコントロールできるように、公共的意思決定過程への住民参加や情報公開制度等の制度を整えることも課題となる。それは、地方政府の公共サービスに住民のニーズを反映させるという点でも重要である。住民に身近だというだけでは公共サービスが住民のニーズを反映するとは限らない。

地域民主主義のありかたは、地方政府の組織形態、地方議会制度、政党、住民投票・参加などの影響を受ける。そのため、これらの制度の相違によって地域民主主義のありかたには多様性が生じる。そこで、地方分権および地域民主主義の観点からは、地方政府および住民が地域民主主義を規定する諸制度についてどの程度の決定権を有しているかが問題となる。

**Keyword**
地方分権化　財政連邦主義　補完性原理　課税自主権　財政調整制度　地域民主主義

**参考文献**
① 池上岳彦［2004］『分権化と地方財政』岩波書店
② 貝塚啓明・財務省財務総合政策研究所編［2008］『分権化時代の地方財政』中央経済社
③ 神野直彦［1998］『システム改革の政治経済学』岩波書店
④ 神野直彦・池上岳彦編［2003］『地方交付税 何が問題か——財政調整制度の歴史と国際比較』東洋経済新報社
⑤ 西尾勝［2007］『地方分権改革』東京大学出版会
⑥ 平川伸一・御園一・岡部真也［2011］「地方財政制度の国際比較」『フィナン

シャル・レビュー』2011 年第 4 号（通巻第 105 号），89～112 頁

①は「分権的福祉政府」の観点から，地方税の拡充と財政調整制度の改善を中軸とする地方財政改革論を体系的に展開している。②は地方財政・地方分権を経済学の観点から分析した論文集。地方財政・地方分権にかんする経済理論についてくわしく知ることができる。③は制度の形成過程および国際比較を通じて日本の政府間財政関係が「集権的分散システム」であることを解明し，分権型社会への改革の道筋を提示している。④は日本における財政調整制度の歴史と現状，諸外国の財政調整制度について分析している。日本の地方交付税改革についても論じている。⑤は地方制度調査会，地方分権推進委員会の委員として改革に携わった著者が，体験に基づいて日本の地方分権改革を理論および実態の両面から論じている。⑥は日本，イギリス，フランス，スウェーデン，ドイツ，アメリカ，カナダの地方行財政制度を説明している。

### 演習問題

① 地方政府が担うにふさわしい役割は何か論じなさい。
② 地方政府の課税自主権を拡充することの意義と課題について説明しなさい。
③ 財政調整制度の意義について説明しなさい。

※谷 達彦

第 10 章

# 日本の地方財政

　第9章でみた通り，中央政府と地方政府の関係は国によって大きく異なる。単一制国家であるイギリスやフランスなどは，中央政府に事務権限や財源が大きく集中しており，地方政府の役割は限定的である。ところが，日本は集権型の単一制国家でありながら，地方政府が実に多くの事務を担っている。では，そのように多くの事務を担う日本の地方政府は，どのような財政構造をもっているのだろうか。本章では，まず日本における中央政府と地方政府の関係について概観し，次に地方財政の特質について，歳出・歳入の両面から考察する。

　なお，日本では地方政府を法律で「地方公共団体」と呼んでいる。これは，都道府県や市町村などの組織は独立した政府ではなく，国が法律によって特定の地域空間を統治する一定の権限を付与した公共的な団体であるという考え方に立つものである。しかし，自らの地域を自らで運営するという立場から，これを「地方自治体」と呼ぶことも多い。本章では，都道府県・市町村を「地方自治体」と呼ぶこととし，国との関係で広い意味での地方公共団体全体が問われるときは「地方」と称することとする。

## 1　日本における国と地方

### 1.1　国と地方の関係——義務教育の場合

　はじめに日本における国と地方の関係について，義務教育の事例をもとに考えてみよう。日本では，子どもは6歳の春から9年間，小学校・中学校での義務教育を受けることとされている。もちろん私立の学校に通うこともできるが，すべての子どもが権利として義務教育を受けることができるよう，公立の小中学校が

全国に配置されている。

　この義務教育制度は，国と地方自治体がそれぞれに役割を担いながら，運営されているのである。

　学校で指導する内容を記した学習指導要領は，国（文部科学省）により策定されている。また，教科書検定や6・3・3制など，学校運営の基本ルールについても，国が法律で規定しており，これによって，国民には，全国どこでも標準的な教育サービスを受ける権利が保障されている。これに対して，都道府県は教職員人事・給与を担っており，教員の採用や昇進，給与規定を定めている。都道府県により，副担任の教員を雇用するなど，独自の取組みも行われている。また市町村は，校舎や体育館などの施設整備・維持管理を担う。各地でユニークな校舎建設もみられるが，それはそれぞれの市町村が判断し，建設したものである。このように，国・都道府県・市町村がそれぞれの役割を担いながら，国民に義務教育サービスを提供しているのである。

　では，義務教育における国と地方の財政負担はそれぞれどうなっているのだろうか。国が学校運営の基本ルールを定めても，それを担うのに必要な人員と財源が不足すれば，市町村が小中学校を運営することは難しい。実際に，戦前には，財政難により十分な教員の確保や施設の整備ができない市町村もみられた。だが今日では，全国どこの地域においても標準的な教育サービスを提供できるよう，国が都道府県・市町村に，その財源を保障している。具体的には，小中学生の教科書については国が全額費用を負担するほか，教員給与については，国が3分の1を負担することとして，都道府県にこれを負担金として交付している。また施設等の整備についても，国が2分の1ないし3分の1程度の補助金を市町村に対して交付しており，地方自治体が単独で費用を負担しているわけではない。

## 1.2　地方財政の仕組み

　このように，地方自治体は自らの判断で自由に行政サービスを提供しているわけではない。国と地方がいわば「車の両輪」となって，各種の行政サービスを一体的に提供する関係にある。義務教育のみならず，道路や河川の維持管理や社会福祉など，他のさまざまな分野においても，国と地方が連携・役割分担しながら，住民にサービスを提供している。

　表10-1は国と地方の歳出を示している。この表からわかるように，地方の歳

表10-1 国と地方の歳出（2012年度決算額，最終支出主体ベース）

（単位：億円，％）

| | 国 | 地 方 | 地方の支出割合 |
|---|---|---|---|
| 機関費 | 32,979 | 140,899 | 81.0 |
| 地方財政費 | 1,697 | － | － |
| 防衛費 | 47,537 | － | － |
| 国土保全及び開発費 | 40,129 | 126,725 | 75.9 |
| 産業経済費 | 59,807 | 73,993 | 55.3 |
| 教育費 | 32,121 | 165,748 | 83.8 |
| 社会保障関係費 | 218,360 | 317,203 | 59.2 |
| 恩給費 | 5,697 | 215 | 3.6 |
| 公債費 | 212,008 | 130,087 | 38.0 |
| その他 | 32,475 | － | － |
| 合　計 | 682,810 | 954,877 | 58.3 |

出所：総務省[2014]『地方財政白書（平成26年版）』より作成。

図10-1 国・地方・国民の間の資金およびサービスの流れ

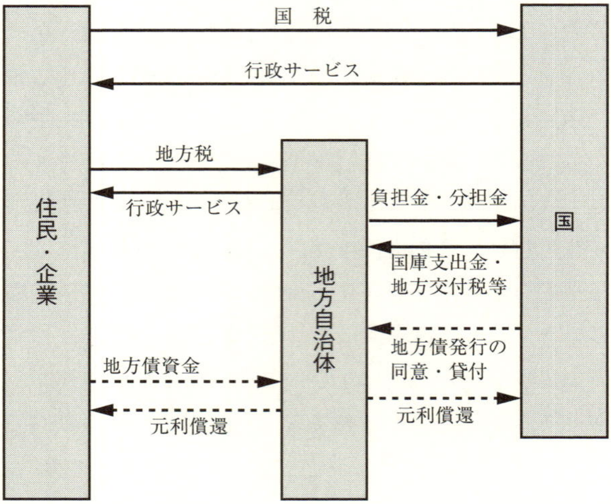

出所：著者作成。

出は，国よりも大きくなっている。またその支出項目も多岐にわたっており，地方自治体が幅広い業務に携わっていることがわかる。イギリスやフランスの場合，事務事業ごとに，その大半が国の支出となるものや，大半が地方の支出となるものなど，行政分野によって，国と地方の歳出割合は大きく異なる。これは政策分野ごとに国と地方の事務権限が明確に区分されているためである。これに対し日

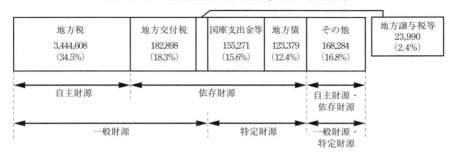

図10-2 地方自治体の収入構造(2012年度決算)

注:地方税のなかには、一部に使途が限定された目的税が含まれる。また地方債のなかには、一部に使途が特定されていない一般財源が含まれる。
出所:総務省[2014]『地方財政白書(平成26年版)』より作成。

本では、外交、防衛、社会保障分野における年金など、ごく一部の支出は、そのほとんどが国の支出となっているが、それ以外の大半の項目については、国も地方もそれぞれ役割を担い、その支出を行っている。日本では地方自治体が幅広い行政分野で国民にサービスを提供していることがわかる。

では、それらのサービスを担うための地方財政の仕組みはどうなっているのだろうか。図10-1は国、地方、国民(家計・企業)の間の資金およびサービスの流れを示したものである。まず、国民は、租税を納付する場合、国には国税、地方自治体には地方税をそれぞれ納付する。国民が納付する国税と地方税の割合はおおよそ6対4であり、国に対してより多くの租税を納めている。

ところが、国は必ずしも国民に直接サービスを提供するわけではない。義務教育の事例にあったように、日本では、国が法令等により一定のルールや方向性を示すが、実際には地方自治体が事務事業の多くを担っており、国と地方が、いわば「車の両輪」として国民への行政サービスを提供してきた。

そこで、国では租税収入をもとに直接的に国民にサービスを提供するだけでなく、後述するように地方交付税や国庫支出金という形で、地方に財源を交付し、地方自治体を通じて行政サービスを提供している。地方自治体では、地方税収入のほか、こうした国からの移転財源等により歳入を確保し、住民に各種の行政サービスを提供している。図10-2は地方自治体の歳入構造を示したものである。この図から明らかなように、地方自治体は自ら集める地方税等の自主財源以外に、国などから多くの依存財源を受け取っている。地方には住民税や事業税、地方消

費税など各種の税が地方税として配分されているが，地方自治体は，こうした租税収入以外にも国から地方への大規模な財源移転を通じて，歳入を確保しているのである。これは数多くの事務を国と地方が融合的に実施しており，それらの事務に要する財源の一部を，国が財政移転を通じて支出しているためである。第9章でみた通り，こうした日本固有の国・地方の財政関係は，**集権的分散システム**とも称される。

## 2　地方財政計画と地方予算

### 2.1　地方財政計画

　国から地方への移転財源の額を決めるにあたり，国は**地方財政計画**を策定する。地方交付税法第7条では，地方の歳入歳出総額の見込額の提出および公表の義務にかんする規定が設けられている。すなわち，「内閣は，毎年度左に掲げる事項を記載した翌年度の地方団体の歳入歳出総額の見込額に関する書類を作成し，これを国会に提出するとともに，一般に公表しなければならない」と規定されており，これが地方財政計画である。具体的には，国の予算編成が最終段階に差しかかる12月中下旬，財務省と総務省が協議して地方財政対策をとりまとめる。地方税制改正の方針，地方交付税の総額，地方債発行の見込みなどが示され，地方財政の全体規模が実質上決まる。政府予算案が決定されると，2月上旬までに総務省が地方財政計画を策定し，政府はそれを閣議決定して国会に提出する。

　地方財政計画には以下の役割が期待されている。第1は，地方財政と国家財政・国民経済等との整合性の確保である。国では各省庁が次年度の政策を掲げて予算編成を行うが，国家予算に盛られた施策を具体的に担うための地方歳出の予算化に向けて，地方財政との調整をはかるものである。第2は，地方自治体が標準的な行政水準を確保できるよう地方財源を保障することである。第3は，地方自治体に対して次年度の財政運営の指針を示すという役割である。

　図10-3は，国の予算と地方財政計画の関係を示している。国が行政サービス（たとえば義務教育）を供給するための予算を計上すると，それは国の歳出予算（B欄）に計上される。だが，それらのサービスのうち，国が直接国民に提供するものは一部であり，地方自治体がサービスを担うものが含まれている。地方が実施する事務・事業については，それに要する費用の一部が国から**国庫支出金**（たと

図10-3 国の予算と地方財政計画との関係 (2014年度当初予算)

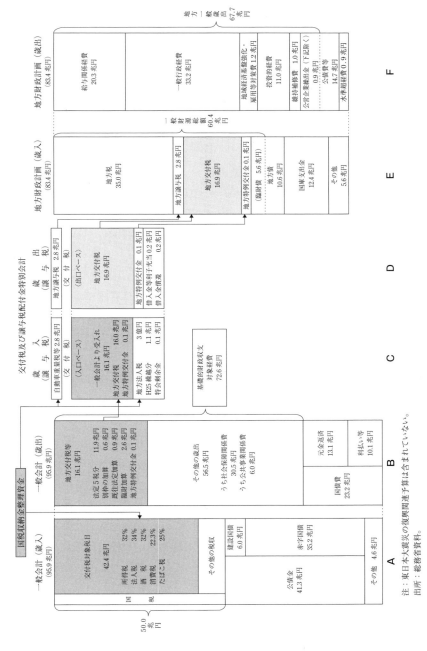

注：東日本大震災の復興関連予算は含まれていない。
出所：総務省資料。

2 地方財政計画と地方予算 181

えば義務教育費国庫負担金）として地方に交付される。地方の側からみると，国からの補助金は地方の歳入として計上される（E欄）。それらのサービスを提供するための歳出見込額が地方歳出として計上される（F欄）。

しかし，国庫支出金による財源移転は，事業費の一定割合にとどまる。そのため，残りの「地方負担」分の財源が必要になる。また，地方自治体が自主的に行う事務・事業も含めて，標準的な地方財政運営に必要な財源を確保しなければならない。ただし，すべての地方自治体が十分な税収を確保できるとは限らない。そこで，地域間の税源偏在を是正し，すべての地域で標準的な行政サービスの供給を可能とするため，後に述べるように，地方交付税制度を通じて，財政調整と財源保障がはかられる。地方交付税は，地方自治体の地方税収入と国からの国庫支出金だけでは一定水準の行政サービスを提供することが難しい地方に対して，格差是正とともに，必要な財源を保障する調整役を担っているのである。

### 2.2　地方予算の特徴

このように，地方財政計画を通じて国と地方の財政は密接なかかわりをもっている。では，地方自治体はどのように予算を決定しているのだろうか。

予算は，行政当局によって作成された原案を議会で審議・議決し，議決内容に基づいて行政が執行するものである。予算が数値で示された政府のプログラムであるとすれば，その決定について民主主義的な手続きがふまれることにより，自主的な財政運営が可能となる。地方自治法では，議会による予算決定，決算認定，財政状況や予算・決算の住民への公表，住民による監査請求を規定しており，予算過程における地域民主主義的な手続きが重んじられている。

とはいえ，地方自治体の予算は，国の予算とは異なる特質がある。上でみたように，日本の地方財政は国の財政と密接なかかわりをもつ。地方財政法においても，国と地方の財政秩序の確立が規定されている。また，歳入の多くを国からの移転財源に依存する地方自治体の場合，国からの補助金や地方交付税の額によって財政の規模や運営方針が影響を受ける。地方財政は国の財政運営と不可分の関係にあり，予算についても国の方針を無視できない構造になっている。

### 2.3　地方自治体の予算制度

第4章で取り上げた予算原則論は，地方自治体の予算にも当てはまる。地方自

治法第209条の規定では，予算は一般会計と特別会計からなるとされている。一般会計は地方自治体の基本となる予算部分である。特別会計予算は，特定の事業を行う場合や，一般歳入歳出と区分して経理する必要がある場合に導入されるが，そのなかには，地方自治体が条例で設置するものと，地方公営企業法や地方財政法などの規定によって設置が義務づけられているものとがある。

地方自治法第215条では，予算の内容を，①歳入歳出予算，②継続費，③繰越明許費，④債務負担行為，⑤地方債，⑥一時借入金，⑦歳出予算の各項の経費の金額の流用，と規定している。国の予算でははじめに記載される「予算総則」は，地方予算の場合には最後に記載される。

地方自治体の予算を他と比較する際には，普通会計が用いられることが多い。普通会計とは，一般会計と，特別会計のうち公営事業会計（上水道・下水道等の公営企業会計，国民健康保険事業特別会計等）以外の会計を統合して1つの会計としてまとめたものである。特別会計の設定の仕方は地方自治体ごとに異なる部分があるため，一般会計だけでは，地方自治体間の財政比較や統一的な把握が困難となる。そのため，地方財政統計上，統一的に用いられる会計区分として普通会計が設けられており，地方財政では普通会計が基本とされる。

### 2.4　地方自治体の予算過程

では，地方自治体の予算過程を，編成，審議，執行，決算の4段階に着目してみていくこととする。

(1) 予算編成

予算編成権は地方自治体の首長に属している。首長が掲げる公約に従って，各種の施策を実現するための資金的裏づけが予算案に盛り込まれる。一方，上で述べた通り，地方自治体は国と一体的に事務事業を実施する側面があり，国の予算編成方針や地方財政計画をふまえて，予算案を策定しなければならない。

予算原案は，首長の公約をふまえつつ，財政担当部局が策定することが多い。まず毎年7月下旬〜10月頃に，翌年度の予算編成方針が財政担当部局から各部局に示される。事業担当部局は，この方針に基づいて予算見積書を作成し，財政担当部局に提出する。その要求を受けて，財政担当部局は予算原案を作成する。その際に財政担当部局は，各部局の予算要求額の集計と財源との照合，予算要求額の審査を行い，審査結果を集計し，首長に提出する。査定の際には，財政担当

部局から事業担当部局への意見聴取が行われる。最終的に首長査定を経て，予算案が内示される。これをもとに復活折衝が行われて，予算案の骨格が固められる。この作業は議会提出期限である3月上旬までに実施される。

　先述の通り，地方自治体の財政は国の財政と密接な関係にある。また歳入については地方交付税や国庫支出金など，国の方針によって金額が決まるものも多い。国の予算について政府予算案の概算が決まるのは12月下旬であり，政府予算案が国会に提出されるのは1月である。また，地方財政対策に基づく地方予算関連制度の方針が総務省から地方自治体へ通知されるのが1月下旬，地方財政計画が決定されるのは2月上旬である。したがって，地方自治体が予算案を確定できるのは3月上旬になるのである。

(2) 予算審議

　予算案は地方議会に提出され，審議される。予算審議の過程においては議会に対する首長の優越的地位が保障されており，議会における修正は首長の予算編成権を侵害しない範囲に限定される。これは地方自治体予算の大きな特徴である。また，国の法令で地方に義務づけられている経費を議会が削減または減額し，首長が審議のやり直しを求めても議会が同一の議決をした場合，首長は議会の議決に左右されることなく，その経費を当初の原案通り支出できる。

(3) 予算執行

　議会の議決により成立した予算は，会計年度が始まると執行過程に入る。しかしながら，地方交付税の交付額が確定するのはおおむね6月であり，国庫支出金の額も執行過程のなかで決まっていく。また，国が補正予算を組むこともある。地方自治体は，国の財政運営方針と地方予算の調整に絶えず追われるため，自らも年度途中で補正予算を組むことになる。また，移転財源だけでなく租税収入も納付の時期が決められているため，恒常的に現金を支払える状況にあるわけではない。したがって予算を執行する際には，四半期ごとに予算を配当するなど，効率的に資金を動かしながら支出を行っている。

(4) 決　算

　会計年度が終了すると，執行結果の収支について整理する出納整理期間がおかれ，決算調整が行われる。その後，監査委員による監査，議会の認定を受けて，住民に報告されることとなっている。

## 3 地方自治体の歳出構造

### 3.1 地方自治体の歳出

　ここで，地方自治体の事務と歳出について考察しよう。地方自治体が担う事務には，自治事務と法定受託事務とがある。自治事務とは，地方自治体が自らの判断で実施するものである。それに対して，法定受託事務とは，法律に基づいて国から委託された地方の事務をさす。さきにふれた義務教育や生活保護にかかる業務などは法定受託事務とされる。ただし，自治事務であっても，その実施方法について法律で規定されているものも少なくない。こうしたいわゆる「法定自治事務」については，地方の裁量権を強めるべきであるとの指摘もなされてきた。ただし，裁量権が強まるのに伴って国からの財源保障が縮小されることを恐れた地方自治体の間からは，「法定」という位置づけ，およびそれに対する国からの財源保障を存続するよう求める声も根強くある。

　次に，地方の歳出についてみていく。地方財政統計上，歳出の分類として目的別経費と性質別経費の2つがある。目的別経費は，歳出をその目的ごとに整理したものであり，性質別経費とは，その使途によって区分したものである。

　図10-4は，地方自治体の歳出の推移を目的別経費の分類に従って示している。目的別経費をみると，地方自治体がじつに多様な政策分野を担っていることがわかる。議会運営のほか，福祉・保健・教育などの対人社会サービス，産業振興や国土保全など，その支出は多岐にわたっている。

　性質別経費では，人件費，扶助費，公債費の3つを合わせて義務的経費と呼ぶ。これらの経費は政策判断で減らすことが難しく，つねに決められた支出が生じる。ゆえに，歳出に占める義務的経費の割合が高いと，歳出を柔軟に調整することが難しく，財政の硬直化が問題となる。これに対して，道路や橋など社会インフラの整備にかかる費用を投資的経費という。投資的経費には，普通建設事業費，災害復旧事業費，失業対策事業費がある。これらは政策的経費として，比較的裁量の余地がある支出とされる。誰が事業の主導権をもつかという観点からみれば，投資的経費は，国の方針に基づく国庫補助事業費と国直轄事業負担金，そして地方自治体の自主的な事業に用いる地方単独事業費に区分できる。

　歳出の構成は，権能や規模の異なる地方自治体間では異なることがある。たと

図10-4 地方自治体の目的別歳出の推移

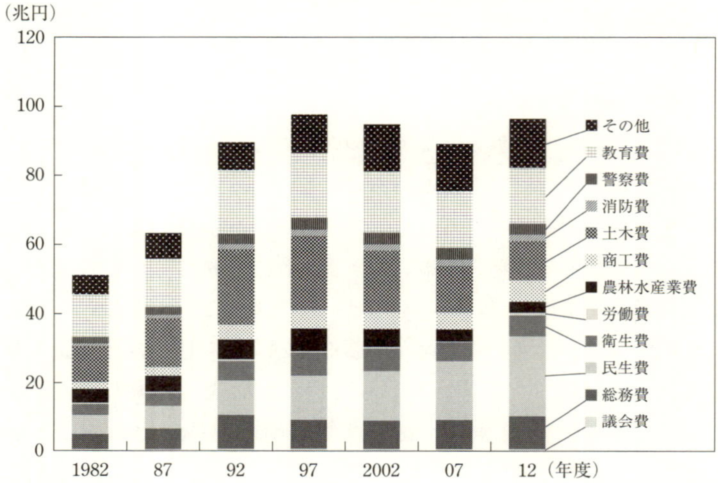

出所：総務省［各年度］『地方財政白書』より作成。

えば大都市では，生活保護の受給者が農山村よりも多く，歳出に占める扶助費の割合が高いことが多い。

### 3.2 地方歳出の推移

地方歳出の推移について，性質別経費を中心に示したのが図10-5である。

1960年代以降，投資的経費は次第に増大した。景気対策として，各地で公共事業が推進され，投資的経費は歳出の3割近くを占めていた。とくに80年代後半以降，景気対策としての公共投資が地方自治体を巻き込む形で積極的に推進されたことから，投資的経費は急増した。しかし，累積債務の増大とともに，起債を伴う建設事業は次第に抑制されるようになり，近年では歳出に占める投資的経費の割合は15％を下回っている。

それに対して，近年，義務的経費の割合は次第に高くなる傾向にある。多くの地方自治体が行政改革を通じて職員数の削減や給与カットなどを推し進めており，人件費の割合は低下している。ところが建設事業の実施や，財源不足対策などを理由に発行した地方債の元利償還金，すなわち公債費も，歳出の1割以上を占めるようになった。さらに，福祉や子育て支援などの対人社会サービスの需要が膨

図10-5 地方歳出（性質別経費）の推移

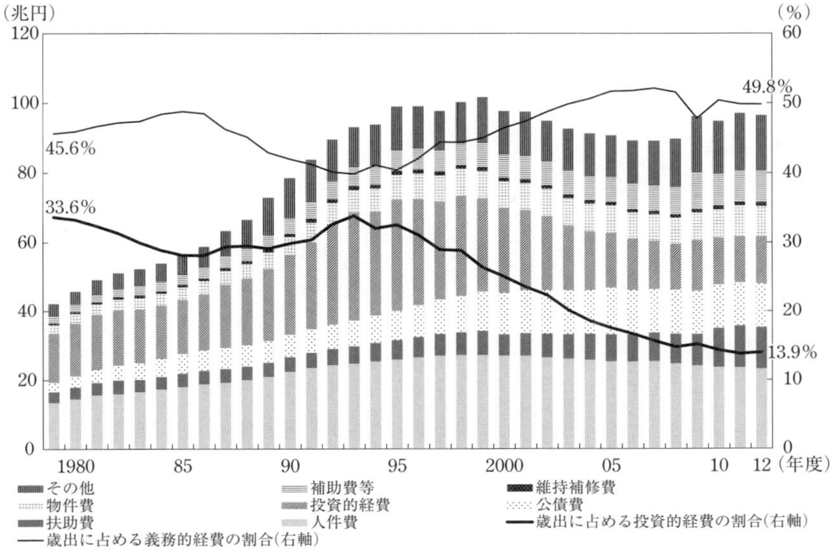

（兆円）　　　　　　　　　　　　　　　　　　　　（％）

凡例：その他／補助費等／維持補修費／物件費／投資的経費／公債費／扶助費／人件費／歳出に占める義務的経費の割合（右軸）／歳出に占める投資的経費の割合（右軸）

出所：総務省［各年度］『地方財政統計年報』より作成。

らむなかで，扶助費の支出が増大する傾向にあり，結果的に義務的経費は増大している。

少子高齢社会の進行に応じて，福祉関連支出である民生費は今後さらに支出が増大すると見込まれる。高齢化のさらなる進展に伴い，高齢者福祉費は増大傾向にあるほか，生活保護受給者の増大により，生活保護費も増加している。さらに近年では子育て支援や若者の就労促進などの施策も推進されており，それらの経費が増大している。

## 4　地方自治体の歳入構造

地方自治体の歳入構造を示した前掲図10-2をあらためてみてみよう。地方の歳入約100兆円のうち，地方税は34.5％（2012年度）と半分にも満たない。これに対して，国からの移転財源である地方交付税や国庫支出金等は全体の約36％を占めている。このほかに地方債発行を通じた借入による財源調達も行われている。

地方自治体の歳入は，地方自治体が自ら財源調達を行う自主財源と，国から決められた額が交付される依存財源とに区分することができる。また，財源には，その使途を自由に決めることのできる一般財源と，あらかじめ使途が決められている特定財源がある。自主財源割合が高いほど，自主的な行財政運営を行うことが可能となる。

以下では，主要な歳入項目である地方税，地方交付税，国庫支出金，地方債についてみていく。

### 4.1　日本の地方税とその特質

地方税は，自主財源であると同時に，一部の目的税を除き，使い道が特定されていない一般財源であり，地方自治体が自主的に財政を運営するための財源となっている。ただし，地方自治体の歳入に占める地方税収入の割合は3〜4割であり，それゆえ「3割自治」といわれることもある。

第6章では租税原則論を展開したが，地方税には，地方政府の機能と役割をふまえた地方税原則がある。具体的には，応益性，安定性，伸長性，伸縮性，十分性，普遍性，負担分任の7原則がいわれる。

① 応益性：住民は地方自治体の提供するサービスからさまざまな便益（benefit）を享受しており，それに見合う税負担を求めるものであること
② 安定性：年度ごとの収入に激変がなく，安定していること
③ 伸長性：住民ニーズの拡大に伴い，地方の歳出は増大する傾向にあることから，それに対応した増収が可能であること
④ 伸縮性：地方自治体ごとにその収入を必要性に応じて増減できること
⑤ 十分性：地方自治体の事務事業をまかなうのに十分な収入が得られること
⑥ 普遍性：特定の地方自治体にだけ税収があがるような税目ではなく，地方自治体の間で税源ができるだけ均等に分散している税であること
⑦ 負担分任：負担を地域住民全体で分かち合う税であること

租税負担の基準としては応能原則と応益原則があるが，担税力に応じた負担を求める応能原則の考え方は国税になじむとされているのに対して，地方税は応益原則に適合することが望ましいとされている。

第7章の表7-7（132頁）に示したように，道府県税の基幹税目として住民税，事業税，地方消費税などがあり，市町村税には住民税，固定資産税が配分されて

いる。主要先進国では，基礎自治体の基幹税目として財産税を設けているところが多い。日本でも固定資産税が導入されている。しかし，日本の地方税の大きな特徴は，所得税と課税標準を同じくする住民税が導入されており，地方自治体の税収基盤を強固にする役割を果たしてきたことである。また消費税も，その一部が地方消費税として地方に配分されている。

第7章で述べたように，シャウプ勧告では，国・道府県・市町村それぞれに自治の基盤となる基幹税目を配分することが提案され，市町村には住民税と固定資産税，道府県には所得型付加価値税を創設することが謳われた経緯がある。道府県税としての所得型付加価値税は当時実現されなかったが，現行の法人事業税付加価値割はその理念に通じる税である。住民だけでなく，法人企業も，道路，空港，港湾，水道，治安・消防，人材形成を担う教育，従業者の生活を支える社会保障など，地方が提供する公共サービスの受益者だからである。

(1) 住民税

住民税は個人・法人のいずれにも課税されるが，課税方法はそれぞれ異なる。

個人住民税は均等割と所得割からなる。均等割は地域の「会費」のようなものとされており，現在，年間一定額（標準税率は，道府県1500円，市町村3500円）を納付する。また，所得割は比例所得税であり，総合課税される所得に対する標準税率は課税所得の10％（道府県4％，市町村6％）である。2005年度まで，所得割には三段階の累進税率が採用されていたが，後に述べる「三位一体の改革」により比例税率に変更され，応能型から応益型の住民税へと性格を変えることとなった。なお，分離課税される所得もあり，たとえば利子，配当，株式譲渡益といった金融所得は税率が5％（道府県税）である。

法人住民税は均等割と法人税割がある。中心となる法人税割は法人税額を課税標準とし，現在の標準税率は12.9％（道府県3.2％，市町村9.7％）である。2014年度より，法人住民税の一部を国が地方法人税として徴収し，それを地方交付税の原資として配分する改革が行われている。

(2) 事業税

事業税は，法人や個人の事業に課される道府県税である。法人事業税は所得割が中心であるが，一部の業種には収入割が課される。資本金が1億円を超える所得課税法人については，付加価値割と資本割が導入されている。個人事業税は事業所得に対して課税が行われる。

2008年，企業の本社機能が大都市圏に集中していることを背景に，法人事業税の偏在性が問題とされ，その一部を地方法人特別税として国税に移譲し，それを全都道府県に再配分する仕組みが，暫定的な措置として導入された。2014年度の法人住民税の交付税原資化により，地方法人特別税の一部が再び法人事業税に戻されている。

(3) 地方消費税

地方消費税は，国税である消費税の税率を3％から4％に引き上げる際に，税率1％分の地方税として導入されたものである。消費税等の税率が8％に引き上げられた際に配分割合が変更され，国税である消費税分が6.3％，地方消費税分が1.7％とされた。国が8％分をまとめて徴収した後，地方消費税分は商業統計やサービス業統計に基づいて都道府県間で清算を行って配分される。清算後の各都道府県における税収の2分の1は，市町村に交付される。第4章でふれたように，消費税は社会保障関係費の増大に応じて税率が引き上げられている。そのため，社会保障サービス給付の多くを地方自治体が担っていることをふまえて，国税と地方税の配分割合を見直すことについて，議論が積み重ねられている。

(4) 固定資産税

固定資産税は，土地・家屋および償却資産の価格を課税標準とする税であり，標準税率は1.4％である。日本では，償却資産にも課税されるところに特徴がある。このほかに，法定任意税として，都市計画事業等の費用にあてる目的税として都市計画税があるが，これは土地・家屋にのみ課税される。

固定資産税と都市計画税は，地方自治体によるサービスの効果として資産が保全され，価格が上昇するという応益性が想定されることに基づいて課されている。

(5) その他の地方税

地方税にはこのほかにも道府県税としての自動車税や不動産取得税，市町村税として軽自動車税や入湯税などがある。自動車関連諸税については，地球温暖化対策をふまえた改革が進められている。

さらに，地方自治体には自主的な課税権も付与されており，超過課税や法定外税創設など，地域の実情をふまえた独自の課税を行うところもある。2000年の地方分権一括法施行後，地方自治体の自主課税権は拡大し，各地で独自課税を行う動きが活発となった。産業廃棄物税や宿泊税などの税が創設されている。

### Column ⑧　地方自治体の独自課税

アメリカでは，州や地方自治体，地区によって税負担の仕組みが異なる。不動産広告に，物件が立地する地区の財産税率が掲載されることもある。だが日本では，居住地を決めるにあたり，引っ越し先の税負担を調べる人はほとんどいないだろう。地域によって税目や税率が大きく異なることはないためである。

では日本では地方税の税率や税目がすべて同じかというと，じつはそうでもない。地方自治体のなかには，いくつかの税目について，国が定めた標準税率よりも高い税率で課税を行っているところもあり，これは超過課税と呼ばれている。最近では，3分の2を超える都道府県で，個人住民税の超過課税を実施し，それによる増収を，道府県内の森林保全のために活用するという動きがみられる。

このほか，地方税法で定められた税目以外の税を「法定外税」として課税する地方自治体もみられる。いくつかの都道府県では，産業廃棄物に課税を行って，廃棄物の処理費用を調達し，それと同時に課税を通じて廃棄物の抑制効果を促す取組みを実施している。このほかにも，遊漁税（山梨県富士河口湖町），宿泊税（ホテル税，東京都），狭小住戸集合住宅税（ワンルームマンション税，東京都豊島区）など，地域の事情に応じて独自課税が行われている。

このように地方自治体が独自課税を行う動きが活発化したのは2000年以降である。それまでは，地方自治体が独自課税を行うには国の許可が必要だった。また許可を受けるには，地方交付税による財源保障の対象とはならない，特別な財政需要があることが必要とされた。しかし，2000年4月以降は，特別な財政需要がなくとも，独自課税を行うことができるよう，法改正されたのである。

この制度改正について，地方自治体の課税権が強化されたとして高く評価する意見がある反面で，国から地方への財源保障が厳しくなるなかで，地方自治体に税収確保を促す改革という評価もある。じつは1960年代頃まで，全国各地の地方自治体で200を超える雑税が課税されていた。犬税，ミシン税，自転車税，果樹園税など，地域のなかで担税力が見出せそうなところに課税が行われていた。当時は補助金や地方交付税を通じた財源保障がまだ十分とはいえず，地方自治体では独自課税によって，とれるところから財源を調達していたのである。いいかえれば，今日，全国的に税目や税率に目立った差が生じていないのは，国から地方への手厚い財源保障があるがゆえともいえるだろう。

---

## 4.2　地方交付税

国の財政と地方財政とを結びつけ，全国どこの地域でも標準的な行政サービス（ナショナル・スタンダード）を確保するうえで，重要な役割を担っているのが**地方**

交付税である。

　地方交付税とは，本来地方の税収入とすべきであるが，団体間の財源の不均衡を調整し，すべての地方自治体が一定の水準を維持しうるよう財源を保障する見地から，形式上は国が国税としていったん徴収し，それが一定の合理的な基準によって地方自治体のなかで再配分されるものである。その意味で，地方交付税は地方が共有する固有財源という性格をもつ。このように，事務権限に見合う財源を国―地方，あるいは地方間で調整して配分する制度を**財政調整制度**という。財政調整制度の意義は第9章で述べた通りであるが，地方交付税は日本における財政調整制度の中心部分をなすものであり，国と地方の財源配分機能，国から地方への財源保障機能および地方自治体間の財源調整機能を担う。

　地方交付税の総額は地方交付税法第6条で規定されており，2014年度においては，基本的には所得税・酒税の32％，法人税の34％，消費税の22.3％およびたばこ税の25％とされる。これらの割合は交付税率（もしくは法定率）と呼ばれる。これらを合計したマクロベースの地方交付税額のうち，普通交付税として94％（96％へ引き上げる予定），特別な財政需要に対する特別交付税として6％（4％へ引き下げる予定）を配分することが，法律で規定されている。

　図10-6に示すように，それぞれの地方自治体が受け取る普通交付税の額は次のように算定される。まず，地方自治体が標準的な行政サービスを担うために必要な経費見込額が「基準財政需要額」として算定される。次に地方自治体が標準税率に基づいて地方税を課税した場合の地方税収見込み額の75％および国から受ける地方譲与税額が「基準財政収入額」として算定される。この「基準財政需要額」から「基準財政収入額」を差し引いた額が「財源不足額」とされ，この財源不足額を基準としてそれぞれの地方自治体に配分する普通交付税額が決定される。

　基準財政需要額は，政策分野別に，細かい計算式の積上げによって算定される。その基本となるのは「基準財政需要額＝単位費用×測定単位×補正係数」という式である。小学校費を例にとれば，小学生児童1人当たりに必要な標準的行政経費を単位費用として算定し，それに当該地方自治体の児童数を測定単位として掛けて算出する。ただし，地方自治体の人口規模や人口密度等によって，実際の経費には差が生じることから，これに補正係数をかけて，当該地方自治体の小学校費として必要とされる基準財政需要額を算出するのである。

**図 10-6　普通交付税の算定方法**

普通交付税交付団体

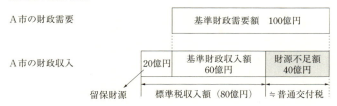

普通交付税不交付団体

出所：著者作成。

　それに対して，基準財政収入額の算定に用いられる地方税は，標準的な税収入見込額の75％だけが算入される。これは，基準財政需要額に盛り込まれたサービスに充当するのは地方税収の75％であり，残る25％分は，基準財政需要額に含まれないサービス，もしくは地域独自の行政需要に柔軟に対応するための財源とみなして，普通交付税の算定に含めない，という考え方によるものである。

　このような手続きによって地方自治体の財源不足額が算定され，それに基づいて普通交付税額が決まる。一般に，税源が乏しく，財政力の弱い地方自治体ほど，歳入に占める地方交付税の割合が高い。なお，大半の地方自治体が普通交付税の交付団体となっている。潤沢な税収により普通交付税の不交付団体となる地方自治体は，東京都のほか，住民の所得水準が高い，立地企業の業績が良い，もしくは発電所などを抱える市町村に限定されている。

　近年では，国の財政危機を背景に，地方交付税による財源保障機能にほころびがみられる。全国の都道府県・市町村の財源不足額を積み上げた総額が普通交付税によって保障されれば，標準的な行政サービスの確保が財政面から担保される。しかし，先にみたマクロベースの地方交付税額と，全国の財源不足を積み上げた額とが一致するとは限らない。地方自治体の役割と経費が拡大するなかで，地方

財源を保障するために，地方交付税として配分する国税の交付税率（法定率）は，地方交付税が創設された1954年度から66年度まで，しばしば引き上げられた。しかしその後は，財源保障に必要な地方交付税総額を確保できず，国の交付税及び譲与税配付金特別会計が借入を行って財源不足分を穴埋めし，やがてその償還を国と地方が2分の1ずつ負担する「折半ルール」が採用された。

　2001年度からは「折半ルール」の形が変更された。国が地方交付税として地方に渡すこととされている国税5税が，地方の必要額に満たない場合，その不足分のうち，2分の1は国が国債発行により資金調達を行い，交付総額に加算する。残る2分の1は地方自治体がそれぞれ臨時財政対策債（赤字地方債）を発行して財源をまかなっている。このような地方財政対策が毎年度の地方財政計画に反映される。その結果，臨時財政対策債は累積し，その残高は2012年度末に40兆円を超えている。国と地方がそれぞれ借金をしながら国民にサービスを提供しており，国から地方への財源保障は限界にきている。

　なお，臨時財政対策債の将来における元利償還金は，償還の時点で基準財政需要額に100％算入される予定である。ただし，それは将来の地方交付税が公債費のために「先食い」されるだけである。将来世代の知らないところで，公共サービスにあてる一般財源が不足するおそれが高まっているのである。

### 4.3　国庫支出金

　国庫支出金は，国から交付される依存財源であり，かつ使途があらかじめ特定された特定補助金である。国庫支出金は，国庫負担金，国庫補助金および国庫委託金からなる。国庫負担金は，地方財政法第10条，第10条の2，第10条の3などに基づいて，地方事務のうち国と地方の相互に利害がある事務について，経費の一定割合を国が負担することが法令で義務づけられたものであり，義務教育費，生活保護費，建設事業費などの国庫負担金がある。国庫補助金は，地方財政法第16条に基づいて，国が地方に特定の施策を奨励し，もしくは財政援助を行うものとされるが，国庫負担金に近い性格をもつものもある。国庫委託金は，本来国が行うべき事務を地方に処理させる際の財源として交付されるものであり，国政選挙事務や外国人登録等の費用がある。

　特定補助金が抱える問題点は，第9章で述べた通りである。とくに日本の国庫負担金と国庫補助金は，その使途や交付要件が細かく決められている。また，国

庫補助事業は地方単独事業と比べて地方自治体の一般財源を節約できるため，地方予算編成の事業採択で優遇されやすい。これらの事情が地方の行財政運営をゆがめるとの指摘もある。さらに，各省庁が類似の補助制度を創設するなど，「縦割り」行政による無駄や非効率に対する指摘もある。それらに加えて，国庫補助金の申請や使用に際して，手続きが煩雑で膨大な事務作業を必要とすることが問題視されてきた。なお，補助金の算定基準が現実よりも低い単価となっているため，地方自治体に超過負担が生じるという問題も従前から指摘されてきた。

1990年代に進められた第1次地方分権改革では，国庫補助負担金の整理合理化と地方自治体の自主財源である地方税の充実確保が提起された。その後，後述の「三位一体の改革」および国の財政難を背景に，国庫補助負担金は縮小し，メニュー化や整理統廃合が進んだ。しかし，国から地方への関与は現在も根強く残っている。

### 4.4 地方債

地方自治体は，借入によっても資金調達を行っている。借入には，一次的な資金不足を補うために会計年度内で借入と償還を行う一時借入金のほか，地方自治体が出資等を行っている団体への債務保証やリース契約等によって生じる将来的な債務である債務負担行為もある。しかし，最も重要なのは，地方債発行（起債）を通じて，中長期的な借入を行う方法である。

地方財政法第5条では「地方公共団体の歳出は，地方債以外の歳入をもって，その財源としなければならない」とする非募債主義の原則が謳われている。ただし，同条は例外として，次の場合について起債を認めている。

①交通，ガス，水道事業等の地方公共団体が経営する公営企業の経費
②出資金および貸付金の財源とする場合
③地方債の借換えに要する経費
④災害応急事業費，災害復旧事業費および災害救助事業費
⑤公共・公用施設の建設事業費および用地取得にかかる経費

ただしこのほかにも，先に述べた財源不足対策としての臨時財政対策債，国が景気対策として実施した減税による地方税減収分を補塡する減税補てん債，国が推進してきた過疎対策事業・市町村合併事業などに伴う起債が，地方財政法附則や特例法の条項に基づいて認められている。

地方自治体が起債を行う場合，地方財政法第5条の3により，都道府県・政令指定都市の場合には総務省と，一般市町村では都道府県と，それぞれ協議を行う。また，地方債の資金調達を確実なものとするために，国が地方債計画を策定し，年度ごとの発行額とその資金調達手段について管理している。かつては政府資金による借入割合が全体の5割前後を占めていたが，第11章でふれる2001年の「財投改革」の影響もあり，今日では，大都市などの資金調達力が高い地方自治体では市場公募債を発行するところが増えている。ただし，小規模町村のように独力では資金調達が難しい地方自治体については，公的資金すなわち財政融資資金や地方公共団体金融機構からの借入による資金調達が行われている。

　また，財政健全化の指標とされる実質収支赤字額や公債費負担が一定水準を上回る地方自治体は，起債に際して国の許可が必要である。とくに，財政再生団体となった北海道夕張市のように財政再建を強いられる地方自治体は，起債が厳しく制限されている。

## 5　地方財政を取り巻く問題

### 5.1　地方分権改革

　日本では1990年代以降，国と地方の関係を見直し，地方自治体の権限を拡大する地方分権改革が推進されてきた。従前より，国の関与を縮小し，地方自治体が自らの判断で行財政を運営すべきだとの意見はあったが，地方分権が国政上の重要課題と位置づけられたのは93年の衆参両院における「地方分権の推進に関する決議」である。95年には地方分権推進法が制定されて地方分権推進委員会が発足し，地方自治体の自己決定権拡充策が次々に提案された。国の地方に対する関与の縮小を強調した第1次地方分権改革は，2000年に施行された地方分権一括法に結実した。ただし財政制度については，国庫補助負担金の整理合理化と「国と地方の税源配分のあり方」を再検討する形での地方税の充実，すなわち国税から地方税への税源移譲が提起されたものの，実現には至らなかった。

　21世紀に入り，地方分権改革は行政改革および財政再建と一体的に進められることとなった。1つは「平成の市町村合併」である。事務権限を国から移譲するには「分権の受け皿」として地方自治体の規模拡大が必要だと喧伝され，3200近くあった市町村は1700程度まで減少した。もう1つは，国庫補助負担金の廃

止・縮減，税源移譲を含む税源配分の見直しと，地方交付税の改革を一体的に行う「三位一体の改革」である。この改革は2003年度から進められ，国庫補助負担金が約4兆円削減されるとともに，所得税から個人住民税へ約3兆円の税源移譲が行われた。さらに，約20兆円交付されていた地方交付税は大幅に削減されて06〜09年度には15兆円台になり，財政力の弱い地方自治体の財政は厳しい状況におかれた。

2009年に誕生した民主党政権は，「地域主権改革」を掲げ，補助金の一括交付金化や，国から地方への義務づけ，枠づけの見直しとともに，地方財源の確保を打ち出した。それまで削減が進んだ地方交付税総額は再び増加となるが，市町村合併や職員数削減が進むなかで，地方への事務権限移譲を通じた業務量の増大は，自治体に必ずしも歓迎されなかった。

また，2008年のリーマン・ショック，そして2011年の東日本大震災により，地域の社会経済が大きな打撃を受けたこともあり，国が国民の暮らしの安心・安全を保障することを求める声が強まっている。2012年に自民党が政権を奪還し，震災復興に向けて，被災地を中心に，国から地方へと巨額の補助金が配分されている。だが，非大都市圏では高齢化と人口減少に歯止めがかからず，地域の中核的な都市を中心に行財政運営を担うべきという声もあがっている。

地方分権改革については，おもに2つの主張がある。1つは，ナショナル・ミニマムの確保に向けて全国画一の対応をはかるのではなく，これからは地域の実情に応じたサービスを地域の判断で提供すべきだ，との主張である。とりわけ少子高齢社会を迎え，各種の対人社会サービスの供給がますます重視される状況下では，地域の実情に即したサービスは住民に最も身近な地方自治体が供給するほうが効率的であり，その財源を国が保障することが必要である，という考え方が出されている。

もう1つは，地方分権を推し進め，地域のサービスに必要な経費は地域で負担する方式をとることで，受益と負担の関係がより明確化され，財政支出の効率化がはかられる，との主張である。国庫支出金，地方交付税といった移転財源は，必ずしもその地域の住民が負担するわけではない。そのため，ともすれば非効率な支出を招く恐れがあるとして，自主財源の拡大と移転財源の削減を通じて，財政支出の抑制をはかるとの主張もみられる。

財政難の日本において，2000年以降，財政再建の色彩が強い地方分権が進め

られてきたが，合併や行政改革を通じて，地方自治体は疲弊している。なかには，住民のニーズにきめ細かく対応した独自のサービス行うことが難しくなっている地方自治体もみられる。

## 5.2 国の財政危機と地方財政

国と地方が一体となって各種の事務・事業を実施し，それを実施するための財源についても国が保障する仕組みは，全国どこでも標準的な行政サービスを確保する財政制度として機能してきた。しかし，第8章でみた国における財政赤字の慢性化と累積債務の肥大化は，地方財政運営にも影を落としている。

先にみた通り，国は地方財政計画に計上された歳出をまかなう財源を確保できておらず，財源不足を国からの地方交付税加算措置と地方自治体の臨時財政対策債発行に依存する状況が続いている。2014年度においても，地方の財源不足額は10兆円を超える。必要な財源をどのように調達するかが課題となっている。

## 5.3 効率的な行財政運営

財政難の折，日本の地方自治体は，限られた財源のなかで，限りなく効率的な行財政運営を求められている。具体的には，人件費の見直し，事業の民営化や民間委託が推進されてきた。さらに，公共施設における指定管理者制度の導入やPFIの推進などを通じて，行政サービスをアウトソースする動きが加速している。しかし他方で，民間に委ねたことにより，サービスの質が低下する，また運営を管理・監督するためのコストが以前よりも増大した，といった問題も指摘されている。

他方で，地方自治体の財政状況を明示し，財政運営の指標とするための財政健全化指標も導入された。これは，国が地方自治体の財政運営を把握するとともに，財政破綻を未然に防止するための指標として策定されたものである。「地方公共団体の財政の健全化に関する法律」（地方財政健全化法）は，実質収支比率，連結実質収支比率，実質公債費比率，将来負担比率の4つの指標（健全化判断比率）を公表することを義務づけている。また，この数値が一定の水準を超えた地方自治体には，起債制限がかけられ，財政健全化計画や財政再生計画の策定による財政運営への制約が課されることもある。

多くの地方自治体はこれらの指標に目配りをしながら，「財政健全化」を重視

した行財政運営を行っている。しかし，行政に期待される役割が次第に増えるなかで，職員数の削減などを通じて，地方自治体は厳しい状況におかれている。

　このように，地方自治体が国から求められている「効率」とは，一定の役割を最小限の経費で遂行するという意味の「内部効率性」である。しかし，地方財政における本来の「効率性」とは，地方自治体が住民から寄せられる公共サービスの需要に応えること，すなわち「外部効率性」である。「財政健全化」のみを考えて萎縮する「内向き」の態度では，地域社会システムを維持する「外向き」の責任を果たせない。住民にニーズに効率的・効果的に応えるにはどうすればよいのか。また，国・地方とも財政難の折，その負担についてどのように住民の合意を求めればよいのか。国およびそれぞれの地方自治体における慎重な判断が求められるとともに，私たち住民もまた，公共サービスとその負担のありかたについて考えることが必要であろう。

### Keyword
集権的分散システム　地方財政計画　国庫支出金　地方交付税　財政調整制度

### 参考文献
① 林健久編［2003］『地方財政読本〔第5版〕』東洋経済新報社
② 持田信樹［2013］『地方財政論』東京大学出版会
③ 金澤史男［2010］『福祉国家と政府間関係』日本経済評論社
④ 総務省（各年版）『地方財政白書』国立印刷局（総務省ウェブサイトにも掲載）
⑤ 磯崎初仁・金井利之・伊藤正次［2014］『ホーンブック地方自治〔第3版〕』北樹出版
⑥ 神野直彦・小西砂千夫［2014］『日本の地方財政』有斐閣

　日本の地方財政を深く学ぶには，地方財政論の教科書を読んでほしい。①は地方財政の歴史と制度の解説が充実している。②は個々の政策分野における国と地方の関係がくわしく説明される。③は日本における政府間財政関係の特質と改革の動向を論じている。④は地方財政の現状と運営について解説し，統計資料を掲載する。⑤は地方自治制度の教科書であり，地方自治体の役割を知り，財政運営について考えるために有効である。⑥は社会統合に果たす地方財政の役割および全国的にみた制度運営の現状について論じている。なお，第9章に掲げた参考文献は，本章の参考文献でもある。合わせて読んでほしい。

**演習問題**
① 生活保護行政における国と地方の役割分担と，費用負担区分について調べてみよう。
② いわゆる「三位一体改革」を通じて，国と地方の財政関係はどのように変わったのかを調べてみよう。
③ 地方自治体の自主的な課税権はどこまで認められているか。また地方自治体が各地で独自課税を行う例にはどのようなものがあるのかを調べてみよう。
④ 身近な地方自治体の「決算カード」をみてみよう。その財政構造は全国の平均的な値と比べてどのような特徴をもっているか，考えてみよう。

❖沼尾 波子

第 11 章

# 公企業と財政投融資

## 1 公企業と財政投融資

### 1.1 公企業と現代国家の特徴

　洗面所で顔を洗い，トイレで用を足す。洗面所に水を供給する水道は，水道公社が管理している。水洗トイレにつながれる管渠(かんきょ)や処理場の管理は下水道公社が行っている。私たちの何気ない日常を支えているこれらの公社は，多くの地域で，地方自治体（地方政府）が設置している。また国（中央政府）も，公社・公団・事業団・機構などの名称をもつさまざまな企業群の保有者である。政府（中央政府・地方政府）が保有する企業を，一般に公企業と呼ぶ。

　必要な経費をまかなうための収入の多くを租税に求める現代国家は，資産をもたないという意味で「無産国家」と呼ばれる。しかし現実には，現代国家は，公企業を含む膨大な資産を保有している。財務省「国の財務諸表」によれば，2013年3月31日における，国（中央政府）の資産は，625.1兆円に達している。ただし，「無産国家」における「資産」の意味は，かつての「家産国家」とは大きく異なる。「家産国家」の時代は，国王の個人的資産である「家産」をふやすことがめざされていた。それに対し，現代国家が保有する公企業は，基本的には，経費以上の収入をあげることをめざさない。

### 1.2 公企業の特色——私企業，政府との違い

　私企業と公企業の違いを，企業統治の視点から考えてみよう。私企業は，投資家から資金を調達する。投資家は，企業が稼ぎだす利潤の一部を配当として受け

とる。株券の額面に対する配当額が高くなれば，やがては株価も上昇する。このため，投資家は，私企業が将来に向けて投資を行うよりも，現在の配当に回すように企業の経営陣に要望する。投資家からすれば，下水道のように，投資資金を使用料で回収するまで40年かかるような長期投資は望ましくない。

　一方，公企業は，特別な法令などに基づいて設立され（特殊法人），所有者は政府である。政府は基本的に，公企業を長期的に所有する。また，公企業に対し，一定以上の利潤を求めない。このため，公企業は，高速道路や下水道などの長期的な投資や，すぐには利潤の見込めない事業（最先端技術への投資など）を行いやすくなる。また，私企業であれば配当に回す利潤を，所得の低い人や障害をもった人の料金の値下げに回すこともできる。

　ただし，公企業といえども，基本的には，自らが提供する財やサービスに応じた対価である料金によって経営する「企業」である。政府のように，サービス供給と結びつけられていない税金を強制的に調達できるわけではない。

　しかし，政府は公企業を，政府が本来果たすべき政策（人口の少ない地域へのインフラ整備など）の担い手として位置づけようとすることもある。この場合，公企業といえども，そのままでは破綻してしまう。そこで，政府は，自らが望む政策の一部を公企業に果たさせるために，その費用の一部を租税資金により負担するようになる。

### 1.3　財政投融資とはなにか

　公企業が，民間金融機関からお金を借りたケースを考えてみよう。金融機関は，公企業に対してお金を返すことを要求する権利（債権）をもっている。

　もし，公企業の事業成績が悪く，破綻すれば，金融機関がいくら公企業への債権をもっていても貸したお金は戻らない（貸倒れリスクと呼ぶ）。

　それだけではない。たとえば，1年ものの民間企業向け貸付金利が1％のときに，金融機関が年利2％の公社債（10年もの）を購入したとする。しかし，翌年になって民間企業向け貸付金利が5％に上がっても，公社債から得られる年利は2％のままである。この場合，公社債を保有する金融機関がそれを売ろうとしても，買ったときの額面で売ることはできない（金利リスクと呼ぶ）。

　これらの理由から，通常，金融機関は短期の利子率よりも，長期の利子率をより高く設定する。国民の貯蓄が少なく，国自体の信用が十分でない状態，つまり，

資金需要に対し，実際に融資できる資金が限られている状態では，この利子率はいっそう高くなる。

公企業の側からみれば，高い利子率を受け入れてしまえば，採算がとれない。利払いのために料金を高くすれば，サービスを購入する顧客を失ってしまう。

公企業の保有者である政府は，おもに3つの政策手段を使うことで，こうした事態を避けることができる。第1に，政府自らの手で資金を集め，公企業に融資を行う（公的金融）。第2に，政府が，公企業が発行する債券に対し，保証をする（政府保証・債務保証）。万が一，公企業が破綻することがあっても，債券の分は確実に政府が弁済する，という契約を投資家と結ぶことを意味する。第3に，政府が，利子率の分だけ租税資金を補填する（利子補給）。

これらの政策手段の対象は公企業に限らない。とくに，中小企業や農業・漁業者は，同じ事業成績でも，大手企業に比べ，金融機関が提示する融資条件（融資限度額，融資期間，利子率）は悪くなる。金融機関の視点からみれば，中小企業や農業・漁業者は規模が小さく，ひとたび事業成績が悪化するとたちまち倒産してしまい，融資していた資金の回収が難しくなるため，融資条件に差をつける動機が働く。しかし，農業や中小企業の経営者からは，大企業に比べて公平な扱いを受けられないことへの不満が出てくる。経営者精神にあふれた人々が，新しい発想に基づく斬新な商品を市場に提供するために企業を興そうとしても，融資条件の悪さに足がすくむこともある。こうした融資対象に対し，政府が政策的な意図をもって融資を行うことを，**政策金融**と呼ぶこともある。

政府（財政当局）が，何らかの金融的な方法（国営銀行の経営，または債券の発行）で資金を集め，公企業に出資を行い，もしくは政策目的のために公企業や私企業，個人に対し政策金融を行う政府活動は，現代国家において世界的にみることができる。こうした政府活動を，日本では財政投融資と呼ぶ。

## 2 財政投融資の機能と制度

### 2.1 「財政」と「財政投融資」——租税資金と融資資金

図11-1は，現代国家において，租税資金による社会サービスと，融資資金による財政投融資がどのような関係をもっているのかを示したものである。

まず，何らかの理由で働くことが難しい人々に，健康で文化的な最低限度の生

図 11-1 「財政」（租税資金）と「財政投融資」（融資資金）の関係

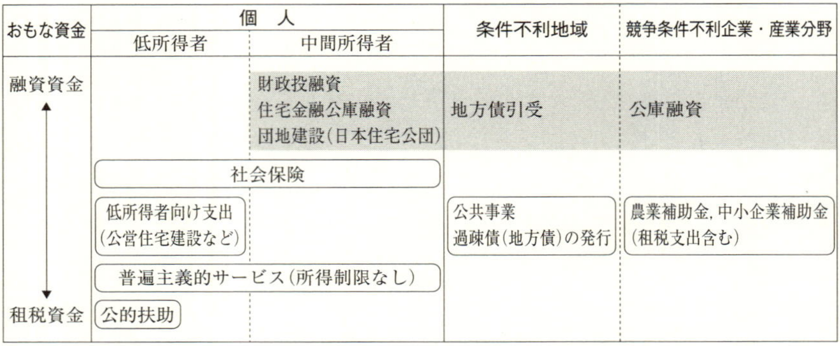

| おもな資金 | 個　人 | | 条件不利地域 | 競争条件不利企業・産業分野 |
|---|---|---|---|---|
| | 低所得者 | 中間所得者 | | |
| 融資資金 ↕ 租税資金 | | 財政投融資<br>住宅金融公庫融資<br>団地建設（日本住宅公団） | 地方債引受 | 公庫融資 |
| | 社会保険 | | | |
| | 低所得者向け支出<br>（公営住宅建設など） | | 公共事業<br>過疎債（地方債）の発行 | 農業補助金,中小企業補助金<br>（租税支出含む） |
| | 普遍主義的サービス（所得制限なし） | | | |
| | 公的扶助 | | | |

出所：林健久［1992］『福祉国家の財政学』有斐閣，149 頁をもとに作成。

活（生存権）を保障するために，政府が公的扶助を給付する。サービス給付の原資には，租税資金があてられる。サービス給付に対応する収入は，基本的には存在しない。

これに対し，低所得者向け支出である公営住宅の建設費は，おもに租税資金があてられるものの，建物や共有施設の補修などの維持管理費の一部は，サービス給付の対価である賃料収入があてられる。

一方，中間所得者向けの公団住宅の運営は，ほぼ賃料収入によってまかなわれていた。また，個人が住宅を建てるときの費用を融資する公企業である住宅金融公庫から受けた融資の元利償還金により，同公庫の事業費用の大半がまかなわれていた。ただし，住宅金融公庫の利子率を引き下げるため，住宅金融公庫は一般会計から租税資金を繰入金として交付されていた。

財政投融資は，公的扶助や公営住宅の建設のような，所得再分配を目的とする政策にはふさわしくない。財政投融資の融資対象は，原則として利子をつけて返済される，すなわち償還確実性が期待される分野に限られる。

しかし，租税は，強制的に徴収されるうえに，支払った税額と受け取るサービスの量は対応しない。このため，国民の間に，租税が政府により有効に使われているという感覚がなければ，税収を上げることは難しい。一方，貯蓄は，国民にとっては自発的に預けた資産である。このため，政府が資金を集めることは比較的たやすい。そこで，「財政」（租税資金）と，「財政投融資」（貯蓄資金）を組み合わせて政策目的を達成しようとする動きも出てくる。

### Column ⑨　ターンパイク

　17世紀にイギリスで産業革命が起こると，都市による消費需要に応じるため，共同体を超えた交通が生じた。馬に荷物を運ばせた「荷馬」（packhorse）に代わり，車輪を装備した馬車での交通も盛んになった。しかし，馬車によってダメージを受けた道の補修をどうするか，馬車に耐えられる道をどうつくるかは，あまり顧みられなかった。乗客にとっては，そもそも馬車が目的地に着くどうかも「神がお許しになれば」というありさまだった。

　これに対し，議会による法律の授権を受けた，地元民が出資したトラストが資金を借り入れて道路を整備し，旅行者から通行料（toll）を徴収する有料道路，ターンパイク・ロード（turnpike road）が登場した。pikeとは，料金徴収門（tool-gate）に置かれた水平の棒である。通行料を支払いたくない旅行者は，引き返す（turn）権利が与えられていた。

　トラストは，資金の調達，用地の買収や道路の整備，維持補修までを幅広く担った。ウェッブ夫妻によれば，1830年にはじつに約1100のターンパイク・トラストが生まれた。トラストを設立したのは，治安判事などをつとめる地方名望家（ジェントルマン）たちだった。川北稔が教えるところ（『イギリス近代史講義』講談社，2010年）では，ジェントルマンをターンパイクの整備に駆り立てたのは，必ずしも経済的な動機ではない。隣の領地には立派な道路があるのに，自分のところに道路がないのはみっともない，という地域一円の保護者としての面子だった。当時のイギリスはレッセ・フェールのただなかにあったが，レッセ・フェールだけでは道路はつくれなかった。

　しかし，多くのターンパイク・トラストの事業規模は小さく，短い距離にいくつものゲートが設置され，交通に支障をきたすことすらあった。しかも，通行料の収益を確保するため，ターンパイク以外の交通を遮断した。地元民はturnする権利すら失ったのである。

　運河や鉄道などの他の交通手段が登場してくると，ターンパイクは長距離交通の競争力を失っていく。トラストは解散し，荒れ果てた道だけが残った。ターンパイクが置かれた教区により維持補修が行われるケースもあったが，共同体を超えた交通路に対する無償労働の負担に憤った人々が暴動を起こす事態（turnpike riot）にまで発展した。結局，中央政府からの補助金交付を受けた地方政府（county council）によって，ターンパイク・ロードの維持管理を行うこととなったのである。

たとえば日本では，農業者が必要とする事業資金の一部を，国が一般会計から補助することで，農業者は事業資金の総額を減らすことができる。しかし，残りの事業資金は農業者自身で調達しなければならない。民間金融機関は成長率の低い農業への融資を渋る。そこで日本政策金融公庫が融資を行うのである。

政府が，特定の産業を奨励し，もしくは地域や産業，事業規模の差による条件の違いを緩和する目的で行う融資は，**社会政策的融資**と呼ばれる。

日本では「財政」と「財政投融資」の組合せは，地方自治体が行う公共事業などにもみられる。地方自治体が行う公共事業費の一部に，国の一般会計からの補助金があてられる。残りの公共事業費のうち，国が認めた一定の比率（充当率）に応じて地方債の起債が認められる。この地方債の一定割合が，民間資金よりも融資条件のよい**資金運用部資金**（政府資金）によって引き受けられる。

## 2.2　1953～2000年の財政投融資

（1）財政投融資の資金の流れ

日本において，国が貯金制度を使って資金を集めた最初の例は，1875年における郵便貯金事業である。また，財政投融資と同様の機能をもつ政策は，1881年の預金部資金の創設にまで遡る。戦後において，「財政投融資」が文書の上で形を整えたのは，1953年，参考資料として「財政投融資計画」が国会に提出されたときである。国会に提出される資料は，運用先を示す「財政投融資計画」と並び，運用する資金の原資である「原資見込」，運用先の使途を示した「使途別分類表」の三表である。

これらの表は，財政投融資をわかりやすく説明するために作成されたものである。ただし，財政投融資にかかわるすべての活動を含んでいるわけではない。そこで，2001年以前の財投資金のおもな流れを示した図11-2から全体像を確認する。

**財政投融資の原資**　郵便貯金や年金積立金など，各省庁が管理する資金は，法令（資金運用部資金法）の定めに従い，大蔵省が管理する「資金運用部資金」に集められた（**預託金制度**）。集められた資金は，政策的な要素を加味しつつ，大蔵省が運用を行っていた。

ただし，郵便貯金を所管する郵政省や年金を所管する厚生省は，大蔵省による運用に対し，強い不満をもった。省庁の不満は，資金の使い道（使途）と，資金

図11-2　1953〜2000年における財投資金の流れ

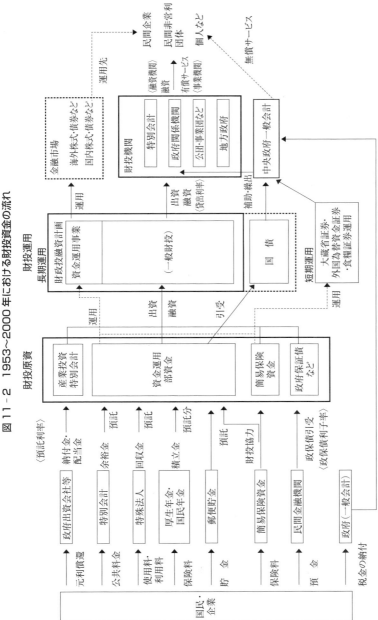

注：太枠部分（―――で囲んだ部分）は、財政投融資計画（財投三表）の開示範囲。
出所：吉田和男・小西砂千夫［1996］『転換期の財政投融資』有斐閣、25頁を参考に作成。

2　財政投融資の機能と制度　207

の運用利率の2つに分けられる。前者は，大蔵省が大企業などに融資を行い，教育や住宅など民生向けには使わないことへの不満である。後者は，資金運用部に預託する利子率（国債と同水準）よりも，より有利な投資先に運用したい，という不満である（自主運用論）。とくに，厚生省は，高齢化による給付人口増大と，少子化に伴う労働人口減少・保険料収入の減少による年金財政の悪化を和らげようと，高利回りの運用先を切実に求めた。

一方，民間金融機関や企業年金に集まった資金は，リスクに見合う金利を求めてさまざまな企業や政府に運用される。これを資本市場と呼ぶ。一部の公企業（たとえば日本国有鉄道や日本道路公団など）は独自に債券を発行し，資本市場からも資金を調達していた。

公社債の元本と利払い費に対し，公企業が返済できなかった場合には，政府が返済することを投資家に約束した債券が政府保証債である。政府保証債は，政府の信用が付与されるため，より有利な融資条件（長い借入期間，低い利子率など）で借り入れることができた。

産業投資特別会計は，もともとは租税資金の繰入およびアメリカからの援助物資を売却した資金（対日援助見返り資金）を原資としていたが，1985年に公企業であった日本電信電話公社が日本電信電話株式会社（NTT）に株式会社化されたときに，政府が保有していた株式の一部を売却した資金を管理する会計となった。しかし，原資の先細りなどもあり，2007年には廃止されている。

**財政投融資の運用**　資金運用部資金の運用は，まず，短期と長期に分けられる。短期運用は，おもに1年以内の政府資金の不足を補うために発行される短期証券への運用である。

次に，長期運用では，**国債への運用**が増加していった。1965年には，資金運用部資金の総資産のうち，長期国債の保有は1.8％にすぎなかった。しかし，この年から一般会計で国債の発行が始まり，その残高が膨らんでいくと，国債の引受先として，資金運用部資金が重要な役割を果たしていく。85年には，資金運用部資金の総資産のうち，23.7％を国債が占めるに至った。

また，資金運用事業の名のもとに，厚生省や郵政省が管理する事業団への融資が行われた。これらの事業団への資金運用部による融資は，原資を管理する厚生省（年金資金）や郵政省（郵便貯金，簡易保険資金）の不満を和らげるために行われた。これらの事業団は，海外や国内の金融市場において，外国債や株式を運用先

とした。しかし，高い利子率を求めての運用であったにもかかわらず，その成績ははかばかしいものとはいえなかった。

短期資金への運用，国債への運用，資金運用事業への運用を除いた部分を，「一般財投」と呼ぶ。一般財投は，特別会計や，公企業に，貸付金利（預託金利とほぼ同じ）により出資や融資を行った。また，地方自治体が発効する地方債の引受けも一般財投に入っている。

この貸付金利を，より政策的な意図を加味して引き下げる（**政策金利**）ためには，その分だけコストがかかる。そこで，おもに一般会計から，租税資金によってコストを負担することになった。その手法は大きく2つに分けられた。

1つは，政府が公企業に出資を行う手法であった。ただし，この出資は，将来の配当を期待して行うものではなく，公企業の財務を改善するためのものである。公企業が累積赤字を計上しても，この出資額（資本）の範囲内に収まれば，公企業は債務超過にならない。

もう1つは，特別会計や公企業の毎年の赤字額を減らすべく，補助金や繰出金などの名目で，特別会計や公企業の運営費を支援する手法であった。

公企業である財投機関は，国鉄や道路公団など自らが事業を行う事業機関と，民間企業や個人に資金を貸し出す融資機関に分かれる。租税資金のブレンドにより融資条件が良くなった融資資金は，融資機関の手によって，輸出企業や中小企業，あるいは農業事業者の事業資金として融資され，また個人の住宅ローンや，奨学資金として貸与された。こうした資金の回収金は財投機関に蓄積され，また財投原資の一部を構成していった。

資金の流れのうち，「財政投融資計画」からわかるのは，5年以上の長期融資であり，国債を除いた資金運用事業と一般財投の部分のみである。公企業が財投資金以外にどのような資金計画をもっていたか，一般会計からどれだけの資金を受けていたかは，公企業ごとに財務諸表をみなければわからない。

(2)「一般財投」の使途別分類——国民総生産との比較から

この限界を知ったうえで，財投三表の1つ，使途別分類表を使った図11-3をみていこう。この図は，大蔵省（財務省）が作成している使途別分類表をもとに，財政投融資が国民総生産に占める比率を算定したものである。

まず，国民総生産に占める財政投融資全体の規模は，1955年の3.7%から，95年には8.0%にまで達した。一般会計総額を100とした場合の財政投融資規模を

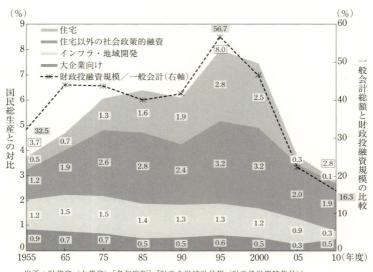

図11-3 財政投融資使途別分類の対国民総生産比

出所:財務省(大蔵省)[各年度版]『財政金融統計月報(財政投融資特集号)』。

みると、55年の32.5から、95年には56.7にまでなった。「第2の予算」とまで呼ばれた時期である。ところが、2010年には、国民総生産に占める財投規模は2.8%、一般会計総額との比較では16.3にまで減っている。

融資対象別にみると、まず、おもに大手企業を対象とする投融資（産業・技術、貿易・経済協力）は、1955年には0.8%（当時の財政投融資の30%弱）を占めたが、その後は減少を続け、2005年には0.3%にまで落ち込んだ。

次に、インフラ・地域開発向けの投融資（国土保全・災害復旧、道路、運輸通信、地域開発）をみると、1955年の1.2%を皮切りに、75年には1.6%に達する。その後は減少を続け、2010年にはやはり0.3%まで落ち込んだ。

そして、住宅以外の社会政策的融資（生活環境整備、厚生福祉、文教、中小企業、農林漁業）をみると、1955年の1.2%から、75年の2.6%を経て、95年には3.2%のピークに達した。こうした融資対象の変化は、後に述べる民間金融機関に融資先の変化と並んで、先に述べた厚生省などの原資機関による資金の使い道への不満に対応した側面もある。その後は減少に転じるものの、2010年でも1.9%を維持している。

210　第11章　公企業と財政投融資

最も劇的な動きがみられるのは住宅向け投融資である。1955年には0.5%にとどまった住宅向け融資は，75年には1.3%で大手企業向け融資を上回る。さらに，85年には1.6%に達し，インフラ・地域開発向け投融資を上回った。そして，95年には2.8%に達し，それ以外の民生融資に迫る勢いを示したのである。ところが，2000年以降，今度は一転して減少に転じ，10年にはわずか0.1%にまで激減するのである。

　この図から，一般財投の使途は，当初の産業・インフラ向けの融資から，次第に社会政策的融資へとシフトしていき，なかでも住宅融資の比重が高まっていったことがわかる。ところが，1995年以降，この傾向が劇的に変わった。これは，橋本内閣期の資金運用部資金審議会懇親会により決定され，2001年から執行された「財政投融資の抜本的な改革」（「**財投改革**」）の影響が大きい。そもそも，なぜ「財投改革」が求められたのだろうか。

## 3　公企業・財政投融資への「批判」と「財投改革」

### 3.1　公企業に対する批判

　「財投改革」に結びついた動きの1つは，政府が所有する公企業に対する批判の高まりである。それらの批判は，おもに以下の3点である。第1に，私企業との比較で，公企業の経営効率が低いとする批判である。第2は，政府をコントロールする議会との対比で，公企業をコントロールする仕組みが存在しないことへの批判である。第3の批判として，公企業が提供するサービスが国民のニーズに応えていないという批判である。

　（1）公企業の経済的効率性への批判——背景にある経済環境の変化

　私企業は，民間投資家が株主である。民間投資家は，利益を最大化することを目的とする。このため，株主は，株を保有する私企業に対し，他の企業よりも安く，あるいは，より魅力ある商品を開発させようとする。しかし，公企業は，政府が保有者であり，コストを削減したり，よりよいサービスを産み出す動機が生まれてこない。結果として，消費者が高いコストで品質のよくないサービスを押しつけられる，という考え方がある。

　利益を最大化する株主がより優れたサービスを提供するための投資を認めるとは限らない。しかし，バブル経済以前の日本では，国内の民間大企業が互いの株

式を持ち合っていたので，株主と経営者の対立関係は，現在ほど深刻ではなかった。1973年のオイル・ショック以降，世界的に経済が減速するなかで，新たな投資を控え，人件費を引き下げ，輸出を拡大する「減量経営」により経済を立て直した民間大企業における経済効率に比べて，公企業の経済効率が劣っているのではないかとの意見は，私企業に従事する人々の耳目を引きつけていった。

「減量経営」によって大手企業が新しい投資を手控えたことで，これまで大手企業を対象としていた民間金融機関が，それ以外の分野――中小企業，住宅などにも融資を行えるようになった。このため，中小企業，住宅などで財政投融資が果たしていた役割は，質（融資条件）の面ではともかく，量（融資額）の面では民間金融機関でも担うことができるようになった。一方，財政投融資も，大手企業向けの融資を抑制し，社会政策的融資に振り向けていった。

1980年代に至って，民間金融機関と財投機関の融資は，補完関係から競合関係へと変貌した。民間金融機関は「民業圧迫」の名のもとに，財投機関の融資に厳しい目を向けた。バブル崩壊と平成不況により，民間金融機関の融資先が劇的に失われたとき，民間金融機関と財投機関の関係は一触即発の状態となった。

(2) 公企業の議会統制からの逸脱と公企業の「乱立」

財政議会主義のもとでは，第4章でみたように，政府の経済活動である歳出，それをまかなうための歳入のいずれも，議会（衆議院および参議院）の厳しい監視下におかれる。とくに，一般会計には，予算に特有の手続き（予算制度）が定められている。

たとえば，その年の会計年度の支出は，その年の会計年度の収入によってまかない（会計年度独立の原則），これに基づき，毎年予算を編成し，議会の議決を受ける（単年度原則）。また，議決を受けた経費項目を，項目を変えて使うことは禁じられている（流用禁止の原則）。こうした予算原則は，国民を代表する議会が決めた予算を，政府が勝手に変更することを戒めるためにある。

ところが，特別会計になると，その年の会計年度の収入を翌年に繰り越したり，一定の範囲で流用したりすることが認められる。あるいは使用料などの事業収入をもとに，債券によって資金を独自に調達することができる。住宅金融公庫などの政府関係機関になると，流用できる範囲はさらに広くなる。

それでも特別会計や政府関係機関は，予算制度をもっている。たとえば，NHK予算は，国会の議決を要する。しかし，公団や事業団になると，そもそも

議決の対象にならない。ただ，これらの機関に対する政府の出資について国会の承認を必要とするにとどまる。

　公企業は事業収入を得るために複数年度にわたる投資が必要である。整備するだけで10～15年間かかる下水道に，予算原則を厳しく適用することは，必ずしも適切な運営方法とはいえない。しかし，1950年代後半から，公団や事業団がさまざまな事業活動を進めるようになると，議会の統制がゆきとどかない機関に政府の活動を任せることが，財政議会主義のもとで現代国家を運営するうえで，はたして妥当なのか，という批判がなされた。

　さらに，公団や事業団が設立した私企業の形態をとる子会社や，その子会社が設立した孫会社が，公団や事業団の関連業務を請け負うようになると，会計検査院のような政府内で予算執行の妥当性をチェックする機関ですら，これらの私企業の活動をモニターできなくなっていった。

　各省庁・各局は，議会の統制が緩くなる公団や事業団を相次いで設置していった。公団や事業団のうち，財政投融資の投融資対象となる機関（財投機関）だけでみても，1953年の15機関から，わずか12年後の65年には47機関を数えた。さすがに61年に設置された臨時行政調査会は，新たな公団・事業団設立の抑制方針を打ち出したものの，いったん設立した公団・事業団は名前を変えるなどして残り続け，80年には54機関に達した。

(3) 公企業が提供するサービスの妥当性——経営破綻する公企業

　財政議会主義の空洞化に，日本の予算編成上の特色である与党有力議員による利益配分が加わったとき，どのようなことが起こったのか。「第3の批判」から，2つの事例を簡単にみていこう。

　第1は，日本住宅公団である。高度経済成長期，多くの人々が大都市部に流入し，深刻な住宅不足が起こった。これに対応するため，政府は1955年に日本住宅公団を設立した。しかし，公団に与えられた予算は十分とはいえなかった。このため，公団は安い土地を求め，都市計画では市街化区域とされない地区の土地を購入し，住宅の戸数を整備した。この結果，地方自治体は，街路，上下水道，小中学校，ごみ処理施設などのインフラ整備を突然求められた。公団と地方自治体の関係は悪化し，公団の住宅建設を拒否する地方自治体もあらわれた。住宅ストックが増えるにつれて，都市計画と切り離され，交通アクセスの悪い立地に集中した公団住宅の人気は低迷し，空室の目立つ団地が多くあらわれた。

第2は，日本国有鉄道である。戦後のモータリゼーションの進展と，日本道路公団による高速道路網の整備により，鉄道の競争力は急速に低下していった。しかし，私鉄各社が1960年代に撤退する一方で，まさにこの時期から国鉄は急速に路線を伸ばした。こうした新規路線は，64年に創設された日本鉄道建設公団によって建設された。建設に必要な投資資金は，おもに資金運用部からの融資によってまかなわれた。しかも，随意契約と呼ばれる，建設業者をあらかじめ指定する手法がとられた。コストを圧縮しようという意識は乏しかった。

　日本鉄道建設公団が次々と建設した路線に，国鉄は賃借料を支払わなければならなかった。国鉄は3度にわたる運賃の値上げに踏み切った。しかし，運賃の値上げは，利用者の国鉄離れにつながった。旅客輸送量は1974年をピークに下落に転じた。にもかかわらず，85年までの12年間，公団は引き続き鉄道を敷設した。債務額は，国鉄を精算した86年に25.1兆円に達した。

　これらの債務額は，当初掲げられた国有地の売却だけでは処理できなかった。結局，借換えの利払い費も含め，99年には24.7兆円にものぼる債務を，一般会計が承継することになった。一般会計では，債務の償還のため，タバコ特別税と，郵便貯金特別会計からの繰入金があてられることになった。

　住宅公団，国鉄の双方とも，事業の性質に対応した必要な租税資金が十分に手当されていないがゆえに起こった問題である。たとえば，採算の悪い地域に鉄道を整備する場合には，鉄道の敷設や駅の建設などインフラ部分を租税資金でまかなう「上下分離」などの手法が採用されていれば，国鉄の運賃値上げは避けられ，清算とはならなかっただろう。国会での議論と説得を回避し，融資資金の「独立の小王国」で，中央省庁と有力政治家の連合体が作り上げたものは，利便性に乏しい施設群と，国家に対する人々の強い不信だった。

### 3.2　財政投融資制度に対する批判

　政府は，公企業である電電公社をNTT（1985年）に，専売公社をJT（85年）に，国鉄をJR（87年）に，それぞれ「民営化」した。さらに，90年代には，特殊法人の整理・合理化が進められることとなった。

　このとき，公企業に資金を融資した財政投融資制度自身にも批判の眼が向けられるようになった。なかでも，財政投融資制度は，預託金制度によって，原資である郵便貯金や年金積立金が自動的に預託されるため，その運用先を求めて，非

効率な財投機関に対しても融資を行ってしまうのではないかという批判は根強いものがあった。貯金した後に一定期間が経過すれば払戻し自由という定額貯金の利便性が，民間金融機関に比べ多くの個人貯蓄を引きつけていたことも，疑念を高める背景となった。こうした批判は，原資である郵便貯金や年金積立金を預託制度から切り離してしまえば，財投機関への非効率な融資は止まるのではないかとの考え方，いわゆる「兵糧攻め」論が生まれた。

しかし，資金運用部資金は財投機関以外にも国債や資金運用事業などの融資先をもっている。原資である郵便貯金や積立金の増減と，財投機関への融資は結びついてはいない。一方，この考え方に立てば，資金運用部への預託義務づけがなくなるため，厚生省や郵政省は「兵糧攻め」論を歓迎していった。

## 4 「財投改革」以後の財政投融資

### 4.1 「財投改革」以降の資金の流れ

では，2001年の「財投改革」により，資金の流れはどのようになったのか。図11-4をみてみよう。まず，大きな変化は，預託金制度の解体である。資金運用部資金法は廃止され，厚生年金，国民年金および郵便貯金，簡易生命保険の預託義務はなくなった。旧財投原資は，基本的には，自らの意思で，自由に運用ができるようになった。

そして，財政投融資の原資は，財政融資資金特別会計（2007年度以降は財政投融資特別会計）が国の信用により発行する**財投債**を主とすることとなった。各機関が独自に債券を発行する**財投機関債**には原則として政府保証がつかず，各機関自身の信用によって資金調達することがめざされた。各機関の事業収益が悪化すれば，資本市場は融資条件を厳しく査定する。その結果，融資条件が悪化した機関は市場から自発的に撤退させる（市場規律による退出）ことを意図した。

「兵糧攻め」論は制度改革の精神に強い影響を与えた。ただし，政府保証債が維持されたように，必ずしも制度改革の精神がすべて実現したわけではない。そもそも，財投機関は政府（一般会計）の仕事を肩代わりするのだから，事業成績にかかわらず，いざとなったら政府が助けるだろうという期待（「暗黙の政府保証」と呼ばれる）をもつ投資家もあらわれる。政府保証債に比べ利回りが高まるとはいっても，財投機関そのものの事業成績が利回りに反映するというわけではない。

図11-4 財投改革後の財政投融資資金の流れ

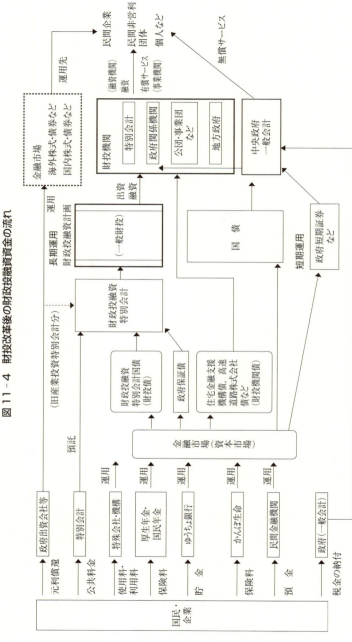

出所:著者作成。

216　第11章　公企業と財政投融資

では，財投改革によって変化した点を確認しよう。まず，図 11－2 と図 11－4 を比べればわかるように，かつての資金運用事業や，財投機関債分は，財政投融資計画に計上されなくなった。これは，財政投融資計画が教えてくれる情報が，より少なくなったことを意味する。政府の経済活動に対する議会の統制という観点は，財投改革期にはあまり意識されなかった。

次に，財投機関は，民間金融機関と競合していた分野から撤退した。とくに，民間金融機関との衝突が激しかった住宅金融公庫は廃止された。公庫が行っていた 50 兆円もの住宅融資は，ほぼすべて民間金融機関による融資に転換された。

以上をふまえて，2012 年の財政投融資計画の融資実績を確認する。融資実績総額は 14.7 兆円であり，1996 年の 45.9 兆円に比べ 68％減った。規模の大きな財投機関順にみると，政策金融公庫（3.9 兆円），地方公共団体（3.8 兆円），日本高速道路保有・債務返済機構（2.3 兆円），政策投資銀行（0.9 兆円），日本学生支援機構（0.8 兆円），地方団体金融機構（0.8 兆円），国際協力銀行（0.6 兆円），都市再生機構（0.4 兆円），福祉医療機構（0.4 兆円），産業革新機構（0.1 兆円）となっている。図 11－3 にみられるように，住宅以外の社会政策的融資のみが融資規模を維持しているが，それ以外は軒並み減少している。

一方，預託金制度から解放されたはずのゆうちょ銀行は国債保有を増やしていった。「民営化」前の郵政公社（1 期目，2003 年度末）時代には，郵便貯金の総資産 280.5 兆円のうち，国債は 89.2 兆円（31.8％）である。しかし，「民営化」後のゆうちょ銀行（08 年度末）においては，総資産 196.4 兆円のうち，国債はじつに 155.4 兆円（79.1％）を占めた。

この背景には，第 8 章でみたように，1990 年代末より国債残高が累増したという事情がある。財投改革直前の 98 年度末に 258 兆円だった国債残高は，2013 年度末には，東日本大震災の復興債を含めて，750 兆円に達した。

こうした事態に対応する手段が，かつての財投原資に対して国債保有を求めるものだった。「民営化」するゆうちょ銀行やかんぽ生命に対する安全資産（国債，地方債など）の保有義務（郵政民営化法第 160 条）は，その例である。

郵政民営化法は，「官」（財投機関）から，「民」（民間企業）に資金を移転させ，経済を活性化させることを目的に掲げた（第 2 条）。しかし，現実は「民営化」したゆうちょ銀行を国債保有機関にしたともいえる。

ただし，郵政民営化法による安全資産の義務づけは，法的には民営化前の預金

に限られるため，民営化以降に受けた預金については対象外となる。このため，2013年「異次元の金融緩和」以降の国債の買入には，日本銀行がより大きなかかわりをもつようになっている。

### 4.2 「株式会社化」と「民営化」

日本では，「民営化」という言葉を，「企業形態の変化」という意味と混同することがある。たとえば，国鉄改革によって，公社である日本国有鉄道は清算され，株式会社であるJR各社が設立された。しかし，この時点では，各社の株式は国が100％保有していた。これは，企業形態を「公社」（特殊法人）から「株式会社」に変えただけであり，いわば，「株式会社化」である。

会社法のもとに設立された株式会社の株式を政府が保有している場合，その会社は「特殊会社」と呼ばれる。「特殊会社」は，政府が保有している以上，財務省「国の財務書類」の連結対象となる。「民営化」を経た2013年現在の日本郵政グループも「特殊会社」である。字義通りの「民営化」とは，この株式が，政府から，民間投資家に売却されたときである。逆にいえば，配当の原資となる利潤が期待できるようにならないと，民間投資家の食指は動かない。

たとえば，2012年に1753億円の純利益をあげたJR東日本の株式は，完全に「民営化」されている。一方，同年に16億円の純損失となったJR四国の株式は，依然として国が保有している。

### Keyword
政策金融　社会政策的融資　資金運用部資金　預託金制度　国債への運用　政策金利　財投改革　財投債　財投機関債

### 参考文献
① 福島量一・山口光秀・石川周［1973］『財政投融資』大蔵財務協会
② 新藤宗幸『財政投融資』［2006］東京大学出版会
③ 竹原憲雄［1988］『戦後日本の財政投融資』文眞堂
④ 吉田和男・小西砂千夫［1996］『転換期の財政投融資――しくみ・機能・改革の方向』有斐閣
⑤ 高橋洋一［2007］『財投改革の経済学』東洋経済新報社

　①は大蔵省理財局で実際に運用事務を担当している立場から書かれた財政投融資の

解説書である。②は行政学の立場から財政投融資制度・財投機関の特徴を考察した書であり，財投機関運営の実態にもふれられている。③は制度的財政学の立場から財政投融資制度の歴史を詳細に跡づけた書であり，大蔵省による統合運用がもつ意味について深く知ることができる。④は1990年代までの財政投融資の制度運用についてコンパクトに理解できる書であり，財政投融資による経済安定化を実証した論考も収録されている。⑤は財政投融資の金融的機能が理解できる書であり，後半には小泉政権側からみた郵政民営化を進める立場からの「改革」にかんする論考が収められている。

**演習問題**

① 民間投資家が株主となる私企業には道路の建設が難しい理由を，公企業との企業統治の違いにふれながら述べなさい。
② 公企業が所得再分配を担うことのできる範囲について考えなさい。
③ 財政投融資制度改革を進めるうえで有力な議論となった「兵糧攻め」論とは，どのような考え方か。

❖ 木村 佳弘

第 12 章

# 社会保障と教育の財政制度

「自分のことは自分が一番よく知っている」というせりふがよく聞かれる。しかし「いつまで生きるか」「寝たきり状態になるか」「いつ病気やケガに襲われるか」「いつ会社が倒産するか」など，人生はわからないことだらけである。個人が将来自分に起こる出来事を正確に予測して，それに完全に備えるだけ貯蓄することは困難である。かといって，傷病，失業，貧困に苦しむ人を見捨てることはできない。そこで，現代国家においては，年金，医療，介護，雇用保険，保育，公的扶助などの社会保障制度が運営されるのである。

また，子どもが受ける教育を選択する場合，保護者の考え方が大きく反映される。ただし，それが子どもの将来に良い方向に働くとは限らない。そこで，子どもの人格を形成・発展させ，人間として知識・技能を身につけて経済的自立と職業選択の自由を享受できるようにするために，公教育が展開される。また「今後の人生を考えて，学び直したい」というキャリア形成および生涯学習の志をもつ社会人も増えている。さらに，教育の効果は個人に及ぶだけではなく，社会としての知識・文化・治安などの水準を向上させる「外部効果」をもつ。

本章は，生活の前提条件を整備する社会システム維持サービスの中軸となる社会保障および教育における現状，今後の課題および財源確保策について検討する。

## 1 社会保障の論理と財政

社会保障制度のうち，**現金給付**には，加齢，傷病，失業などにより所得を得られなくなった人の生活資金を保障する社会保険，児童手当などの社会手当，そして貧困対策としての公的扶助がある。また**現物給付**としては，医療，介護，保育，

職業訓練，障害者福祉，保健衛生などのサービスがある。さらに税制や政策金融を用いた施策もとられる。その論理と展開を整理する（池上［2013］参照）。

## 1.1　社会保障の論理

　個々人が老後の生活に必要な資産を正確に予測することはできない。その場合，老後の蓄えが乏しい高齢者を公的扶助で保護するよりも，すべての高齢者が生活資金を受け取る権利を保障する制度のほうが優れている。これが，国民の生存権が確立し，長寿化が進む現代における公的年金の意義である。公的年金の財政方式は2つあり，その1つは積立方式である。これは自分の世代が現役時に納めた保険料とその運用益で年金給付をまかなう制度であり，世代間の再分配は発生しない。ただし，積立ての途中でインフレが発生した場合，長寿化が予想を超えて進行して受給期間が延びた場合などは，受給者に適切な生活水準を保障することができない。もう1つは賦課方式であり，これは現役世代が拠出した保険料を引退世代に給付する。現役世代は次の世代が納めた保険料から給付を受けるので，「世代間の順送り扶養」になる。その根底には，引退世代は現役世代の扶養・教育，さらに後世に残る科学技術などの面で恩恵を与えてきた，という観点がある。ほとんどの先進国の公的年金は賦課方式をとる。

　次に，医療についてみてみよう。市場経済において消費者が商品の質と価格を的確に判断して経済活動を主導する，という意味で「消費者主権」という語が使われることがある。また，中古車を売りたい人が自動車の欠陥を隠す，保険に加入したい人が持病を隠す，といった例をあげて，消費者が事業者に対して優越的な情報をもつ，と仮定して「情報の非対称性」が論じられることもある。しかし，医療サービスには逆の面がある。腹痛や頭痛を訴える人はその原因と治療法がわからないことが多いので，消費者として最適な医療サービスを選択するのは困難である。むしろ，医学の知識・経験・設備をもつ医療提供者に優越的地位がある。また，民間医療保険は健康な人の加入を優先するので，病気がちな人の保険料は高く設定されてしまう。さらに，扶養家族が多い人ほど保険料が高くなる。これでは国民全体としての健康確保は困難である。患者は特別に高度な健康状態を要求するわけではなく，日常的な健康を回復しようとしているにすぎない。政府は，その権利を保障するために，医療の人材養成と資格付与，研究の支援，医薬品の許認可，病院の運営などを行う。また，診療・入院サービスや休業手当には租税

と社会保険料が投入される。さらに，疾病予防などのために，公衆衛生サービスが展開される。

また，「寝たきりや認知症になる」という不安は誰しも拭えないし，そのような状態を自己責任とみなすのも難しい。介護を必要とする者とその家族は，特別な幸福を要求するわけではない。そこで，個人の尊厳を保ちつつ生存権を保障するために「介護の社会化」を進める趣旨で公的介護サービスが行われ，介護のために仕事を休めば休業手当が支払われる。

同じように，自分がいつ失業するかはわからないし，仕事が原因で病気になり，またはケガをするかもしれない。そこで，雇用保険により失業手当が一定期間支払われ，労災保険により労働災害について補償が行われる。

近代の貧困対策は，イングランドにおいて1601年，エリザベス1世の救貧法により確立した制度が代表的である。そこでは，就労可能者は労働が強制され，救済範囲は限定的であり，受給者の社会的地位は低かった。それに対して，現代の貧困対策は，国民の生存権を保障する政策である。これは，家族構成や高齢・傷病・長期的失業などにより所得を得られない人々に最低限の生活を保障する現金給付を中心とする公的扶助（生活保護）であり，就労支援も行われる。なお，先進国では「格差拡大」が進行するなかで相対的貧困率も上昇しており，とくに2008年からの世界金融危機に続く不況により，受給者が増大した。

さらに，「共生社会」という観点からは，障害者福祉，障害児教育，就労支援，公共施設利用や移動の円滑化（バリア・フリー）などが取り組まれる。

子どもを守り育てることは，社会システムとしての課題である。1990年に「子どもの権利条約」が発効して「生きる」「守られる」「育つ」「参加する」権利が宣言され，人身売買防止，武力紛争からの保護，健康・教育の向上などの取組みが進められている。とくに少子化傾向がみられる先進国などでは，保育サービス，育児休業時の所得補償，児童手当などの子育て支援策が拡充されている。

このように，現代国家の社会保障は，家庭環境および健康状態の多様性，所得・資産の格差，将来の不確実性と情報の不完全性などが人生に大きな影響を及ぼすことを前提として，国民の生存権を保障する制度体系である。それは租税負担の拡大を招くために，高所得者や資産家の反発を招くことがある。しかし，生存権保障は社会の安定と持続可能性を高めることにより，全体的利益となる。

### 1.2　社会保障の拡大と財政制度

19世紀末以降，ドイツの宰相ビスマルクが導入した疾病保険，労災保険および障害・老齢保険を嚆矢として社会保険が発達した。そして，第1次世界大戦を契機として大衆民主主義が定着すると，社会保障を求める声は格段に高まった。

国民の生存権と「機会の平等」に加えて，雇用確保も「権利」となった。また，耐久消費財の開発と性能向上などにより生活水準が向上するのに合わせて，医療・福祉の高度化，年金給付額引上げなども進められてきた。さらに，労働力の頻繁な移動により家族は分散し，先進国では少子化により世代再生産が困難になっている。地域共同体も弱体化したため，その機能を財政が代替せざるをえなくなっているのである。それに加えて，家計所得の増大，医療の進歩，保健衛生の改善により長寿化が進行し，給付を受ける期間も延びる。それによりサービス対象者数が増大し，社会保障関係費は膨張する。

また，社会保障のための財政制度は，経費支出に限られない。表12-1に示したように，年金，医療，介護，雇用・労災，貧困対策，障害者福祉など，子育て，公衆衛生といった社会保障の諸分野において，それぞれサービスの現物給付，租税もしくは社会保険に基づく現金給付に加えて，租税の減免措置という形をとる政策税制，財政投融資の一環としての政策金融が行われるのである。

### 1.3　中央政府－地方政府－社会保障基金

第1章，第9章でみたように，政府は，中央政府，地方政府および社会保障基金からなる。社会システム維持サービスについてみると，地方政府は，家族・地域の共同体的性格に基づいて，社会保障および教育を含む広義の対人社会サービスを現物給付し，生活環境としての社会資本を整備する。これは生活の場における「協力の政府」である。また社会保障基金は，加齢，傷病，失業，介護，育児などのために経済システムから離れて，所得を得られなくなった場合，生活資金を保障する年金，傷病手当，失業手当，休業手当などを現金給付する社会保険体系である。これは生産の場における「協力の政府」である。そして中央政府は，地方政府と社会保障基金が全国的にみて標準的なサービスを行えるよう財源を保障する。3つの政府が機能してはじめて，財政がその役割を果たすのである（神野直彦・金子勝編［1999］『「福祉政府」への提言』岩波書店）。

なお，政府部門として社会保障基金という社会保険を運営しなくても，たとえ

表 12-1 社会保障および教育にかんするおもな財政制度

| | | サービス現物給付 | 現金給付 (租税) | 現金給付 (社会保険) | 政策税制 | 政策金融 |
|---|---|---|---|---|---|---|
| 社会保障 | 年金 | | 税方式年金 | 拠出制年金 | 社会保険料控除 公的年金等控除 | |
| | 医療 | 診療・入院サービス | | 傷病手当 | 社会保険料控除 医療費控除 | 医療施設建設融資 |
| | 介護 | 在宅・施設サービス | | 介護休業給付 | 社会保険料控除 | 介護施設建設融資 |
| | 雇用・労災 | 職業訓練 | | 求職者給付 教育訓練給付 高年齢雇用継続給付 労災補償給付 | 社会保険料控除 雇用増加税額控除 | |
| | 貧困対策 | 公営住宅 | 生活保護給付 児童扶養手当 | | | 公営住宅建設融資 |
| | 障害者福祉等 | 福祉施設 バリア・フリー | 自立支援給付 | | 障害者控除 | 福祉施設建設融資 |
| | 子育て | 保育所運営・補助 | 児童手当 | 育児休業給付 | 扶養控除 | 保育所建設融資 |
| | 公衆衛生 | 保健所 健康診断 | | | | |
| 教育 | 就学前教育 | 幼稚園運営・補助 | | | 寄付金控除 | |
| | 初等中等教育 | 学校運営 私学助成 | 就学援助 | | 寄付金控除 | 教育ローン 学校建設融資 |
| | 高等教育 | 学校運営 私学助成 | | | 寄付金控除 特定扶養控除 勤労学生控除 | 奨学金貸与 教育ローン 学校建設融資 |
| | 生涯学習・文化 | 施設運営 | | 教育訓練給付 | | 施設建設融資 |

出所:著者作成。

ば民間保険でよいのではないか，との意見もありうる。しかし，保険会社はリスクに応じて加入者の選別や保険料の設定を行うので，リスクの高い国民は加入が困難になる。さらに，事業の長期的安定性も考慮すれば，全国民に権利としての生活資金保障という形でリスクを分かち合うことに意義があり，それが社会の安定にもつながる，との見地から社会保険が設けられているのである。

ただし，各国の財政制度における「社会保障基金」の内容はさまざまである。たとえば，オーストラリア，ニュージーランド，ノルウェーなどは社会保障基金という区分を用いていない。日本の場合，社会保障基金には社会保険関係の特別会計，共済組合，健康保険組合などが含まれる。しかし，医療保険支出の大部分

図 12-1 「福祉レジーム」の多様性

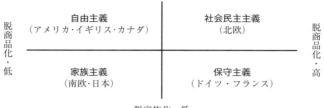

出所：新川敏光編［2011］『福祉レジームの収斂と分岐』ミネルヴァ書房，序章，16〜20頁を参照して作成。

は診療サービスの現物給付を行う費用にあてられている。

### 1.4 「福祉レジーム」の多様性

社会危機の原因となる少子高齢化の対策，とくに高齢者所得保障，医療・介護の水準，保育支援の程度，失業・貧困対策などは国ごとに異なる。その多様性を「福祉レジーム」論（新川［2011］［2014］）により類型化してみる。これは，エスピン-アンダーセン（G. Esping-Andersen）による比較福祉レジーム論が「社会民主主義」「保守主義「自由主義」の3類型を提示したのを発展させて，それらに「家族主義」を加えた4類型として再構築したものである。

まず，資本主義経済システムのもとで，不況や技能不足のために職に就けず，すなわち自らの労働力を商品化できなくても，あるいは老齢・傷病などにより労働能力が減退して労働市場からの退出を余儀なくされても，公的扶助，雇用保険，年金，医療，介護などの社会保障制度により生活が保障される場合，それを「脱商品化」と呼ぼう。また，女性の就業率が高まり，旧来の慣習を超えて家族形態が多様化した状態を「脱家族化」と呼ぶことにする。「脱商品化」と「脱家族化」の度合いを組み合わせたのが，福祉レジーム類型である。

「脱商品化」を横軸に，「脱家族化」を縦軸にとり，先進国を各類型にあてはめたのが図12-1である。「社会民主主義レジーム」は，社会保障給付が大規模で脱商品化が進み，女性の就業率が高く脱家族化が進んでいる国であり，後出する表12-3からわかるように，北欧諸国がこれにあたる。「保守主義レジーム」は，社会保障給付が充実して脱商品化が進んでいるが，脱家族化の度合いは相対的に

低い国であり，ドイツ，フランスが該当する。「自由主義レジーム」は，社会サービス水準が相対的に低く，脱商品化は進んでいないが，家事労働者の雇用，すなわち家事労働の市場化という形で脱家族化が進んだ国であり，アメリカ，イギリス，カナダなどが該当する。「家族主義レジーム」は，社会保障支出が比較的少なく，女性の就業率が低い国であり，南欧諸国・日本などが含まれる。

　社会民主主義レジーム諸国と保守主義レジーム諸国は社会保障支出が大規模であり，とくに家族・保育，障害者福祉，労働政策に積極的である。自由主義レジーム諸国と家族主義レジーム諸国の支出は少ないが，そのなかには高齢化率が低いために年金・介護の支出が少ない，という国もある。なお，税制の中軸は個人所得税であるが，保守主義レジーム諸国と家族主義レジーム諸国では社会保険料が重要な位置を占める。

　社会保障のなかでも，たとえば，保育所や児童手当について，自由主義および家族主義レジーム諸国のように所得・資産などの制限を設ける**選別的**（selective）**給付**とするか，社会民主主義レジーム諸国のように所得・資産制限を設けない**普遍的**（universal）**給付**とするかにより，経費の差は大きい。

## 2　日本の社会保障財政

　表12-2に示したように，日本の社会保障給付費は金額，対GDP比とも急上昇している。とくに，これまでは年金給付の急増が目立っていた。2012年度の総額108兆5568億円のうち，年金が50％，医療が32％，介護対策が8％である。それらの財源には，租税と社会保険料がともに含まれている。

　家族主義レジームに属する日本では，少子化・高齢化が進行しているにもかかわらず，表12-3に示した国のなかで社会保障支出の人口1人当たり額は最低であり，対GDP比もアメリカ，カナダに次いで低い。とくに，家族・保育，障害者福祉および労働政策の支出が少ないのが目立つ。

　国の一般会計は，原則として租税を財源とする。2012年度の社会保障関係費29兆1976億円のうち，年金医療介護保険給付費（基礎年金，医療保険，介護保険など）21兆2459億円が最も多い。社会福祉費（保育所，児童手当，障害者保健福祉など）4兆3647億円，生活保護費2兆7743億円，雇用労災対策費（雇用保険，高齢者雇用，職業能力開発など）4138億円，保健衛生対策費（感染症対策，医療提供体制，

表12-2 社会保障給付費の推移

(単位：億円，%)

| 年度 | 年　金 | 医　療 | 福祉その他 | うち 介護対策 | 合　計 |
|---|---|---|---|---|---|
| 1965 | 3,508　(1.0) | 9,137　(2.7) | 3,392　(1.0) | －　(－) | 16,037　(4.7) |
| 1975 | 38,831　(2.5) | 57,132　(3.7) | 21,730　(1.4) | －　(－) | 117,693　(7.7) |
| 1985 | 168,925　(5.1) | 142,830　(4.3) | 45,044　(1.4) | －　(－) | 356,798　(10.8) |
| 1995 | 334,986　(6.6) | 240,520　(4.8) | 71,685　(1.4) | －　(－) | 647,191　(12.8) |
| 2005 | 468,386　(9.3) | 281,608　(5.6) | 134,985　(2.7) | 58,701　(1.2) | 884,979　(17.5) |
| 2012 | 539,861　(11.4) | 346,230　(7.3) | 199,476　(4.2) | 83,965　(1.8) | 1,085,568　(23.0) |

注：1) （ ）内は対GDP比（%）。
　　2) 「福祉その他」は，介護対策，失業・雇用対策，児童手当，生活保護，社会福祉，公衆衛生などからなる。なお，1965～95年度の「介護対策」の数値は不明。
出所：国立社会保障・人口問題研究所『社会保障費用統計』2012年度版，38～39頁より作成。

原爆被爆者援護など）3988億円がそれに続く。

## 2.1　年　金

(1) 制度の現状

1961年の「国民皆年金」成立以来，日本の公的年金は自営業者などに向けた国民年金と雇用者（被用者）の厚生年金・共済年金が並立していた。当初は積立方式がとられたが，高度成長による国民所得上昇に給付水準を合わせたこと，インフレに運用実績が追いつかなかったこと，長寿化が予想を超えて進んで受給年数が長期化したことにより，積立金は不足しはじめた。さらに，高度成長期が過ぎて経済成長率が低下したために，保険料収入は停滞し，積立金の運用成績は悪化した。これにより，公的年金は，現役世代の保険料も退職世代への給付にあてる「修正積立方式」すなわち実質的な賦課方式に移行した。

1986年からは，国民年金が20歳以上の全国民への基礎年金と位置づけられ，雇用者の場合，厚生年金・共済年金が上乗せされる。国民年金は，保険料（2014年度現在，月額1万5250円），給付（40年間納付した場合，同じく月額6万4400円）とも定額である。雇用者年金は保険料，給付とも報酬比例であり，2014年現在の厚生年金保険料率は17.474%（原則として労使折半）である。

(2) 改革の動向

年金給付の急増に対して，これまでは，給付水準の引下げと給付開始年齢の引上げにより退職期の負担を増やすとともに，保険料率の引上げと国費負担（租税

表12-3 社会保障支出の

| | 人口1人当たり額 (米ドル〔購買力調整済み〕) | | | | | | | |
|---|---|---|---|---|---|---|---|---|
| | 高齢 | 遺族 | 障害 | 保健 | 家族 | 積極的労働市場政策 | 失業 | 住宅 |
| スウェーデン | 3,810 | 205 | 1,862 | 2,727 | 1,399 | 420 | 271 | 177 |
| デンマーク | 3,126 | 3 | 1,886 | 2,942 | 1,492 | 618 | 880 | 286 |
| アメリカ | 2,764 | 351 | 697 | 3,778 | 319 | 70 | 399 | - |
| カナダ | 1,581 | 155 | 361 | 3,040 | 427 | 119 | 371 | 161 |
| イギリス | 2,317 | 36 | 1,014 | 2,809 | 1,333 | 115 | 161 | 506 |
| フランス | 4,132 | 617 | 664 | 3,026 | 1,078 | 333 | 515 | 285 |
| ドイツ | 3,288 | 778 | 827 | 3,117 | 740 | 363 | 604 | 233 |
| イタリア | 4,187 | 830 | 628 | 2,392 | 511 | 142 | 254 | 8 |
| スペイン | 2,478 | 699 | 882 | 2,264 | 489 | 277 | 1,110 | 64 |
| 日本 | 3,379 | 463 | 321 | 2,335 | 313 | 139 | 126 | 52 |

注：1)「高齢」は老齢年金，在宅ケアなど。「遺族」は遺族年金，葬儀・埋葬料など。「保健」は医療の現物給付。「家族」「積極的労働市場政策」は職業案内，能力開発・訓練，雇用拡大助成，直接的雇用創出，早期退職対策など。「失業の他」は生活扶助，障害・業務災害・傷病など。
2) 女性の就業率（Employment/Population Ratio）は，15～64歳の女性人口に占める就業者の割合（2011年の数値）。
3)「合計特殊出生率」は，1年間における各年齢（15～49歳）の女性の出生率を合計したもの（2011年の数値）。
4)「高齢化率」は，65歳以上の者が全人口に占める割合（2011年の数値）。
出所：OECD. Stat Extracts（http://stats.oecd.org/〔2014年9月26日参照〕）より作成。

投入）の増大により現役時の負担を増やす形で，部分的修正が積み重ねられてきた。給付開始年齢は60歳から65歳へ段階的に引き上げられたが，保険料率が徐々に引き上げられるとともに，国民年金給付に占める国費負担の割合は3分の1から2分の1に引き上げられた。また，少子化や長寿化の進行に応じて給付水準を引き下げる「マクロ経済スライド方式」なども導入された。

また，いまある年金積立金は，運用収益を追求しつつ，将来は取り崩す方針がとられており，賦課方式への移行は既定路線といえる。ただし，現在は年金給付として現役時の平均年収の50％を確保することが公約されているが，それを守れるかどうか明らかではない。なお，年金収入に対する所得税の課税範囲を拡大して，富裕な高齢者に負担を求める余地は残されている。

論者のなかには，積立方式を復活すべきだとの議論もある。ただしそこには，積立金がインフレなどに確実に対応できる，長寿化はこれ以上進まない，納めた保険料が退職世代に給付されてしまった現在の中堅世代の年金は超長期国債の発行でまかなって負担を多世代に分散させる，などの前提がある。それらが満たされなければ，再び賦課方式に逆戻りしてしまう。

**国際比較（2009年）**

| その他 | 合計 | 対GDP比（%） | （参考）女性の就業率（%） | 合計特殊出生率 | 高齢化率（%） |
|---|---|---|---|---|---|
| 264 | 11,135 | 29.8 | 71.3 | 1.90 | 18.6 |
| 331 | 11,564 | 30.2 | 70.4 | 1.76 | 17.1 |
| 335 | 8,713 | 19.2 | 62.0 | 2.12 | 12.6 |
| 1,112 | 7,327 | 19.2 | 68.9 | 1.61 | 14.5 |
| 75 | 8,366 | 24.1 | 65.3 | 1.89 | 13.3 |
| 150 | 10,800 | 32.1 | 59.7 | 2.00 | 17.1 |
| 65 | 10,013 | 27.8 | 67.7 | 1.36 | 20.6 |
| 15 | 8,966 | 27.8 | 47.2 | 1.39 | 20.6 |
| 86 | 8,351 | 26.0 | 52.8 | 1.34 | 17.2 |
| 82 | 7,209 | 22.2 | 60.3 | 1.39 | 23.3 |

族」は家族手当・出産／育児手当，保育所，育児支援，就学前教育など。
業」は雇用保険等の失業給付。「住宅」は公的住宅，家賃・家主補助。「そ

　それに対して，標準的年金は所得比例の年金税でまかない，老後の受給額は各人の現役時の納税額に比例させる，また現役時に低所得だった人の生活保障のために一般の租税を財源とする最低保障年金を給付する，という形で賦課方式を徹底する議論もある（金子勝［1999］「拠出税方式の所得比例年金を」神野直彦・金子勝編『「福祉政府」への提言』岩波書店；松本淳・高端正幸［2006］「体系的な社会保障制度改革」神野直彦・井手英策編『希望の構想』岩波書店）。これはスウェーデンで採用されている方式である。この場合，年金税の納税額が将来の受給額に反映されるので，賦課方式であっても受給権は「積み立て」られる。

### 2.2　医　　療
(1) 制度の特徴

　国は，医療保険制度の枠組みを定め，全国一律の診療報酬体系を決定する。また，人材養成と研究支援，医薬品の許認可，公立病院の運営などを行っている。
　医療保険は，職種別に分立している。民間企業の雇用者は健康保険に加入するが，大企業などにはそれぞれ健康保険組合（組合健保。保険者数は約1400）があり，

給与（標準報酬）に対する保険料率は組合ごとに異なる。中小企業などの雇用者は全国健康保険協会（協会けんぽ）の被保険者となり，標準報酬に対する保険料率は都道府県ごとに設定され（2014年現在，最高は佐賀県10.16％，最低は長野県9.85％），労使折半で負担される。公務員などは共済組合が医療保険を運営する。自営業者，非正規雇用者，退職者などは市町村が運営する国民健康保険（国保）に加入する。保険料率は団体ごとに異なる。おもな保険者の加入者数（2013年3月現在）は，組合健保2935万人，協会けんぽ3510万人，共済組合900万人，国保3768万人である。

近年，「医療費適正化」を掲げて，患者負担引上げと診療報酬引下げが繰り返された。現在，患者負担は3割（義務教育就学前は2割）である。ただし，患者負担が家計を過度に圧迫するのを避けるために，所得・年齢などに基づいて患者負担の上限を設定し，それを超える分を「高額療養費」として保険者が支給する制度がある。また，児童の患者負担については，市町村が独自に多様な減免措置をとっている。2008年から，75歳以上の者はそれまでの保険から脱退して，後期高齢者医療制度に加入している。この制度は都道府県単位の広域連合が運営しており，加入者数（2013年3月現在）は1517万人である。患者負担は1割だが，現役並みの所得があれば3割負担となる。患者負担を除く分は，租税5割，現役年代の保険の支援金4割，高齢者の保険料1割でまかなわれる。

2012年度の国民医療費（厚生労働省発表）は39兆2117億円であった。そのおもな財源は，保険料48.8％（被保険者28.5％，事業主20.3％），公費（租税）38.6％，患者負担11.9％である。患者負担が3割に達しないのは，生活保護などの公費負担医療があり，また児童・高齢者の負担が多様だからである。

表12-4によれば，先進国のなかでは，国民医療費の対GDP比，人口1人当たり額ともアメリカが突出している。民間保険が中心のアメリカは，保険管理・法務などの費用がかさむうえ，平均寿命が相対的に短く，乳児死亡率が高い。しかし，同じく自由主義レジームに属するカナダとイギリスは，租税を財源とし，全国民が加入する公的医療制度をもつ。そこでは患者負担は原則ゼロである。しかも，両国の医療費はとくに高くない。また，日本の国民医療費は，先進国全体のなかでみれば少ないが，平均寿命は長く，乳児死亡率は低い。

(2) 改革の動向

ゲームソフト，ファーストフード，酒などはメディアを通じて消費が助長され

表12-4 国民医療費等の国際比較（2012年）

|  | 国民医療費 | | | | 平均寿命（歳） | | 乳児死亡率（‰） |
| --- | --- | --- | --- | --- | --- | --- | --- |
|  | 対GDP比（％） | 人口1人当たり金額（米ドル） | うち公的支出 | 割合（％） | 女 | 男 |  |
| スウェーデン | 9.6 | 4,106 | 3,336 | 81.3 | 83.6 | 78.6 | 2.4 |
| デンマーク | 11.0 | 4,698 | 4,029 | 85.8 | 82.1 | 78.1 | 3.4 |
| アメリカ | 16.9 | 8,745 | 4,160 | 47.6 | 81.1 | 76.3 | 6.1 |
| カナダ | 10.9 | 4,602 | 3,224 | 70.1 | 83.6 | 79.3 | 4.8 |
| イギリス | 9.3 | 3,289 | 2,762 | 84.0 | 82.8 | 79.1 | 4.1 |
| フランス | 11.6 | 4,288 | 3,317 | 77.4 | 85.4 | 78.7 | 3.5 |
| ドイツ | 11.3 | 4,811 | 3,691 | 76.7 | 83.3 | 78.6 | 3.3 |
| イタリア | 9.2 | 3,209 | 2,481 | 77.3 | 84.8 | 79.8 | 2.9 |
| スペイン | 9.4 | 2,998 | 2,190 | 73.0 | 85.5 | 79.5 | 3.1 |
| 日本 | 10.3 | 3,649 | 2,997 | 82.1 | 86.4 | 79.9 | 2.2 |

注：1）1人当たり額は，購買力平価により換算した米ドル価額。
　　2）スペインの国民医療費およびアメリカとカナダの平均寿命・乳児死亡率は2011年の数値。
出所：*OECD Health Statistics 2014* (Version: June 2014) より作成。

ている。それに対して，財界団体などは医療費の抑制を主張する。公的医療サービスは営利的投資の対象ではなく，また，医療保険料の雇用主負担を抑制したいからである。「不必要な病院通いを防ぐために，患者負担を引き上げろ」との意見もある。しかし，患者負担が高ければ，低所得者は受診を自己抑制して病状が悪化し，感染症も蔓延しかねない。重要なのは，年齢，職業等にかかわらず健康回復の権利は平等だということである。医療費の抑制自体は政策目標ではない。

　救急医療，周産期医療，僻地医療などの面で「地域医療の崩壊」が顕在化しつつある。地方自治体が，財政状況悪化に応じて，地域の不採算医療を担ってきた公立病院などを閉鎖・縮小する動きもみられる。むしろ，医師・看護師などの人材確保と地域医療施設の適切な配置を組み込んだ都道府県の地域保健医療計画に実効性をもたせられるかどうかが問われている。

　なお，医療は対人社会サービスの現物給付なので，カナダやイギリスのように，租税をおもな財源として患者負担を抑えることも選択肢となる。その場合も，傷病手当すなわち所得減少を補う「賃金代替」制度は，社会保険として存続する。

## 2.3 介　　護

(1) 介護保険制度

市町村は，特別養護老人ホーム・老人保健施設などの入所サービスと訪問・通所介護などの居宅サービスからなる介護保険を，2000年度から運営している。当初約4兆円だった介護費用は，13年度には約9兆円へと急増している。

介護費用のうち利用者が1割および施設利用時の食費・居住費を負担する。残る保険給付費は，公費（租税）5割（国25％，都道府県12.5％，市町村12.5％）と保険料5割（第1号被保険者〔65歳以上〕，第2号被保険者〔40～64歳〕）で分担する。ただし，第2号被保険者の負担には，被保険者と事業主の保険料（たとえば協会けんぽは，2014年現在，標準報酬の1.72％を労使折半）に加えて，国保と協会けんぽの介護納付金に対する国庫負担が含まれる。それを考慮すれば，介護費用の分担は租税5割，保険料4割弱，利用者負担1割強である。

(2) 改革の動向

第1号被保険者の保険料は3年ごとに見直されるが，2000～02年度の保険料基準額の平均月額2911円が12～14年度には4972円へと1.7倍に増えている。また2000円台から6000円台まで，バラつきも大きい。なお，被保険者の所得に応じて，各人の納付額は基準額の0.5～1.5倍の間で設定される。

保険料の格差が生じるのは，市町村ごとに事情が異なるからである。そのうち高齢化率・要介護認定率および所得水準の違いについては，国による調整交付金がある。しかし，サービス従事者の移動や人材確保の費用が高い，あるいは事業や施設が充実していて利用頻度が高い市町村の保険料は高い。

さらに，低所得者にとっては介護費用の利用者負担は重いので，利用の自己抑制を招くおそれがある。さらにこれまで，利用者負担の拡大と給付抑制措置がとられてきた。2015年には，給付の「重点化・効率化」を掲げて，低所得の第1号被保険者について保険料が軽減される一方で，一定以上所得のある利用者の負担が2割に引き上げられるとともに，低所得の施設利用者に対する食費・居住費補助を行う際に資産審査が導入される。また，要支援者への予防給付は市町村の裁量が大きい地域支援事業に移行する。これらの改革は介護費用抑制の色彩が強い。そこには，財界団体などが給付範囲の抑制と利用者負担の引上げを主張してきた，という背景がある。しかし，介護サービス利用者はとくに裕福に暮らしているわけではない。生活における「苦難」の程度を軽くするために「介護の社会

化」を進めるという制度の本旨に立ち返って評価することが求められる。

なお，介護保険が導入された当時，「地方分権の試金石だ」との声もあったが，現実の制度運営は国からの指導と補助金に依存している。また，人材を安定的に確保するための雇用形態・給与・労働環境の改善も十分ではない。そもそも介護を「保険」の形で行う必然性はない。介護は対人社会サービスの現物給付である。租税を財源として，地域の相互扶助を担う地方公共サービスを利用することは住民の権利である。租税に依存しつつも「介護保険」の名称を用いるのは「保険料は租税よりも国民の反発を受けにくい」との判断であろう。

### 2.4 労働保険と雇用政策

自分が「いつ解雇されるか」もわからないし，危険な作業をすればケガをするかもしれない。失業による所得喪失や労働に起因する傷病による所得減少を補償する労働保険は，雇用保険と労働者災害補償保険（労災保険）からなる。

雇用保険は，労働者を雇う事業に強制適用される。一般事業の保険料率（2014年現在）は賃金の1.35％（雇用者0.5％，雇用主0.85％）である。給付の中心は，求職活動を行う者への求職者給付であるが，その他に，就業促進給付，教育訓練給付，雇用継続給付（高年齢雇用継続給付，育児休業給付，介護休業給付）がある。たとえば，求職者給付の基本手当は離職直前の賃金の45～80％を一定期間補償する。育児・介護による休業で賃金の8割以上が支払われない場合，育児休業給付は賃金の67％（6カ月経過後は50％）を，介護休業給付は40％を，それぞれ一定期間補償する。これらは「賃金代替」の役割を果たす。また，教育訓練給付は教育訓練経費の一部を給付するキャリア形成補助であり，高年齢雇用継続給付は60歳代前半の賃金が引き下げられた分を一部補償する。そして求職者などについては，公共職業安定所（ハローワーク）による職業紹介，国・都道府県の機関などによる職業訓練が行われる。

なお，2008年から09年にかけての景気後退に際しては，有効求人倍率（有効求人数／有効求職者数）が1を切って0.5をも割り込み，4％前後だった完全失業率も5％台へ上昇した。それに対して国は，雇用保険料率を一時的に引き下げ，また非正規労働者の保険適用範囲を拡大し，受給資格要件を緩和した。

労働災害としての負傷，病気，死亡などについては，非正規雇用者も含めて，労災保険により補償が行われる。保険料は事業主が全額支払うが，賃金に対する

保険料率は仕事の危険度に応じて異なる（たとえば，造船業2.3％，食料品製造業0.6％，金融業0.25％〔2014年度〕）。死亡の場合は遺族補償給付が，勤務できない場合は休業補償給付が，障害が残る場合は障害補償給付が行われるが，それらは「賃金代替」の役割を果たす。また，診療を受ける場合は無料で受診できる療養補償給付が，介護を受ける場合は介護補償給付が，それぞれ行われる。それらはサービス受給権を保障するものである。

### 2.5　生活保護

　生活保護は，生活困窮者に最低限度の生活を保障するために，資産，収入，就労の可否などを審査したうえで，最低生活費と収入の差額を保護費として給付する公的扶助制度である。生活保護には，生活扶助（食費，被服費，光熱費など），住宅扶助（家賃），教育扶助（学用品費），医療扶助，介護扶助，出産扶助，生業扶助（技能修得費用など），葬祭扶助がある。これは生活保護法に基づく全国一律の制度であるが，市部は市が，町村部は原則として都道府県が，それぞれ運営する。その財源は国4分の3，地方4分の1の割合で負担される。

　具体的な給付額は，個々の被保護世帯の家族・年齢構成，経済事情，居住地などにより異なる。たとえば2014年現在，3人世帯（33歳，29歳，4歳）の生活扶助基準額は，東京都区部であれば月額16万円台であるが，非大都市圏では13万円台である。また，母子世帯などには加算措置がある。

　地方自治体は被保護者の自立支援プログラムを実施するが，国は支援専門員の配置を援助する。地方自治体とハローワークが連携した就職支援も行われる。

　雇用情勢の悪化と高齢化および格差社会の進行が，被保護者を増大させている。生活保護全体の被保護実人員は1995年度（月平均）88.2万人から増大して99年度には100万人を，2011年度には200万人を超えて，12年度は213.6万人に達した。1990年代は0.7％前後だった保護率（被保護実人員／人口）も上昇し，2012年度には1.7％になった。

　なお，「生活保護は不正受給が多いのではないか」との声も聞かれる。しかし，2012年度において，被保護実世帯数（155.9万世帯）に対する不正受給件数（4.2万件）の割合は2.7％であり，その金額（191億円）の生活保護費負担金事業費（3兆6028億円）に対する割合は0.5％にとどまった（厚生労働省発表による）。

## 2.6 子ども・子育て支援

　少子化は家族主義レジーム諸国やドイツでとくに進行しており（表12－2参照），日本も例外ではない。合計特殊出生率は世代再生産が可能とされる2.1を1970年代に割り込み，一時1.3まで低下したが，2013年は1.43であった。

　国は「少子化対策」「包括的な次世代育成支援」「仕事と生活の調和」（ワーク・ライフ・バランス）を掲げて，保育施設の整備，育児休業の取得促進，周産期医療の整備などを進めている。ただし，あくまでも政策目標は1人ひとりの子どもと子育てを支えることである。それが結果として少子化対策にもなる。

　女性の育児休業取得，延長保育の推進などには成果がみられる。ただし，男性の育児休業取得，休日保育の推進，妊娠・出産しても働きつづけられる職場環境などは国の方針が及びにくい分野であり，規制・指導のありかたが問われる。

　現金給付についてみると，2009年に成立した民主党政権は，養育者の所得に制限が付されていた「児童手当」を廃止し，10年度，中学校修了まで，所得制限なしで児童1人当たり月額（以下同じ）1万3000円の「子ども手当」を導入した。これは普遍主義に基づいて「子育ての社会化」を進める施策であった。しかし，10年の参議院選挙で与党が過半数を割り込んだため，民主党と一部野党の合意により，手当は11年10月から3歳未満1万5000円，3歳から小学校修了まで1万円（第3子以降1万5000円），中学生1万円となった。さらに12年には名称が「児童手当」に戻され，所得制限も復活した。養育者の所得が制限額を超える場合，児童1人当たり5000円が特例給付されている。

## 2.7 「社会保障と税の一体改革」

　民主党政権は，当初は消費税率を据え置く方針を掲げたが，2012年に提案した「社会保障と税の一体改革」において，消費税率を引き上げて，税収を「社会保障4経費」（年金，医療，介護，子育て）にあてる方針を掲げた。具体的な「社会保障の充実」としては，子ども・子育て支援の充実（待機児童解消，幼稚園・保育所一元化など），医療・介護の充実（急性期医療と在宅医療の充実，地域包括ケアシステム，高額医療の患者負担軽減など），年金制度の改善（受給資格期間の短縮，新しい年金制度の検討など），貧困・格差対策の強化（社会保険の短時間労働者への適用拡大，低所得者の保険料軽減，生活保護受給者の就労支援など）などが提案された。

　国会における法案修正を経て，2012年8月に成立した法律では，消費税（国・

地方合計）の税率が，5％から，14年4月に8％へ，またその後に10％へ引き上げられることが決まった。「社会保障の充実」のなかでは，高齢社会対策とともに「子ども・子育て支援新制度」が掲げられているのが特徴といえる。ただし，増税分の税率5％のうち「社会保障の充実」にあてられるのは税率1％分であり，4％分は「社会保障の安定化」（基礎年金国庫負担2分の1の安定財源確保，後代への負担つけ回し軽減，消費税率引上げに伴う社会保障支出増への対処）つまり「財政健全化」を重視したものである。

また，所得税の最高税率引上げ，相続税の最高税率引上げおよび基礎控除減額なども，引き続いて決定された。これは，国民が納得すれば所得課税・資産課税の強化も可能であることを示す。なお，消費税率の引上げ分はすべて社会保障の充実と安定化にあてる方針がとられている。ただし，それが「社会保障はすべて消費税でまかなう」という方向に進めば，別の問題が生じるであろう。所得課税・資産課税の税収を社会保障にあてられなくなってしまうからである。

## 3 教育の論理と財政

教育と一言でいっても，その内容は多彩である。就学前教育と初等中等教育は，

表12-5 教育費の国際比較（2011年）

| | 教育費の対GDP比（％） | | | うち公的支出 | | | 公的支出の割合（％） | | |
|---|---|---|---|---|---|---|---|---|---|
| | | 初等中等教育 | 高等教育 | | 初等中等教育 | 高等教育 | | 初等中等教育 | 高等教育 |
| スウェーデン | 6.3 | 3.9 | 1.7 | 6.2 | 3.9 | 1.6 | 97.2 | 100.0 | 89.5 |
| デンマーク | 7.9 | 4.4 | 1.9 | 7.5 | 4.3 | 1.8 | 94.5 | 97.2 | 94.5 |
| アメリカ | 6.9 | 3.7 | 2.7 | 4.7 | 3.4 | 0.9 | 67.9 | 91.6 | 34.8 |
| カナダ | 6.8 | 4.0 | 2.8 | 5.2 | 3.6 | 1.6 | 76.4 | 89.7 | 57.4 |
| イギリス | 6.4 | 4.7 | 1.2 | 5.6 | 4.4 | 0.9 | 74.9 | 85.7 | 30.2 |
| フランス | 6.1 | 3.9 | 1.5 | 5.6 | 3.7 | 1.3 | 89.4 | 91.8 | 80.8 |
| ドイツ | 5.1 | 3.1 | 1.3 | 4.4 | 2.8 | 1.1 | 86.4 | 87.9 | 84.7 |
| イタリア | 4.6 | 3.1 | 1.0 | 4.2 | 3.0 | 0.8 | 89.2 | 96.2 | 66.5 |
| スペイン | 5.5 | 3.2 | 1.3 | 4.7 | 2.9 | 1.0 | 84.5 | 91.1 | 77.5 |
| 日本 | 5.1 | 2.9 | 1.6 | 3.6 | 2.7 | 0.5 | 69.5 | 93.0 | 34.5 |
| OECD平均 | 6.1 | 3.9 | 1.6 | 5.3 | 3.6 | 1.1 | 83.9 | 91.4 | 69.2 |

注：1）「教育費」は就学前教育，初等中等教育，高等教育の合計（就学前教育は個別表示していない）。
　　2）カナダは2010年の数値。
出所：OECD, *Education at a Glance 2014*, Chapter B (Online Tables B2.3, B3.1 and B3.3) より作成。
　　http://www.oecd.org/edu/education-at-a-glance-2014-indicators-by-chapter.htm（2014年9月26日参照）

社会システム維持サービスの中核をなす。それは，児童の育成を通じて，家族と地域社会の維持・発展を支える人間形成に資するからである。とくに，地方政府は生活の場における社会的セーフティー・ネットとなる協力システムであり，そのなかで教育費は地方財政支出のうち重要な地位を占める。

また，科学・技術の研究発展と高度職業人の育成を結びつけた高等教育は，経済システム維持サービスでもあり，さらに民主主義の基盤を育成する意味では政治システムの基盤でもある。大学においては，基礎学力，教養，視野，判断力の獲得による人の向上，すなわちリベラル・アーツとしての教育が展開され，また，研究職，高度職業人としての人材育成および成人の再教育が行われる。

高等教育の費用は誰が負担すべきか。その受益者が個々の学生だけだとすれば，授業料すなわち私的負担でよい。しかし，高等教育による人材育成と科学研究は，産業発展と国民生活向上，そして卒業者に課される租税の税収という形で，社会的利益を生み出す。そこに，公費（租税）を投入する根拠がある。

教育財政システムは，国民が質の高い教育を受ける権利を保障し，そのサービス供給と財源調達を実現するものである。その焦点は，専門家の能力が発揮され，国民・住民による民主的統制が働くかどうかである。

2011年時点の教育費を国際比較したのが表12-5である。教育費の対GDP比はOECD平均6.1％であるが，数値が高いのは社会民主主義レジーム諸国と自由主義レジーム諸国である。しかし，自由主義レジーム諸国では教育費に占める公的支出の割合が低く，それは高等教育において著しい。在学生1人当たりの公的支出をみると，社会民主主義レジーム諸国，保守主義レジーム諸国およびカナダでは高等教育への支出が高い。日本の場合，公的支出の対GDP比が3.6％と表示した国で最も低い。公的支出が教育費の7割を下回るのはアメリカと日本だけである。これは，高等教育に対する公的支出が対GDP比，在学生1人当たり額とも少ないからである。

| 在学生1人当たり公的支出 | | |
|---|---|---|
| （米ドル） | 初等中等教育 | 高等教育 |
| 11,000 | 10,548 | 18,163 |
| 12,061 | 9,943 | 19,509 |
| 10,062 | 10,840 | 9,057 |
| 10,629 | 9,522 | 14,312 |
| 7,675 | 8,336 | 4,049 |
| 8,739 | 8,558 | 12,360 |
| 9,202 | 8,371 | 13,927 |
| 7,158 | 7,682 | 6,795 |
| 7,488 | 7,569 | 9,987 |
| 8,106 | 8,579 | 6,384 |
| 7,876 | 7,996 | 9,221 |

## 4 日本の教育財政

2012年度，国の一般会計歳出における文教および科学振興費5兆9607億円の内訳は，教育振興助成費（国立大学法人運営・施設整備，私立学校振興，初等中等教育・高等教育・生涯学習振興など）2兆5488億円，義務教育費国庫負担金1兆5298億円，科学技術振興費（研究開発推進，機関運営など）1兆4298億円，文教施設費（公立学校など）3338億円，育英事業費1186億円であった。

所得税制においては，大学生相当年齢の扶養家族をもつ者への特定扶養控除および学生の所得に対する勤労学生控除がある。また，特定の教育・文化機関への寄付を対象とする寄付金控除は，寄付者の負担を軽減すると同時に，対象機関が寄付を集めやすくなる，という意味で機関補助の意味ももっている。

さらに政策金融面では，日本学生支援機構が奨学金を貸与する。上にあげた一般会計歳出の育英事業費は，無利子貸与資金の貸付，有利子貸与資金の利子補給・返還免除，回収不能債権の処理などにあてられる。なお，子育てを行っている保護者については，日本政策金融公庫が教育ローンを運営している。

教育にかんしては，国よりも地方自治体の役割が大きい。2012年度の地方普通会計における教育費は16兆1479億円であり，国・地方を通じた教育費19兆7868億円の81.6％を占める。地方教育費の内訳は，小学校費4兆7614億円，中学校費2兆8163億円，高等学校費2兆1662億円，保健体育費1兆2241億円，社会教育費1兆1104億円などである。なお，地方教育費のおもな財源構成は，国庫支出金15.0％，地方債6.3％，一般財源等74.7％である。地方教育費は，国からの補助金を受けつつも，その財源の4分の3は一般財源が占めている。

では，教育財政をめぐる課題は何か（以下，佐藤・苅谷・池上［2001］参照）。

### 4.1 初等中等教育

市町村は，小中学校を設置し，物件費や一部の教職員の人件費などの運営費を支出するとともに，施設整備を行い，また学童保育，社会教育，保健体育振興なども担う。それに対して，都道府県は教員給与の大部分を支払い，高等学校や大規模な文化・体育施設を運営する。地方自治体は，予算配分の重点化や課税自主権の発揮により，教育条件の改善を独自に進めることもできる。

少子化のなかで，就学前教育と保育を同時に担う「認定こども園」制度の創設や，幼稚園の保護者負担軽減も段階的に進められている。しかし，初等中等教育費は減少しており，学校の統廃合が進められ，施設の新改築は抑制されている。

　親の学歴などが階層間格差の拡大に関連しているとすれば，公立学校における「学び」の基盤となる少人数学級編制をはじめとして，教育条件の向上が課題となる。第9章でみた「補完性原理」を教育に当てはめれば，市町村が学校および教育委員会レベルで保護者および一般住民との対話を重ねて学習支援ネットワークをつくり，そこからの要望を予算編成に活かしていく途が考えられる。これは住民への説明責任を果たすとともに，教育財政の安定化と教育現場の改善を促進する。教育現場に根ざした民主的統制が機能すれば，学校・市町村・都道府県がそれぞれ教育改善をめざす「上向きの競争」も生まれる。

　ただし，教育を受けることは国民の権利であるから，国から地方自治体への財源移転にも意義はある。第10章でみたように，地方交付税が標準的サービスの財源を保障しつつ，地方自治体間の財政力格差を調整する。その基本的な方向は，国庫補助負担金を使途制限のない一般財源に向けて転換していくことである。

　高等学校進学は国民の権利だ，との普遍主義的な立場をとったのが，民主党政権の「高等学校の無償化」であり，2010年度，公立学校の無償化およびそれと同額の私立学校向け就学支援金が導入された。しかし，12年に成立した自民党・公明党連立政権は選別主義の立場をとり，14年度には所得制限が設けられた。

　高等学校を中心に私立学校が大きな役割を果たしていることをふまえて，私学助成が展開されている。初等中等教育における私学助成は都道府県が担っており，国からの補助金は一部あるものの，主たる財源は一般財源である。都道府県は，関係団体の要望をふまえつつ，独自の判断で助成額を決定している。

### 4.2　高等教育

　日本の場合，表12-5でみたように，高等教育費への公的支出が少ない。また，私立大学の占める割合が高く，しかも国公立大学と私立大学の財政構造は極端に異なる。ヨーロッパの多くの国では，大学教育費の大部分が公費負担であり，授業料等の負担は軽い。日本の場合，国公立大学では経常収入に占める公費（租税）負担の割合が高いが，私立大学は学生納付金に依存している。たとえば2013年度，国立大学の学部授業料の標準額（入学料を除く）は53万5800円であるが，

私立大学の学部授業料・施設設備費を合わせた平均額（入学料を除く）はその1.96倍に当たる104万8135円である（文部科学省調査）。また，国立大学の授業料は全学部共通であるが，私立大学では学問分野により授業料が異なる。

大学の設置形態を問わず，「魅力ある大学」を掲げた競争が激化している。「教育水準の向上」「グローバル化への対応」といっても，それに必要な人員確保，設備導入，学生の国外派遣などの財源がなければ，かけ声倒れになる。学生納付金の抑制と公費投入の改善，事業収入・寄付金の拡大など，課題は尽きない。

### 4.3 生涯を通じた「学び」と科学・文化振興

キャリア形成をめざして，大学などの教育機関で再教育を受ける社会人が増えている。その費用の一部をカバーする制度として，雇用保険のなかに教育訓練給付の制度がある。さらに，いったん職を離れる場合，その期間の生活費も保障するとすれば，財政投融資による生活資金貸与といった施策が考えられる。

「学び」は職業に直結するものだけではない。人権，多文化共生，国際理解，環境保護，文化財保護などは，生涯を通じた「学び」の分野である。その促進は公共サービスとして重要であり，大学や研究機関における学術研究や技術開発はその基盤である。学問の自由を前提として，教育・研究における手法の多様性および多文化の共生を保障・推進する観点が求められる。

## 5 社会保障と教育の統一的把握

社会保障と教育は，社会システム維持サービスの中核をなすものとして統一的に把握することができる。保育所，就学前教育，児童手当などは子育て支援のサービス現物給付と現金給付である。その延長上にある初等中等教育は家族と地域社会の維持・発展を支える人間形成に資する。また，社会保障関連の人材育成と生涯学習を通じた世代間関係と相互扶助の理解を結びつけることが，長寿化が進んだ地域社会の基盤をつくり出す。

所得や資産の制限を伴わない普遍的な給付は，経費支出が増大するので，財源調達の必要額も増大する。それに対して，低所得者などに対象をしぼった選別的給付については，給付水準・範囲および給付制限をめぐる合意形成が問題となりやすい。いずれにしても，社会保障制度と教育制度の「持続可能性」は，制度を

## Column ⑩　福祉レジームと福祉国家

　本章では，福祉レジーム論に立脚して，資本主義経済システムのもとで，自らの労働力を商品化できない状態になったときに社会保障制度により生活が保障されることを「脱商品化」，旧来の慣習を超えて家族形態が多様化した状態を「脱家族化」と呼んでいる。「脱商品化」と「脱家族化」の度合いを現代民主主義政治が定着した先進国にあてはめたのが福祉レジームの4類型である。では，これも頻繁に使われる福祉国家という語は，それとどのような関係にあるのか。

　福祉国家は，現代民主主義のもとで国民の生存権（社会権）が権利として確立したことを前提として，社会保障制度が導入され，定着している状態を社会統合の基軸とする概念である。すなわちそれは，現代国家における社会保障政策の重要性をとらえた用語である。また，社会保障政策に伴う経費増大を重視し，現代財政を総体として福祉国家財政と特徴づける研究――林健久『福祉国家の財政学』（有斐閣，1992年），岡本英男『福祉国家の可能性』（東京大学出版会，2007年），持田信樹・今井勝人編『ソブリン危機と福祉国家財政』（東京大学出版会，2014年）など――も進められている。

　それに対して，レジームとは社会において支配的な制度の組合せ（集合体）である。そこには政府の政策とそれを支える財政制度のみならず，諸階級・階層の組織と相互関係，国民の経済システム参加状況に応じた家族形態，民族的・文化的状況，非営利組織（NPO）・非政府組織（NGO）の活動などが含まれる。

　そのなかで，福祉レジームは，国民の生活保障をめぐる政府，家族・地域共同体，営利企業およびNPO・NGOの役割の組合せを類型化したものである。これは福祉国家という枠組みを超えた，より広い概念である。

　少子高齢化の進行に応じて対人社会サービスと現金給付の需要は増大しているが，若年者の失業率上昇や高齢者優遇措置が目立つ国では世代間の意識のずれが顕在化している。また，従来は家庭内で担われてきた介護・子育てなどについて，一方でそれを公共サービスとする「社会化」が，他方でそれを企業から購入する「市場化」が，それぞれ進んでいる。さらに，経済・社会のグローバル化が進行するなかで，階層間格差の拡大，移民の流入による民族的・文化的な多様化，そして租税負担の受容に対して，国民意識が変化している。

　これらの圧力により，それぞれの国における福祉レジームは変容を迫られる。その一環として社会保障制度や税制が改革されるのである。

運営する公共部門に対する国民の信頼にかかっている。重要なのは，それぞれの制度を公平かつ効率的に供給する財源を確保することである。

### Keyword
社会システム　現金給付　現物給付　選別的給付　普遍的給付

### 参考文献
① エスピン‐アンデルセン，G.（岡澤憲芙・宮本太郎監訳）［2001］『福祉資本主義の三つの世界』（原著1990年）ミネルヴァ書房
② 新川敏光編［2011］『福祉レジームの収斂と分岐』ミネルヴァ書房
③ 新川敏光［2014］『福祉国家変革の理路』ミネルヴァ書房
④ 椋野美智子・田中耕太郎［2014］『はじめての社会保障（第11版）』有斐閣
⑤ 池上岳彦［2013］「日本の社会保障と租税制度」SGCIME編『現代経済の解読（増補新版）』御茶の水書房
⑥ 佐藤学・苅谷剛彦・池上岳彦［2001］「教育改革の処方箋」『世界』編集部編『21世紀のマニフェスト』岩波書店
⑦ 神野直彦［2007］『教育再生の条件』岩波書店

①は「脱商品化」を軸に，「社会民主主義」「保守主義」「自由主義」からなる福祉レジームの3類型を提示した先駆的研究である。その理論を発展させた②は，「脱商品化」と「脱家族化」を2つの軸として，「家族主義」を加えた4類型の福祉レジームを分析する。③は福祉国家から自由競争国家への変質が進んだとの認識のもとに，脱福祉国家政治の方向性を探る。④は社会保障制度の入門書であり，制度改正に応じて改訂される。⑤は社会保障制度とその財源調達の課題を整理する。⑥は教育現場と地域の民主的統制による初等中等教育の改善と高等教育およびキャリア形成支援の充実について論じる。⑦は人間形成と生涯を通じた「学び」の重要性を論じる。

### 演習問題
① 社会保障給付の財源として，租税と社会保険料をどのように組み合わせるのが適当か。年金，医療，介護について考えてみよう。
② 医療サービスに対する患者負担および介護サービスに対する利用者負担のあり方について考えてみよう。
③ ヨーロッパなどでは高等教育費の大部分が租税でまかなわれるが，日本は高等教育費に占める家計負担の割合が大きい。この点をどう考えるか。
④ 社会保障と教育における普遍的給付と選別的給付の組合せはどうあるべきか。

❖ 池上 岳彦

第 13 章

# 経済政策と財政金融

## 1 近代国家の生成・発展と経済政策の展開

### 1.1 「共同体の失敗」と経済政策

「経済政策」という用語は一般に，国家による市場への働きかけを総称的に表すものとして用いられている。それはおおまかにいえば，景気変動を調整するための景気政策，資本蓄積のボトルネックを解消するための産業政策，労働・生活問題を解決するための社会政策に分けることができる。そして，これら各種の政策を行うにあたって，財源的な裏づけを与えるとともにその手段ともなるのが財政金融政策である。

経済政策の主体が国家である，という点は非常に重要な意味をもつ。それは，経済政策の必要性が，国家がなぜ存在するのか，ということと密接にかかわるからである。本章が財政学の立場から経済政策の役割を論じる以上，国家と経済政策との関係について考えることが重要である。

近代市場社会の成立以前の段階においては，家族の生活は地域共同体のなかで育まれることが常であり，現在のように個々バラバラに生活を送ることはまれであった。たとえば，田を耕すためには用水施設を共同で建設・維持していく必要があることからわかるように，生産活動を行うにあたっては，地域の人々が互いに共同することによって生活していくことが何よりも重要となるからである。

それに伴って，生産活動以外のところでも，家族や地域での相互扶助，すなわち助け合いが行われる。教育，医療，福祉などからなる広義の対人社会サービスも，地域での生産活動を支える一環として，地域共同体ぐるみで行われていたも

のである。ようするに，生産活動の前提条件を共同で行う「共同作業」と，人々の生活を保障するための「相互扶助」とが，車の両輪のように相互補完的に存在していたことで，人々の生活は成り立っていたのである。

しかし，近代市場社会が成立・発展していくに伴って，地域共同体のつながりは次第にほころびをみせるようになってきた。このことを理解するためには，資本蓄積を進めるためにエンクロージャー（土地の囲い込み）が行われ，生産手段としての土地を奪われた農民が都市に流入して，賃金により生活する都市労働者が生まれたことを思い出してほしい。それ以降，家族のなかで一体のものとして営まれていた生産と生活とは分離され，生産に従事する家族は減少していった。その結果，家族は，生産物を企業から購入し消費活動のみを行う1個の経済単位として，すなわち家計として存在するようになった。

問題は，生産機能を担う家族が減少したことにより，人々が「共同作業」と「相互扶助」を行う必要性が薄れて，地域共同体の役割が次第に失われていった点にある。ただし，社会が生産活動を依然として必要とする以上，地域共同体以外のどこかが，生産活動のための前提条件づくりの役割を引き受けざるをえない。そしてまた，近代市場社会が発展していく過程で大量に生じた労働者の生活を，地域共同体による相互扶助機能の提供とは別の形で保障する必要もある。こうした役割を担ったのが，地域共同体よりもさらに大きく，国民経済単位で存在する政治組織としての共同体，すなわち国家であった。

ようするに国家は，「共同体の失敗」に対応するために，政治システムを通じて，共同作業を代替するためのサービスと，相互扶助を代替するためのサービスとを，供給する必要に迫られるようになったのである。共同作業代替のためのサービスは経済システム維持サービスとして，相互扶助代替のためのサービスは社会システム維持サービスとして整理することができる。冒頭で経済政策の種類として産業政策と社会政策をあげたが，この区分は，国家が引き受けた共同体のこの2つの役割の違いに対応して概念化されているともいえる。景気政策も，世界大恐慌時のように経済システムが国家の支えなしに存立困難に陥ったことを背景にして，全面的に展開されてきた。

第1章，第5章に示されたように，企業の生産活動を側面から支援するために行われる経済システム維持サービスとしては，たとえば，道路・鉄道，港湾，空港などの運輸手段，電信・通信などの通信手段，農地・工場造成地・埋立地など

の産業用地，農業・工業などのための用水手段，水力・火力・原子力などのエネルギー手段のように，生産活動のために共同利用される設備，すなわち**社会資本**の整備があげられる。これらは便益が広範囲に及び，外部効果が大きいので，政府部門が供給する。また，租税特別措置といわれる特定の産業育成のための減税措置や，補助金の給付などもこれに該当する。さらに，共同住宅，公園，上下水道，病院，廃棄物処理，環境保全のように生活基盤として共同消費される施設・事業も，社会資本に含められる。他方で，社会システム維持サービスとしては，第12章で述べたように，教育，医療，福祉などの対人社会サービスに加えて，経済システムのなかで所得を得られなくなるリスクに対応する社会保険や，最低限度の生活を保障するための公的扶助などのような現金給付などがある。

### 1.2　主要先進国の経済政策の展開

　経済政策の役割を理解するためには，財政学の視点に立つ理論的説明に加えて，経済政策の歴史的な展開も押さえる必要がある。現代財政の歴史の全体像は第3章で述べられた通りであるが，それを受けて，本章では広い意味での「現代」として把握される第1次世界大戦以降の経済政策の論理と展開という観点にしぼって，くわしく整理し直してみよう。

　第1次大戦という世界的な危機を契機に，先進各国は本格的に労資関係に介入するようになり，労働者の諸権利拡大すなわち「同権化」が確立していった。それは，戦争を乗り切るために労働者の協力が欠かせなかったこと，また，資本主義を否定するロシア革命の影響を遮断する必要があったためである。これらを背景として大衆民主主義は次第に広まっていき，それにより可能となった人々の政治的参加は，国家に対して福祉政策の拡充を迫る圧力を生み出した。一方，第1次大戦は軍事費を中心に国家財政の大幅な拡充をもたらしたが，戦争によって生じた財政規模の非連続的な変化は平和時になっても戻らず，福祉政策を支える財源を提供することになる。これは，第5章で述べたように，ピーコック=ワイズマンにより「転位効果」と呼ばれた。各国は次第に，自由主義時代の「小さな政府」とは異なる「大きな政府」へと変貌していったのである。

　戦間期はしばしば「相対的安定期」と呼ばれるように，世界が平穏な時期を迎えたかのように思えた時期もあった。しかし，1929年にはアメリカに端を発する世界大恐慌が発生し，各国はこの危機を乗り切るために，有効需要創出策とし

て積極的に財政金融政策を活用するようになっていった。この前提として，各国はそれまで採用していた金本位制を放棄し，管理通貨制を採用している。金本位制のもとでは，金の保有量に応じて自国通貨の発行高が制約されてしまい，拡張的な財政金融政策を行うことができなかったからである。アメリカの不況克服策としてのニューディールはあまりにも有名な事例であろう。その後，こうした積極的な財政金融政策の有用性は，のちに述べるように，ケインズ（J. M. Keynes）の『雇用・利子および貨幣の一般理論』（1936年）によって体系化された。

ただし，国内の経済事情が優先された結果，関税引上げや為替切下げによるダンピング競争をももたらしてブロック経済化が進み，自由な世界貿易の道は閉ざされてしまったこともまた事実である。結果として各国は，この道を打開するために自国の圏域を拡大しようとして，第2次世界大戦を引き起こしてしまった。

その反省に基づき，戦後は固定相場制によって安定的な為替相場が確立される一方で，輸入制限の撤廃や関税の軽減をめざす IMF = GATT 体制がつくられるようになる。このとき，国際貿易の決済を支えたのは，圧倒的な経済力を有していたアメリカの通貨ドルであった。ドルは金との兌換が保障されていたため，ここに金為替本位制とも呼ばれる国際通貨体制が成立したわけである。各国は，こうした国際的な通貨・貿易システムと一国の景気を調整するためのケインズ主義政策を組み合わせることで，「黄金の時代」と呼ばれた未曾有の経済成長を経験することができた。こうして可能となった良好な経済環境を背景に，各国で福祉政策が次第に拡充していく。経済政策と社会保障政策が好循環することで，1960年代までは「完全雇用」が現実化したといわれるような状況を生み出した。

しかし，アメリカの経済力に陰りがみえるようになると，同国の国際収支赤字は深刻化し，ついに1971年には金とドルとの兌換が停止されて，国際通貨体制が大きく変化した。いわゆるニクソン・ショックである。固定相場制は金の裏づけを欠いたままでは機能しないので，為替市場は大混乱に陥り，各国は相次いで変動相場制へ移行することになる。また，73年と79年に発生した2度のオイル・ショックにより，各国は景気悪化とインフレが併存するスタグフレーションに苦しめられたが，このことは同時にケインズ主義政策の有効性に疑問符を投げかけた。

通常は，景気が悪化すれば失業率が上昇し，これに応じて物価は下落するはずである。これは，失業率と物価とがトレード・オフ関係にある「フィリップス曲

線」が存在することを意味しており，ケインズ主義政策が行われる前提をなしていた。それに反して，スタグフレーション下においては，ケインズ主義政策はむしろ状況を悪化させると受け止められるようになった。ケインズ主義政策を行っても不況を克服できずに失業率は高止まりし，物価もまた急上昇したからである。

　これ以降，不況克服のために，国家が財政政策と金融政策を通じて積極的に市場に貨幣を供給するケインズ主義ではなく，拡張的で裁量的な財政金融政策を否定し，市場メカニズムの調整力を重視するマネタリズムなどの考え方が支配的になっていった。なお，人々が入手可能な情報をすべて効率的に使用し，将来の市場均衡と整合的な期待を形成すれば裁量的な経済政策は無効だ，と主張する**合理的期待形成仮説**に基づく「新しい古典派」や，中央銀行の独立性を法律により保証して政府の裁量性を制限するよう主張する公共選択論も，同じような志向をもっていた。

　こうした理論に裏づけられる形で，経済政策は一転して「小さな政府」を志向するようになっていった。イギリスのサッチャー政権やアメリカのレーガン政権が行った新自由主義的な政策は，その代表的なものである。それらは，たとえばサッチャーが労働組合に対してきわめて敵対的に臨んだことからわかるように，福祉政策に対しても批判的であった。「共同体の失敗」を克服するために発展，形成された「大きな政府」に対して，今度は逆に「政府の失敗」論が投げかけられるようになったのである。

## 2　ケインズ主義の財政金融政策論

### 2.1　有効需要の創出と乗数効果の理論

　本項では，戦後広く先進諸国に採用されたケインズ主義政策の意義を理論的にみておく。

　ケインズの『一般理論』の目的は，雇用水準や国民所得がどのように決定されるのかを，有効需要の理論から説明することにあった。古典派と呼ばれるケインズ以前の経済学においては，賃金が伸縮的に切り下げられることで労働需要が増大するとされ，失業は理論的には認められていなかった。しかし，世界恐慌時のように，現実には大量失業が存在し，市場は不均衡状態を示すことがある。これを克服すべく登場したのが，ケインズ理論であった。

### 図13-1 国民所得の決定と有効需要

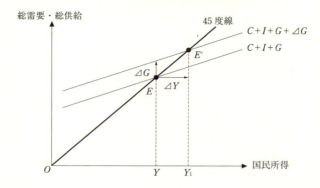

　有効需要は簡略的に，消費支出 $C$，投資支出 $I$，政府支出 $G$ を合計することで得られるものとしよう。すると，総需要 $Y^D$ によって国民所得 $Y$ が決定されることは，

$$Y = C + I + G$$

と書くことができる。

　このうち $C$ は，所得の上昇とともに大きくなる $Y$ の関数であるが，新たに得られた所得のすべてを消費には回さないものとする。すなわち，1単位の追加的な所得に対する追加的な消費は1単位より小さくなる。この追加的な消費は限界消費性向 $c$ と呼ばれ，0と1の間の数値をとる。そうすると上の式は，

$$Y = cY + I + G$$

と変形することができる。横軸に国民所得，縦軸に総需要・総供給をとった図13-1を描いたとき，この式は所得の増加に対してややなだらかな傾きをもつ直線として表すことができる。限界消費性向が1より小さいためである。

　以上を念頭におくと，国民所得決定のメカニズムを理解することができる。仮に総需要が総供給を上回って超過需要が生じると，この分だけ生産は拡大し，国民所得は大きくなっていくだろう。この動きは，総需要が総供給と等しくなるところまで続く。一方，総需要が総供給よりも小さければ生産を縮小せざるをえず，国民所得は小さくなっていく。これもまた，総需要が総供給と等しくなるところまで続くことになる。すると結局は，総需要が総供給と等しくなるところで均衡国民所得 $E$ が決定される。これを図示すると，国民所得と総供給をそれぞれ等しくなるようにプロットして結んだ45度線と，総需要の直線とが交わる点にほ

かならない。このときにのみ，総需要＝総供給＝国民所得となるからである。この2つの直線の交わりは，ケインジアン・クロスとして知られている。

図13-1からはさらに，財政政策が国民所得に及ぼす効果についても知ることができる。政府が公共投資を行い $\varDelta G$ だけ財政支出を増加させたとしよう。このとき，新たな均衡点は $E'$，均衡国民所得は $Y_1$ となる。図にある通り，$\varDelta G$ と追加的な国民所得 $\varDelta Y$ とでは後者のほうが大きくなっているが，これを乗数効果という。乗数効果は，「公共投資→可処分所得の増大→消費の増大→生産の増大→可処分所得の増大→…」という支出と所得との連鎖を簡潔に表わしたものである。

ちなみに，さきほどの式を $Y$ について解くと，

$$Y = \frac{1}{1-c} \times (I + G)$$

が得られ，これをさらに $G$ について微分すると，

$$\varDelta Y = \frac{1}{1-c} \varDelta G$$

となる。右辺の $\frac{1}{1-c}$ は乗数と呼ばれる。仮に限界消費性向を0.5としたとき，乗数は2となり，1兆円の公共投資が行われれば国民所得は2兆円増大する。

## 2.2 IS-LM分析の考え方

ケインズ理論は，国民所得や雇用量の決定において有効需要の創出がいかに重要であるかを示すにとどまらず，財政政策と金融政策の効果を評価するために用いることもできる。このために，財市場だけでなく金融市場も入れたより一般的な経済モデルであるIS-LM分析についてもみておく。

図13-2では，横軸に国民所得を，縦軸に利子率をとってある。図中には2本の曲線が示されており，これらが交わるところで均衡国民所得が決定される。この曲線のうち，財市場を均衡させる利子率と国民所得との組合せを表しているものがIS曲線，貨幣市場を均衡させる利子率と国民所得との組合せを表したものがLM曲線である。

さきに述べた通り，財市場における総需要 $Y^D$ は，消費支出 $C$，投資支出 $I$，政府支出 $G$ の合計である。このうち，投資については，利子率が下がるほど投資が活発化すると考えられるので，利子率の減少関数 $I(r)$ とみなすことができる。ケインズ経済学の考え方に基づけば，国民所得 $Y$ は総需要の大きさによっ

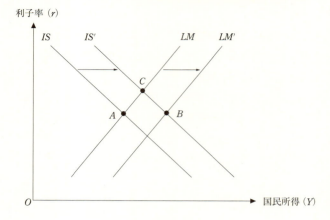

図 13-2　IS-LM モデルによる財政政策金融政策の説明

て決定されるので，

$$Y = C + I(r) + G$$

という式が得られる。こうして求められる国民所得と利子率の組合せが IS 曲線である。この式から，利子率が上がれば投資の減少を通じて国民所得が小さくなること，逆に利子率が下がれば国民所得が大きくなることがわかる。したがって，IS 曲線は右下がりとなる。

次に，LM 曲線について考えてみよう。貨幣に対する需要 $L$ は，所得 $Y$ と利子率 $r$ の水準に応じて決まる。したがって，貨幣需要は，

$$L = L(Y, r)$$

と表現できる。また，貨幣供給 $M$ の水準が，中央銀行によって独立に決定されるものとすれば，貨幣市場の需給均衡条件は，

$$M = L(Y, r)$$

と表現できる。IS-LM モデルは，価格が固定された短期のモデルなので，貨幣供給量の実質値と名目値との間に相違はない。仮に，国民所得が大きくなり貨幣の取引需要が増大すると，一時的に貨幣市場では需要（右辺）が供給（左辺）を上回ってしまう。これを再び均衡状態に戻すためには，貨幣の保有コストを高めるために利子率が上昇する必要がある。そのため，LM 曲線は，右上がりとなる。

IS 曲線と LM 曲線を用いると，財政政策と金融政策がどのように国民所得に影響を及ぼしているのかを理解することができる。

まず，政府が公共投資によって政府支出$G$を増やした場合について考えてみよう。図にある通り，$G$が増大したことによって，IS曲線は右方（IS'）にシフトする。この際，IS曲線とLM曲線との交点は$A$から$C$へと移動し，国民所得とともに利子率も上昇することがわかる。これは，$G$の増大によって所得が大きくなると，それに伴って貨幣の取引需要が増大し，利子率の上昇，すなわち投資の減少をもたらすためである。この結果，$B$点よりも国民所得が低く，利子率が高いところで均衡する。このように，財政支出によって利子率が上昇し，投資が減少することは「クラウディング・アウト」と呼ばれている。

　クラウディング・アウトは，財政政策と金融政策を適切に組み合わせることにより，回避することができる。図13-2にある通り，拡張的な財政政策と金融緩和が行われることによって，IS曲線とLM曲線との交点は，$A$から$B$へと移動する。この場合，財政政策だけが行われた場合とは異なり，クラウディング・アウトは生じていない。これは，金融緩和によって貨幣供給量が増大したことで，利子率の上昇が回避されたためである。このように，いくつかの政策を組み合わせることで，国民所得の増大などの政策目的を達成することを，ポリシー・ミックスという。

　以上，拡張的な財政政策と金融緩和の効果についてみてきたが，もちろん財政金融政策を，景気の過熱を抑制するために用いることもできる。ケインズ主義政策とはこのように，国家を運営する「賢人」すなわち経済政策の専門家が財政金融政策を裁量的に用いて，景気を微調整（ファイン・チューニング）する力をもつことが前提となっている。これは，ケインズの生地にちなんで「ハーヴェイ・ロードの前提」と呼ばれるが，前節で述べた「大きな政府」から「小さな政府」へという潮流はこの前提への懐疑を含んでいるともとらえることができる。

## 3　日本型経済政策の形成

　第1節で論じたように，先進諸国においては，福祉政策とケインズ主義政策とが互いに手を結びつつ，「黄金の時代」を花開かせた。この過程はもちろん，2つの世界大戦を経るなかで，財政規模に非連続的な変化が生じていたこと，すなわち，「大きな政府」が存在していたことで可能となったのであった。

　しかし，日本の場合，転位効果が顕著にあらわれたわけではなく，第7章で説

明されたように，租税負担率も国際比較的にみてきわめて低いまま推移し，「小さな政府」を維持することになった。また，欧米諸国とは異なって，高度成長期にはケインズ主義政策的に財政金融政策が景気の調整手段として用いられたわけではない。本節では，公共投資と所得税減税に代表される日本の経済政策の特質が高度成長期を通じて形成される過程をみていく。

### 3.1 経済システム維持機能に傾斜する日本型経済政策

　日本では，第8章で述べられたように，「一般会計において」という限定つきながらも，1964年度まで均衡予算主義（非募債主義，健全財政主義）が貫かれてきた。均衡予算主義は，ケインズ主義政策とは反対に，景気の良いときは莫大な税収がもたらされることで予算が拡大して景気を刺激する一方で，景気の悪いときは税収の落ち込みを反映して予算規模が縮小し，不況をかえって深刻化させてしまう。ようするに，均衡予算主義は景気変動の波を増幅させる格好となっていた。このように，高度成長期において，短期的な景気調整をはかるケインズ主義政策が未発達であったことは，日本の経済政策の特徴である。

　ただし，日本においては，中長期的な成長政策としての産業政策が大規模に展開された。国民所得倍増計画（1960年）を受けて策定された第1次全国総合開発計画（1962年）などは，その代表といってもよい。これは，公共投資を通じた社会資本整備によって，国土を産業優位の形で編成することを目的としたものである。国民所得倍増計画で提唱された太平洋ベルト地帯構想を引き継ぐ一方，全国各地に新産業都市と呼ばれる臨海型の重化学工業都市を整備していくことが盛り込まれるなど，注目すべき内容をもっていた。

　とりわけ，新産業都市の創造がもたらすとされた経済波及効果のプロセスは興味深い。それは，産業基盤を集中的に整備することで素材供給型の重化学工業を誘致し，これが関連産業の発展や都市化による食生活の変化を促すことで，周辺の農漁村をも含めて地域全体の所得水準が上昇していく，というものである。これは当時，拠点開発方式と呼ばれたが，重化学工業化を軸に住民生活を一挙に変化させようとした点に特徴がある。ただし，こうした誘致外来型の産業政策は，各地で深刻な環境破壊を引き起こした。それにより，環境や町並みの保全，住民福祉の向上などを含めて，住民が地域固有の技術や文化を生かして主体的に地域をつくりあげる内発的発展は困難になっていった。

経済政策は，これに平仄(ひょうそく)を合わせる形で，民間投資主導型の経済成長を側面から支援する形で行われていた。より具体的には，用地，用水，電力，交通手段などの産業基盤向けの公共投資を重点的に行いつつ，傾斜減税の実施や補助金の給付を通じて重化学工業化を促していくことが財政政策の課題であった。ここでいう傾斜減税とは，特定の企業や産業に対象をしぼって行われる租税特別措置や特別償却制度のことをさす。

また，こうした企業減税のほかにも，高度成長期に，ほぼ毎年のように所得税減税が実施されたことは重要である。高度成長によってもたらされた税の自然増収を「財源」として，課税最低限の引上げ，所得控除の拡充などによって，労働者の租税負担を緩和する施策が行われていたのである。これは，労働者の負担を緩和しただけでなく，貯蓄の増加によって民間設備投資の拡大を促していくテコともなった。第11章で述べられたように，郵便貯金・簡易保険などの貯蓄を通じた財政投融資，すなわち政策金融と公共投資の活用は，まさにこの点にかかわっていた。一般会計では均衡予算主義が採用されていたが，財政投融資がかかわる特別会計においては公信用が積極的に活用されていた。この結果，租税負担の対国民所得比は，占領下を除いておおむね20％程度で推移し，先進諸国と比べるときわめて低い租税負担構造がこの時期に定着することになる。この値は，国民所得倍増計画と同時期に出された税制調査会の『中間報告』（1960年）で目標とされたものであった。

他方，日銀による「人為的低金利政策」もまた，産業政策の展開を支える手段となっていた。金融政策といえば通常，中央銀行が国債などを売買することでマネーサプライの量や政策金利を誘導する公開市場操作のことをさすことが多い。しかし，高度成長下の日本の場合，政府が均衡予算主義をとっていたために公社債市場が未発達であったこともあるが，日銀貸出と窓口指導を組み合わせる形で，日銀が都市銀行の貸出量を直接コントロールする非常に強力な金融統制の仕組みができあがっていたのである。企業からの旺盛な資金需要によって都市銀行の日銀信用依存は進み，ついには貸出が預金を恒常的に超えるオーバー・ローン現象が問題視されるほどになる。

## 3.2 生活保障における限定的な社会政策

経済システム維持サービスを経済政策の主軸に据えたことは，社会政策の発展

を制約することにもつながった。本節でみたように，高度成長に伴う税の自然増収を財源として，産業基盤向け投資や企業減税などを行い，民間主導の経済成長を促すというところに日本の経済政策の特徴があった。また，中間層向けに行われた大規模な所得税減税は莫大な民間貯蓄の形成を促し，これも財政投融資を通じて公共投資へと投入された。

これらの施策は，人々に仕事と賃金をもたらすことで，労働者が生活に必要な各種の財・サービスを市場から購入することを可能にするとともに，社会保険への加入を容易にした。1961年に国民皆保険・国民皆年金が成立したことは，労働市場から退出した高齢層を医療・年金を通じて保護することを確立したという面では重要な意義をもつが，他方で，現役層の保護は主として経済政策によって雇用を生み出すという形で間接的に行われることとなったために，国家が労働・生活問題への対策を社会保障政策を通じて積極的に行う必要性を減少させた。社会政策における国家の役割はきわめて限定的なものにとどまったのである。

日本における生活保障の仕組みは，第12章でみたように，公的な社会政策が限定的である点で，「大きな政府」をもつ社会民主主義レジームもしくは保守主義レジームの諸国とは著しく異なっている。「脱商品化」も「脱家族化」も進まない家族主義の福祉レジームは，経済政策の側からも積極的に形づくられていったのである。

## 4　日本型経済政策の変容

### 4.1　総需要管理政策の展開

1970年代は，ニクソン・ショックと2度のオイル・ショックを経験して，高度成長が終焉を迎えた時代である。しかし，公共投資を積極的に展開する経済政策が終わりを告げたわけではない。公共投資は「安定成長」下において，景気調整のための手段として積極的に活用されるようになり，むしろその役割は強化されていった。

1971年のニクソン・ショックにより円が切り上げられたために，72年度予算では，「公債政策を活用した積極的かつ機動的な財政金融政策」を展開していくことになった。一般会計歳出は前年度当初予算と比較して21.8％の増，公債は2兆円近く発行されている。この傾向は，日本列島改造計画を推し進めた田中角栄

内閣でも引き継がれ，73年度当初予算では「福祉元年」と銘打って社会保障制度が拡充されるとともに，公共投資を中心に歳出が大幅に拡大された。ただし，73年のオイル・ショックで生じた狂乱物価に対処するために予算執行を抑制する必要に迫られ，74年度予算では「総需要の抑制」が課題となり，公共事業関係費の伸び率はゼロとなった。この間，予算編成方針が大きく変更されてはいるが，公共投資が景気調整手段として用いられるようになった点は共通している。ようするに日本においては，オイル・ショック後にケインズ主義政策への不信感が強まった欧米先進諸国の事例とはまったく逆の現象が生じたわけである。

こうした傾向は，1970年代後半になるとますます強まってくる。75年度の当初予算は総需要抑制型であったが，インフレが落ち着いてくると，今度はオイル・ショックのもう1つの側面である不況をいかに克服するかが本格的な問題となった。75年度補正予算ではついに特例公債が発行され，大規模な公共投資の実施が決定されたのである。これは，政治責任を公に示すために建設公債ではなく「あえて」特例公債という形をとった65年度とは異なり，景気対策上の措置としてやむをえず特例公債が発行された点で，戦後財政史上特記すべき年であった。景気浮揚策として位置づけられた公共投資は，新経済計画や第3次全国総合開発計画と結びつけられ，「公共投資100兆円計画」へと結実していく。

さらに，1975年から先進国首脳会議（サミット）が開催されるようになると，アメリカは経常収支の黒字幅が大きかった日本と西ドイツに対して，対外均衡を保つために内需を拡大するよう要請した。いわゆる「日独機関車論」である。これは，国際協調を建て前としつつ日本に内需拡大策が求められることになる嚆矢としても重要な出来事であったが，福田越夫首相はこれを積極的に引き受けた。日本は，特例公債を含む大量の国債発行とともに，図13-3に示したように，公共投資（政府固定資本形成）を大幅に拡大することができたため，78年度予算は「臨時異例の予算」となった。

1980年代以降の経済政策は，70年代を通じて形成されたものの「焼き直し」といってよい。80年代に入ると，臨時行政調査会（第2次臨調）が「増税なき財政再建」を掲げたことで，歳出規模の抑制が課題となったが，公共投資がこれまで景気調整手段として役立ってきたことが念頭におかれ，事業量は極力確保された。図13-3からも，公共投資の対GDP比は低下したとはいえ，他国を大きく上回る水準で推移していたことがわかる。このようななかで，85年の先進5カ

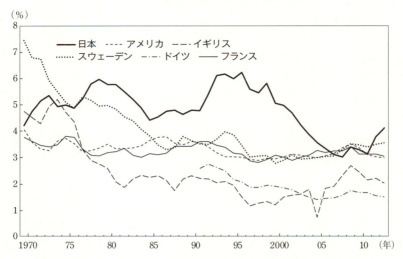

図13-3 政府固定資本形成の対GDP比の推移

注: ドイツは統一後の数字のみ表示。また，93SNAから08SNAへの変更があるため，アメリカのみ*OECD Economic Outlook No. 90*の数字を使用。
出所：*OECD Economic Outlook No. 94* [2013], OECD Economic Outlook Statistics and Projections (database).

国（G5）財務相・中央銀行総裁会議によるプラザ合意が招いたドル安・円高誘導のショックを緩和するために内需拡大策が採用されたが，これはニクソン・ショック以後の出来事と類似している。86年の前川レポートにおいて提唱された内需拡大の施策は，その象徴といってよい。同様のことは，86年の日米財務相会談による宮澤・ベーカー共同声明，87年の先進7カ国（G7）財務相・中央銀行総裁会議におけるルーブル合意でも確認されている。

しかし，円の切上げ，公共投資を中心とする内需拡大策がとられてもなお日本の経常収支黒字幅が縮小しなかったことから，1989～90年に日米構造協議が行われた。その最終報告においては日本が2000年度までに合計430兆円という大規模な公共投資を行うことが公約され，それを組み込んだ「公共投資基本計画」が地方自治体も巻き込む形で展開された。これに，バブル崩壊以後の不況対策として，所得税と法人税を中心とする減税政策が加わった。公共投資と減税は，1990年代に繰り返された総合経済対策の柱となった。

## 4.2　日本型経済政策の変容と財政・金融の一体化

　公共投資と減税を繰り返せば，巨額の公債累積が発生するのは当然である。バブル崩壊後は特例公債への依存が進み，1995年には政府が「財政危機宣言」を行った。これは公債依存度を引き下げるべく97年に成立した財政構造改革法へとつながり，財政再建の動きが本格化したようにみえた。

　この法律は，アジア通貨危機の発生もあり，1年余りで「棚上げ」されたが，財政再建を模索する過程で公共投資が批判の対象となったことは重要である。図13-3にある通り，公共投資の対GDP比は1990年代後半以降，急低下した。この傾向は，「聖域なき構造改革」を掲げて「小さな政府」路線をとった小泉純一郎内閣や「コンクリートから人へ」を唱えた民主党政権においても継続され，他の先進諸国とほぼ同じ水準まで低下した。

　公共投資を主軸とした財政政策が機動性を失ったのと入れ替わるように，金融政策が経済政策の主役へと踊り出た。財政再建という重石がある以上，財政赤字を拡大させることなく実施できる金融政策が積極的に活用されるようになったのは，不思議なことではない。

　実際，「財政危機宣言」が出された1995年には，政策金利であるコール市場金利は0.4％まで低下した。「ゼロ金利政策」が正式に採用されたのは99年であるが，その政策は90年代半ばからの継続だったと考えられる。ここで重要なのは，94年に市中銀行の金利が完全に自由化されたのを受けて，政策金利は公定歩合からコール市場金利へと変更され，これが公開市場操作によりコントロールされるようになったことである。公共投資と減税により作り出された巨額の公債残高の存在が，このような政策を可能にしたのである。

　1.2でふれたように，1970年代のインフレへの反省から中央銀行の独立性が重視されるようになったが，日本においても97年の日銀法改正により中央銀行の独立性が法的には達成された。しかし，99年からのゼロ金利政策や2001年からの量的緩和政策にみられるように，日銀法改正の後にむしろ財政と金融の一体化が進展した。量的緩和政策の実施は，とりわけ重要である。ゼロ金利政策により政策金利が下限に達したなかで，それでも金融緩和を追求するために，日銀は政策手段を金利から金融機関が日銀にもつ日銀当座預金残高に変更した。このために日銀は，図13-4に示したように，大量の長期国債を買い入れるようになった。こうした施策は「非伝統的な金融政策」と呼ばれている。

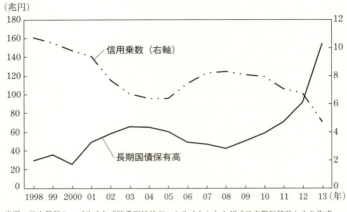

図 13-4 日銀の長期国債保有高と信用乗数の推移

出所：日本銀行ウェブサイト「時系列統計データサイト」および「日本銀行統計」より作成。

　ただし，日銀当座預金残高を積み上げたとしても，銀行から企業へと資金が流れて金融緩和の効果が生じるかどうかは，議論が分かれるところである。これは，日銀当座預金を含むベースマネーと，実際に市中に貨幣量がどれだけあるかを示すマネーストックとの差の問題といってもよい。量的緩和の効果をはかる指標の1つとしてしばしば信用乗数といわれる，マネーストックをベースマネーで除した値が参照されるのは，このためである。図 13-4 をみると，量的緩和政策が行われた 2001 年から 06 年までの間に信用乗数は著しく低下したことがわかる。また，政策目標だったデフレの克服も成功したとはいえない。そのため，日銀の政策がいかなる経路を通じて経済に働きかけるのか，具体的には日銀の長期国債買入れがどのようにして貨幣供給量の増加およびインフレ期待の増大を引き起こすのかという，量的緩和政策の「トランスミッション・メカニズム」が問題視されたのである。

　一方でこの政策は，金融市場のグローバル化が深化しているなかにあって，国際金融市場の不安定性を増幅させ，それが日本経済の混迷を招いたとも考えられる。事実，量的緩和政策によってアメリカよりも日本の金利が低く据え置かれたために，調達コストの安い円を獲得して，相対的な高金利状態にあるドルで運用する「円キャリー・トレード」を促し，それがアメリカで発生した住宅バブルの一要因ともなったからである。このバブルの崩壊が，リーマン・ショックとそれ

に続く欧州債務危機へとつながったのである。

　こうして醸成された金融危機に対処するために，先進諸国は世界的な金融緩和競争へと舵を切っていった。上でみたように，金融自由化が進展している状況で他の国・地域と比べて相対的に高金利状態を維持してしまうと，海外から多額の短期資本の流入を招き，自国通貨高による輸出の減退を引き起こしてしまうためである。2010年4月のギリシャ危機以後，アメリカ連邦準備制度理事会（Federal Reserve Bank：FRB）や欧州中央銀行（European Central Bank：ECB）がさらなる追加緩和の姿勢をみせると，日本も同年10月5日に「包括的な金融緩和政策」を導入したのはその証左である。これは，日銀が保有する長期国債残高を銀行券発行残高以内に抑制する「銀行券ルール」をも形骸化させる内容を含んでおり，財政と金融の一体化のさらなる進展を意味していた。

### 4.3　新たな経済政策の模索

　2012年12月に成立した第2次安倍晋三内閣によるいわゆる「アベノミクス」もまた例外ではない。日銀は13年4月4日に「量的・質的金融緩和」を導入し，2年程度の期間を念頭に2％という物価上昇率を設定し，長期国債の保有残高を年間約50兆円のペースで増加するよう買い入れることを決定した。長期国債の買入対象は超長期の40年債まで拡大され，買入の平均残存期間もそれまでの3年弱から7年程度に延長されている。長期債の代表銘柄が10年債であることを考えれば，市中銀行の国債保有期間が短期化し，より日銀引受に近い状態が作り出されたことを意味するとも考えられる。図13－4に再度戻れば，このたびの日銀による長期国債買入がまさに「異次元」の水準であることが理解できる。ちなみに，2％という物価目標は「インフレ・ターゲティング」とも呼ばれ，人々の期待に働きかけることで金融緩和の効果を生じさせようとする措置である。ただし，インフレ・ターゲティングは他国においては，物価抑制を達成するために，物価上昇率の上限目標値を設定する政策のことをさす。

　しかし，このような大胆な政策によっても，人々の生活が容易に改善されることはないと考えられる。単身世帯と非正規雇用の増大により，伝統的な家族と雇用は決定的に崩壊しており，景気好転が即，生活の安定につながることはないからである。実際，戦後最長の好景気ともいわれた2000年代の「いざなみ景気」のもとでも，貧困率の上昇はとどまることがなかった。この傾向は今後も変わる

ことはないだろう。

　こうしたなかで，社会保障の削減にも切り込んだ小泉内閣から一転，福田康夫内閣以降，社会保障制度改革が課題となり，社会政策の面において新たな展開が模索されている。ただし，第12章でふれたように，「社会保障と税の一体改革」は消費税増税などによる財源の多くが債務の償還と既存制度の維持に向けられており，生活困窮の波が収まったわけではない。また，東日本大震災が発生したこともあり，2012年に成立した消費税増税法案のなかには，「消費税率の引上げによる経済への影響等を踏まえ，成長戦略並びに事前防災及び減災等に資する分野に資金を重点的に配分するなど，我が国経済の成長等に向けた施策を検討する」という条文が盛り込まれている。「国土強靱化」のスローガンを掲げた公共投資は，「アベノミクス」を構成する重要な施策としても位置づけられている。

　人々の生活を保障し，持続可能な社会を支える経済政策の形は，いまだ明確な輪郭をみせてはいない。現在の社会状況に対応した適切な経済政策とはどのようなものであるか，考えていく必要がある。

### Column ⑪　理論を批判的にとらえる態度

　IS-LMモデルは，その単純さゆえ，学部レベルの経済学の導入として適している。しかし，モデルの単純さは，「豊かな現実」を抽象化して得られる諸刃の剣であることも理解しておく必要がある。

　1.3では，貨幣供給量Mの水準を，あたかも中央銀行が自由にコントロールできる変数であるかのように説明した。しかし，中央銀行が貨幣供給量を直接操作することはできない。事実，3.2でも説明したように，量的緩和政策により日銀がいくら国債を買ったとしても，貨幣供給量が伸びない場合がある。日銀が実際にコントロールできるのは貨幣供給量ではなく，（名目）金利にすぎないからである。信用乗数の低下は，この事実を端的に示している。

　現在は，金利が限りなくゼロに近い「ゼロ金利」状態にある。そこで，ゼロ金利のもとで金融緩和は可能なのか，という疑問も生じる。通常のIS-LMモデルでは「不可能だ」という答えが導かれる。このモデルは，（名目）金利の低下を通じた景気刺激効果しか想定していないからである。金利が下限に達し，金融政策が効かなくなる現象は，「流動性の罠」と呼ばれている。

　他方で「可能だ」という者もいる。現実の人間は，IS-LMモデルのように物価が変動しない「短期」的な経済現象のなかで生きるわけではなく，将来を見据えながら生きている。そうであれば，たとえゼロ金利状態であっても，人々の「期待」

に働きかけることにより，金融緩和の効果をもたせることができる。たとえば，将来の物価上昇が「予想」され，貨幣価値が次第に失われるという「期待」をもたせることができれば，人々は現在の消費を増やすに違いない。このような考えが，「インフレ・ターゲティング」論の基礎にある。

ただし実際には，「異次元緩和」によっても人々の期待に働きかけることがきわめて難しいことが示されつつある。IS-LM モデルであろうと最新の経済モデルであろうと，つねに理論を批判的にとらえ，現実との距離を注視していくことが，経済政策の理解にとって非常に重要な態度なのである。

## Keyword

社会資本　合理的期待形成仮説　内発的発展　トランスミッション・メカニズム
インフレ・ターゲティング

## 参考文献

① 宮本憲一［1976］『社会資本論（改訂版）』有斐閣
② 井手英策編［2014］『日本財政の現代史 I　土建国家の時代 1960〜1985 年』有斐閣
③ 佐藤滋・古市将人［2014］『租税抵抗の財政学——信頼と合意に基づく社会へ』岩波書店
④ 田代洋一・萩原伸次郎・金澤史男編［2011］『現代の経済政策（第 4 版）』有斐閣
⑤ 齊藤誠・岩本康志・太田聰一・柴田章久［2010］『マクロ経済学』有斐閣

①は，公共投資について，社会資本論の観点から理論的かつ歴史的に学ぶことができる古典的研究である。②は，本章でみた日本型経済政策の特質を，公共投資と減税により階層間・地域間の利益配分をはかる「土建国家」メカニズムに見出している。③は，そうした減税政策に象徴される「小さな政府」がどのように形成されたのかを，「租税抵抗」を切り口に，理論・歴史・国際比較の観点から学ぶことができる。経済システムの維持と財政とのかかわりを知るためには，経済政策全般にわたる領域横断的な知識が求められる。④はそのための格好のテキストである。⑤は最近のマクロ経済理論について，日本の経済政策の現状をふまえつつ解説している。

## 演習問題

① 戦後の欧米先進諸国の経済政策について整理しなさい。
② 欧米先進諸国と比較しつつ，高度成長下の日本の経済政策の特質を述べなさい。
③ 1990 年代後半以降，日本の財政金融政策がどのように変容したのか，整理しなさい。

❖佐藤　滋

第 14 章

# グローバル化と財政

## 1 グローバル化のインパクトと財政的課題

### 1.1 グローバル化の背景とインパクト

　財政学が主要な対象としているのは，国家単位で成立する財政の制度・政策である。それは，財政とは公権力が行う財源の調達とその使用のことであり，かつ現実に公権力とは何よりもまず国家（地方政府を含む）であることによる。

　しかし，1980年代以降にあらわとなったグローバル化傾向は，国家という単位の国際社会における地位の自明さを揺さぶりつつある。こうした状況を，財政学はいかにとらえ，考察することができるだろうか。

　1970年代後半以降の経済のグローバル化を促した根本的な要因は，第2次世界大戦後の国際政治経済において覇権国としての地位を占めたアメリカの経済力の低下であった。戦後に成立した国際通貨体制としてのIMF体制（ブレトン・ウッズ体制）は，基軸通貨国アメリカによる国際流動性供給に依存したが，アメリカの国際収支赤字が深刻化して金準備が激減すると，71年のニクソン・ショックを直接の契機として崩壊へと向かった。後述するように，これは国際経済関係の安定と各国の財政政策の自由裁量とを両立させるための制度的条件が失われることを意味し，代わって国際協調を通じた財政・金融政策の国家間調整が国際経済の安定に果たす比重が高まった。

　また，IMF体制が崩壊した後の国際金融市場において，流動性の制約を取り除き，世界経済の拡大を促す手段として金融自由化が進んだ。その結果，1980年代以降に国際金融取引規模は飛躍的に拡大し，間接資本の国際移動が活発化し

た。こうした金融のグローバル化状況において，頻発する国際金融危機が国債信用の問題に直結し，国家財政がデフォルトを起こすケースが生じるなど，一国の財政運営が国際金融市場の動向に左右される度合いが増してきた。

また，多国籍企業の成長に伴い国境を越えた企業内取引や国際的な租税回避行動が増加し，所得課税の軽減を国家間で競う「底辺への競争」が懸念されはじめた。今日では，経済活動が原則として一国内で完結することを前提とした税制に対し，**国際課税**と租税政策の国際協調という課題が突きつけられている。

戦後の国際政治を支配した東西冷戦が，西側資本主義陣営の「勝利」という形で1980年代末に終結したことも，グローバル化傾向を後押しした。90年代以降，資本主義，市場経済が全世界的に浸透し，自由化の進む世界経済・金融システムへの旧東側諸国や発展途上国の編入が進展した。それは，東西陣営に世界が分割されるなか，両陣営が体制拡大を目的とした開発援助競争を繰りひろげる時代の終焉をも意味したため，開発援助という国際的な所得再分配政策についても新たな課題を生み出した。

さらに，地球温暖化や新型ウィルス問題，移民・難民の増加による国際人権問題，国際金融市場の不安定化など，国際協調による対応とそのための費用分担を要するグローバル・イシューの台頭も，グローバル化に付随する現象である。こうした状況に対する既存の国家間調整や国際機関の対応力には疑問が呈されているが，国民国家の集合体である国際社会に統一政府は存在しない。並行して，国際NGO・NPOなどの，特定のイシューに対して一定の専門性と活動資源を備えた市民活動が活発化した結果，多様化したアクター間の相互作用に基盤をおく「グローバル・ガバナンス」の生成もみられる。これらは，国家という公共的課題への対応主体のグローバル化状況における限界を示している。

もっとも，ヒト・モノ・カネの国境を越えた移動の活発化という意味でのグローバル化は，1980年代以降に特有の現象ではない。たとえば，移民という形での労働力の国際移動は，19世紀以来存在してきたし，国際貿易の自由化は20世紀後半を通じて進展した。しかし，昨今のグローバル化は，かつてのそれとは異質である。とくに，交通手段と情報通信技術の飛躍的な発達は，距離と時間という物理的な制約を取り払い，企業活動の国際的展開を後押しするとともに，各国の金融市場をリアルタイムで連動させた。また，情報通信技術の発達は，情報管理について国境を無力化し，インターネットを含むメディアを通じたグローバ

表 14-1 財政の 3 つの機能とグローバル化に伴う財政課題

| | | 国家財政の国際的課題 | 超国家的枠組みにおける財政的課題 |
|---|---|---|---|
| 財政の機能 | 資源配分 | ・国際課税（法人・個人所得）<br>・国際的な租税競争圧力<br>・グローバル（・リージョナル）イシューへの国際協調に基づく対応 | ・超国家的組織（国連諸機関，IMF，世界銀行，地域別開発機関等）のガバナンス<br>・超国家的政府（欧州連合）のガバナンス<br>・イシュー別国際協調とその費用分担（安全保障，地球温暖化対策等）<br>・グローバル・タックス |
| | 所得再分配 | ・冷戦終結や世界経済の変化に伴う政府開発援助の意義・方針の再定義 | |
| | 経済安定化 | ・財政・金融政策の国際協調の重要性の高まり<br>・国際資本移動の激化が財政運営に与える影響の強まり | |
| 支配的な政策思潮 | | ・新自由主義的政策思想の主流化（およびそれに対する揺り戻し・対抗）<br>・一元的・垂直統制的統治から，多元的・ネットワーク的統治へ（市場化，市民セクターの活性化，地方分権化） | ・新自由主義的政策思想の主流化（およびそれに対する揺り戻し・対抗）<br>・制度的に確立された国際機関の役割が重視される状況から，多様なアクター間の相互作用に基盤をおく多層的なグローバル・ガバナンスへ |

出所：著者作成。

ルな世論形成を後押ししてもいる。

　こうした傾向と並行して，新古典派経済学に裏打ちされた新自由主義的政策思想に基づき，民営化と規制緩和，すなわち国家の役割の縮小と市場原理の強化が進んだ。ただし，国家単位では所得格差や貧困の深刻化による社会不安の高まり，そして国際的には金融・経済危機の頻発に代表されるように，市場原理の強化が生み出す副作用もあらわとなっており，新自由主義的路線に対する批判やオルタナティブの模索も続いている。

## 1.2　グローバル化状況における財政的課題

　さて，グローバル化状況において重要性を増しつつある財政制度・政策上の課題を，大きく 2 つの側面に分けて整理しておこう。1 つは，国家財政がそれ自体で完結せず，国家間の調整・協調を必要としたり，国際的な要因からの影響を受けたりする結果として生じる「国家財政の国際的課題」であり，もう 1 つは，国家単位を超える（グローバルあるいはリージョナルな）組織基盤や責任領域を有する主体の財政活動の課題という意味での「超国家的枠組みにおける財政的課題」である。これらの 2 側面について本章が取り上げる事項を，第 1 章でふれたマスグ

レイヴ（R. Musgrave）が掲げた財政の3つの機能に対応させつつ，全体を支配する政策思潮とともに整理したのが表14-1である。

以下では，財政学の立場からとくに押さえるべき基本的な論点として，まず国際課税と**租税競争**，そして**政府開発援助**の問題を取り上げる。そのうえで，2007年に生じたリーマン・ショック以後の財政金融政策の動向や，グローバル化が社会保障財政に与えたインパクトについて考えてみたい。

## 2 国際課税と租税競争

### 2.1 国際課税の基本原則

国境をまたいで経済活動が展開されると，各国がそれにいかに課税するか，すなわち国際的な課税が問題となる。第6章で述べたように，所得課税の方式には居住地課税と源泉地課税がある。居住地課税は，個人については恒久的住居を有するまたは一定期間居住する国，法人については本店または主たる事業所が所在する国が課税権をもつ方式である。それに対して源泉地課税は，所得を発生させた経済活動が行われた源泉地における課税権を認める方式である。

このとき，A国に本社がある法人がB国で発生させた所得に対し，A国が居住地課税，B国が源泉地課税を行えば，二重課税が生じる。逆にA国が源泉地課税，B国が居住地課税を行えば，その所得はいずれの課税も免れる。現実にはそうならないよう，各国が国内法で課税ルールを定めるほか，二国間（もしくは多国間）の租税条約に基づく国際的な調整も行われる。日本は1955年の日米租税条約を皮切りに条約締結を進め，2014年4月1日現在では62カ国・地域との間で51の租税条約を結んでいる。租税条約にはOECDのモデル条約と国連のモデル条約があり，日本を含む高所得国は前者をひな形として内容を定めている。

表14-2に示したように，日本は全世界所得課税の原則をとっており，居住者および内国法人の所得は，その源泉が国内か国外かを問わず，すべて課税される。しかし，その国外源泉所得に対して源泉地国も課税を行えば，二重課税が発生してしまう。それを排除するために，国外源泉所得については日本の課税による負担税額から，源泉地国の課税による負担税額を一定の限度内で控除する。これは外国税額控除方式と呼ばれ，多くの主要国が採用している。

そして，非居住者および外国法人の場合には，国内源泉所得のみが課税される。

**表 14-2 国内法上の納税者の区分と課税所得の範囲（日本）**

A. 個 人

| 納税者の区分 | | 課税所得の範囲 |
|---|---|---|
| 居住者 | ・国内に住所を有する個人<br>・現在まで引き続き1年以上居所を有する個人 | すべての所得（全世界所得） |
| | 非永住者 ・日本国籍を有しておらず，かつ，過去10年以内において国内に住所または居所を有していた期間の合計が5年以下である個人 | ・国内源泉所得<br>・国外源泉所得（国内払い・国内送金分に限る |
| 非居住者 | 居住者以外の個人 | 国内源泉所得のみ |

B. 法 人

| 納税者の区分 | | 課税所得の範囲 |
|---|---|---|
| 内国法人 | 国内に本店または主たる事務所を有する法人 | すべての所得（全世界所得）<br>※ただし，外国子会社配当益金不算入制度の適用を受ける配当については，その95％相当額を益金不算入。 |
| 外国法人 | 内国法人以外の法人 | 国内源泉所得のみ |

出所：財務省ウェブサイト（http://www.mof.go.jp/tax_policy/summary/international/）。

その際，何を国内源泉所得と認定するかが問題となるが，所得税法および法人税法においては，事業または資産から生じる所得一般にかんする包括的な規定（包括的ソース・ルール）と個別の所得類型（利子，配当その他）にかんする個別的な規定（個別的ソース・ルール）が定められている。

そのうえで，国内で事業を行う「恒久的施設」（Permanent Establishment：PE）をもつ外国法人に対して国内（源泉地）での課税がなされるが，その方法は大別して2つある。1つは「総合主義」と呼ばれ，当該外国法人のすべての国内源泉所得に総合課税する方式である。もう1つは「帰属主義」と呼ばれ，当該外国法人が国内でもつPEに帰属する所得（国内源泉所得に限らない）に課税する方式である。日本の所得税法および法人税法は「総合主義」をとっていたが，OECDモデル条約も日本の租税条約の大半も「帰属主義」に立っていることをふまえて，2014年度税制改正で「帰属主義」への移行が決定された。

## 2.2 移転価格税制とタックス・ヘイブン税制

事業，組織編成，資金の調達・運用など，企業活動が複雑なグローバル展開を

強めるなかで，各国の課税権を侵食する国際的租税回避の防止は難題である。ここでは代表的な防止策の概略をみておく。

まず，移転価格税制である。国際的に活動する企業グループ内部の企業間取引においては，取引価格を操作して，グループ全体としての税負担を人為的に軽減することができる。たとえば，A国の法人所得課税がB国のそれよりも軽いとしよう。A国の企業がB国の企業へ製品を輸出するとき，製品価格を通常の市場価格より高く設定すれば，B国の企業から税負担の軽いA国の企業へ所得が移転され，全体としての税負担が軽減される。このような人為的な取引価格（移転価格）の設定によるグループとしての租税回避行動を防止するのが移転価格税制であり，日本では1986年に導入された。

移転価格税制は，内国法人のうち，一定の資本関係や支配権を有するなど特殊な関係にある外国法人との取引を有する法人に適用される。そして，外国法人との間の取引を，独立した企業同士で形成される通常の取引価格（独立企業間価格）で行われたものとみなして，課税所得が再計算される。なお，一方の国における移転価格税制の適用によって納税額が増加すると，その分，他方の国における課税との二重課税が生じる。そのため，日本では納税者の申告に基づく租税条約締結国との間での「対応的調整」も行われている。

しかし，移転価格税制を発動するかどうかを判断するにあたり，取引を行う企業間のグループ企業的関係の有無や取引価格の適切さを判断する基準や方法は，しばしば不明確である。また，独立企業間価格の算定方法は複数あるが，実際には比較対象となる類似の独立企業間取引が存在しない場合もある。そこで，概算的・間接的な算定方法が工夫されているが，事例によっては問題も生じる。

次に，タックス・ヘイブン（tax haven. 租税回避地）税制を紹介しておく。A国の個人・法人が株主となっている別法人の外国子会社がB国に所在するとき，この子会社の所得にA国の課税権は及ばない。A国が課税しうるのは，外国子会社の利益がA国の株主に配当されたときのみである。このとき，B国の法人所得課税が著しく軽ければ，B国所在の子会社が配当を行わずに所得を留保して，A国の課税を免れたまま留保所得を再投資する租税回避行動が可能となる。この問題は，オフショア金融センターの発達や多国籍企業による節税対策の高度化に伴い，税率が著しく低い，または無税であるタックス・ヘイブンへの所得や金融資産の流入という形で顕在化している。その対策として発展したのがタックス・

ヘイブン税制であり，日本では1978年に導入された。

　日本のタックス・ヘイブン税制である外国子会社合算税制は，外国子会社の留保所得を，一定条件を満たす国内株主に配当された株主の所得とみなして課税する。適用対象は，法人所得税が存在しない，もしくは税率が20％以下である国・地域に本店等を有し，日本の居住者または内国法人がその株式の50％超を保有する外国子会社の株式を10％以上保有する国内株主である。

　なお，タックス・ヘイブンに該当する国・地域において外国子会社等の所得・資産が適正に把握され，その情報が親会社のある国の税務当局に提供されてこそ，タックス・ヘイブン税制は機能する。そこで，租税にかんする情報交換協定や徴収共助，送達共助などの税務行政執行共助条約の締結も進んでいる。

### 2.3　租税競争と法人所得課税

　経済活動がグローバル化するなかで，国際的な二重課税対策や課税の真空地帯の是正，租税回避への対策などと並行して，法人課税や資本所得課税における「底辺への競争」(race to the bottom) が発生するかどうかが問題となっている。この議論によれば，グローバル化のもとで，企業はその立地選択において各国の税負担の水準を考慮する。また，間接資本も国際移動が容易である。税負担の高い国は敬遠され，軽課税国に資本が流入するため，各国は他国の動向をみながら，法人所得や資産所得の税負担引下げに走る可能性がある。

　このように減税競争が起きれば，各国は税収の確保に支障をきたす。また法人所得や資産所得の税負担はおもに高所得者層に帰着するため，その減税は所得再分配の観点から問題を招きかねない。そこで，「有害な租税競争」(harmful tax competition) の国際協調による抑制が課題となった。とくに欧州連合（EU）では法人所得税の課税ベースの共通化が検討されるなど，先行的な試みがみられる。

　日本における現行の法人税負担が適正かどうかについては検討の余地がある。しかし，日本の法人税負担が国際的にみて高すぎるために引下げが必要だという経済団体などの主張は，第7章でみたように，慎重に吟味する必要がある。

　第1に，日本における法人税の法定実効税率が相対的に高いとしても，その比較においては課税ベースの差異が考慮されていない。

　第2に，日本の法人税の対GDP比は他の先進国や近隣アジア諸国より高い。ただしそこには，法人税の対象となる法人の範囲が広く，また日本企業は海外進

出度が低いため全世界納税額に占める国内納付比率が高いという事情がある。

　第3に，近隣アジア諸国と比べて日本の法人税負担が重いとしても，企業は公的負担の水準のみにより立地を決定するわけではない。当該国におけるインフラの整備状況や経済・社会情勢の安定度，現地で獲得できる人的資源の質，製品消費地との近接性などが，立地決定において少なくとも税負担水準と同等に重要である。そうであるならば，近隣アジア諸国との租税競争に走ることにより，税収と公共サービスを犠牲にすることが，日本経済の国際競争力の向上に資する良策であると，単純に結論づけるわけにはいかない。

## 3　開発援助の財政とガバナンス

### 3.1　開発援助とその動向

　政府開発援助（Official Development Assistance：ODA. 以下，「開発援助」）とは，OECDの開発援助委員会（Development Assistance Committee：DAC）が作成する援助受取国・地域リストに掲載された発展途上国・地域に対し，おもに経済開発や福祉の向上を目的として公的機関が供与する，贈与や条件の緩やかな貸付（借款）等のことである。それは途上国に対する直接の贈与・貸付である二国間援助と，世界銀行など開発援助を任務とする国際機関に対する拠出である多国間援助とに分けられる。ただし，国際機関への拠出のうち，拠出国がその使途を特定国・地域への援助と指定するものは，二国間援助に分類される。

　ところで，表14-1では，開発援助をグローバルな所得再分配の問題として整理した。ただし，開発援助は国家間の資金移転であり，貧困層に直接給付されるわけではないし，その事業はインフラ整備や公益事業の再建のように資源配分機能を帯びるものもあれば，マクロ経済の安定化機能を発揮することもある。しかし，開発援助が高所得国から中・低所得国への財源移転であり，その目的が経済開発や福祉の向上とされている点に着目すれば，それはグローバルな所得再分配ととらえることができる。

　ただし，現実には，旧植民地が次々に独立国家となり，開発（development）が国際課題に浮上した第2次世界大戦後の国際政治のもとで，開発援助は政治的・戦略的な意味合いを帯びて展開された。とくに1980年代までの東西冷戦構造のもとでは，東西両陣営が自陣営に友好的な発展途上国の政権基盤の強化を開発援

助で後押しした結果，場合によっては人権抑圧的な非民主的政権への援助もなされた。

　また，資本主義対社会主義という経済体制間の対立のもとで，開発援助は特定の経済システムの発展途上国への浸透をはかる手段でもあった。たとえば西側陣営からは，市場経済をベースとする先進工業国型の開発路線が発展途上国に輸出されたが，それは経済発展を通じた福祉の向上に必ずしも結実しなかった。とりわけ，1980年代に発展途上国を襲った累積債務危機への対応として進められた構造調整政策（structural adjustment policy）は，自由化・民営化と財政・金融の緊縮政策を推し進めたものの，マクロ経済の安定や市民生活の向上に結びつかず，開発援助への失望を招いた。

　1990年代に入り，冷戦の終結は体制間対立に結びつけられてきた開発援助政策に戦略と意義の問い直しを迫った。また，構造調整政策が挫折し，開発援助の実効性への疑念が深まるなかで，先進諸国では「援助疲れ」の風潮が深まった。こうした状況のもとで，開発援助政策において新たな動きが生じた。

　1つは，経済・社会発展を促進または阻害する要素としての「ガバナンス」への着目である。世界銀行は2002年の『世界開発報告』において，「良いガバナンス」を「市場を支える制度的環境を促進するための国家の能力」と定義し，その具体的な内容として，①私的所有権の創設・保護・施行，②競争促進的な規制の提供，③適切なマクロ経済政策による，市場が機能するための安定的環境の創出，④汚職の不在，の4点をあげた。その核心は，公共部門における汚職の除去と政策実行能力の向上，および商取引の法制をはじめとする経済活動を支えるルールの実効性確保，すなわち政治・行政システムの再構築にある。

　1990年代から2000年代を通じて，途上国におけるガバナンスへの関心が高まった。08年には，世界銀行の対途上国融資総額の18.8％にあたる46.5億ドルが「公共部門ガバナンス」と「法による統治」関連のプロジェクトであった。また，12年の全世界のODA総額（二国間＋多国間）の10.5％にあたる188.1億ドルが「政府・市民社会」セクターに向けられている。

　その背景には，援助供与国側に「援助疲れ」が広がり，開発援助効果の阻害要因として受取国側の政情不安や行政能力の欠如が強調されるようになったことがある。また，1980年代末からの東欧諸国における市場経済化プロセスが，市場を公正に機能させる前提条件としての私有財産権の確立や市場取引ルールの整備，

公的な規制・監督能力などの重要性を明らかにした。並行して，東アジア諸国の急速な経済成長における政府の役割にも注目が集まった。

もう1つの新たな動きは，貧困削減と最貧国向け援助への開発援助の重点化である。1980年代の構造調整政策が不調に終わると，構造調整政策向けの貸付（構造調整貸付）による公的債務の返済困難が，低所得国を中心に顕在化した。さらに，旧来は大国の軍事的・経済的支援により政権の安定を保っていたサハラ以南アフリカや中央アジアの国々が，冷戦終結に伴う大国の政策転換を受けて，政情不安と経済的混乱に陥るケースが続発した。

こうした状況に呼応して，国連ミレニアム開発目標（Millennium Development Goals：MDGs）に代表される「貧困削減」の重視が打ち出された。そして1999年に導入されたのが，貧困削減戦略（Poverty Reduction Strategy）という援助枠組みである。貧困削減戦略は，国際開発協会（International Development Association：IDA. 世界銀行グループの1機関）融資対象国（2014年4月現在で82カ国，うち40カ国はアフリカ諸国）のすべてに適用され，対象国には貧困削減の3カ年計画である貧困削減戦略ペーパーの策定が義務づけられた。

この間の政府開発援助の地域別純受取額を示したのが，図14-1である。2000年代に入り，サハラ以南アフリカ，中央・南アジア，そして中東向け援助が著しく拡大している。この傾向は先進国間の協調と国際機関のイニシアティブにより生まれたものであるが，図14-2から明らかなように，アメリカの開発援助額が00年代に入って突出している。中東向け援助にみられるように，アメリカを軸とする世界戦略が開発援助の動向を左右することも依然として事実である。

### 3.2 開発援助と発展途上国の財政・ガバナンス

こうしたなかで，発展途上国における財政運営を含めた政策決定の自主性・自律性に注視すべき変化が生まれた。それは，開発援助の供与側が援助対象国や援助対象事業を決定する際の選別性（selectivity）の強化と，途上国ガバナンスの重視のさらなる強まりである。

選別性の強化は，コンディショナリティ（conditionality）の緩和と表裏一体で進行した。コンディショナリティとは，開発援助の供与にあたり，受取国が履行すべき条件のことである。1980年代には，構造調整貸付が，国営企業の民営化，政府支出の削減，税制改革，金融市場の自由化などの厳しいコンディショナリ

図 14-1 ODA（2国間＋多国間）の地域別純受取額（2011年基準の実質額）

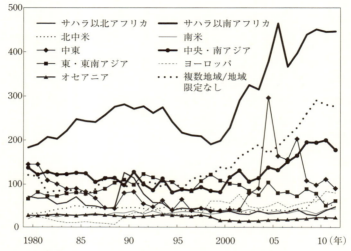

出所：DAC-OECD, Aid Disbursements to Countries and Regions (DAC2a).

図 14-2 ODA（2国間＋多国間）の純支出額（2011年基準の実質額）

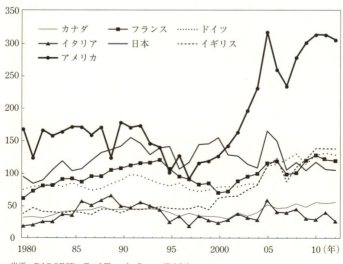

出所：DAC-OECD, Total Flows by Donor (DAC1).

ティを伴い,援助供与国・機関による受取国の経済・財政政策に対する介入が深まったため,コンディショナリティに対する批判が高まった。そこで,90年代後半以降,世界銀行などの国際機関や国別援助機関はコンディショナリティを緩和し,その内容決定に際しての被援助国とのコミュニケーションも強化した。つまり,被援助国の自主性を尊重する方向で改革が進んだわけである。

しかし,その裏面で選別性の強化が進んだ。すなわち,援助案件ごとに課すコンディショナリティを緩める一方で,被援助国の貧困削減やガバナンス向上に対する取組みを包括的に評価し,その評価をもとに援助対象国や援助の規模・内容を決定する,いわば包括的かつ継続的な評価に基づく選別が行われるようになったのである。

前項でふれた貧困削減戦略の対象国には,貧困削減戦略ペーパーの作成とそのIMFと世界銀行による承認が求められ,それが援助を受ける前提条件となる。貧困削減戦略ペーパーには,当該国における貧困削減の目標値や医療,教育など基礎的サービスの向上目標が掲げられ,経済成長戦略と所得再分配の取組み,財政支出計画,それらの実現可能性を担保するためのガバナンス向上のための具体策などが包括的に盛り込まれる。ペーパーの策定プロセスにおける被援助国の主体性への配慮はあるものの,ペーパーに掲げた政策への取組み状況と政策目標の達成度が,援助の対象や規模・内容の決定基準となる。

選別性の強化は近年のアメリカの援助戦略（とくに2004年に創設された"Millennium Challenge Account"）に顕著であるが,他の援助国にも同様の傾向がみられる。IMFと世界銀行は加盟国すべてに対する原則無差別の対応を原則としているが,両機関への出資国からの選別性の強化を求める声も小さくない。

なお,貧困削減戦略における被援助国の主体性の重視や最貧国援助への重点化により,ガバナンス向上の重要性はさらに強調されることとなった。被援助国の主体性を尊重しつつも,援助効果を確保しようとすれば,被援助国の政策実行能力が決定的に重要となる。また,援助対象が政治的安定性,法的ルールの社会への浸透,行政能力などの劣る最貧国に重点化されれば,ガバナンス関連援助の必要性は自然に高まる。

なお,貧困削減戦略は,最貧国向け援助への重点化と新興国などそれ以外の国に対する民間資金活用の促進という,近年の基調の一環をなす。最貧国への援助の重点化と並行して,金融自由化や民活投資の活用により,開発援助からの卒業

と自立がより多くの発展途上国に求められるようになっている。

## 4　グローバル化と財政の役割

### 4.1　財政政策の自律性低下と財政・金融の一体化

　経済，とりわけ金融のグローバル化は，IMF 体制の 1970 年代における崩壊と変動相場制への移行を発端とする。米ドルの金兌換が停止された変動相場制のもとで，アメリカはドルによる対外支払を制限なく行うことができる。そのため，基軸通貨としてのドルが世界的に過剰な状態が恒常化し，その吸収のために金融自由化による投資機会の確保が図られてきた。

　しかし，こうした構図のもとでは，投機的資本移動の激化によるバブルと金融危機が頻発する。1980 年代の途上国累積債務危機，97 年のアジア通貨危機，2002 年のアルゼンチンの通貨危機などがその典型である。中・低所得国が通貨危機に見舞われた場合，金融市場への外資導入の進展，外貨準備の不足，ドル建て政府債務の過多などに起因して，短期資本の流出による為替レートの下落が金融市場の動揺と財政破綻に直結する。しかも，グローバル化した金融状況のもとでは，一国の通貨危機が脆弱性を抱えた諸国に直ちに伝播してしまう。

　このような状況では，発展途上国における**財政運営の自律性**が損なわれる。それはおもに 2 つの理由による。第 1 に，通貨危機に瀕した国を救済し，危機の伝播を防ぐのは，おもに IMF の任務である。しかし，第 3 節でみたように，IMF 融資にはコンディショナリティが伴い，当該国の経済・財政運営は IMF の管理下におかれる。つまり，加盟国の財政政策の自由を下支えするはずの IMF 融資が，現実にはそれに制約を課すこととなる。第 2 に，外資による通貨アタックを避けるため，各国はマクロ経済の基礎的諸条件（ファンダメンタルズ）を良好に保つ必要がある。財政規律の厳格化はその一環である。とくに発展途上国は財政赤字の許容範囲が著しく狭まり，財政運営の自由度が限定される。

　ところが，今日，金融のグローバル化は，先進諸国の財政金融政策をも変質させた。それが鋭く示されたのが，2008 年のリーマン・ショックに端を発した世界金融危機である。アメリカの経常収支赤字の拡大を背景に，海外に過剰に蓄積されたドルは，00 年代後半には住宅バブルに沸くアメリカの証券市場に流入した。この住宅バブルの崩壊が，アメリカのみならずヨーロッパの金融システムを巻き

> Column ⑫ もはや経済成長は幸福度を高めない？

所得をはじめとする生活条件の不平等が個人の健康や行動，ひいては人間関係や社会的安定に及ぼす広範な悪影響について論じ，世界的なベストセラーとなったR. Wilkinson and K. Pickett, *The Spirit Level: Why Greater Equality Makes Societies Stronger* (Penguin, 2009) という本がある（酒井泰介訳［2010］『平等社会——経済成長に代わる，次の目標』東洋経済新報社）。

この本のなかで，著者のウィルキンソンとピケットは，「一国における経済成長の追求は，低所得国においては市民生活の向上をもたらす重要事であるものの，一定の経済水準に達した国々においてはもはや人々の幸福度を高めることはない」と結論づけた。

その根拠を彼らは丹念に論じているが，世界各国における1人当たり国民所得の水準と平均寿命や幸福度との関係をみるだけでも，それはかなり明白だという。というのも，1人当たり国民所得が1万ドル以下の低所得国の場合には，1人当たり国民所得の向上が著しい平均寿命と幸福度（自分は幸せだと思う人の割合，すなわち主観的幸福感）の改善につながるが，その関係は1人当たり国民所得が高まるにつれて急速に弱まり，3万ドル以上の高所得国（日本はここに含まれる）については国民所得の向上と平均寿命や幸福度との関係は消え去るのである。

したがって，今日の高所得国がさらなる経済成長の追求に躍起になることは，短期的な雇用や所得の維持には役立っても，長期的・大局的な見地からみた幸福度，あるいは物質的側面に限らず文化的・精神的側面を含む実質的な市民生活の向上のためには意味がないといえそうである。このことは，所得の増加がもたらす追加的効用は所得が高まるにつれ減少するという，限界効用逓減の結果として説明することもできる。反対に，低所得国においては，いまだに経済成長が実質的な重要性を帯びているわけである。

だとすれば，金融のグローバル化や公共サービスの市場化など近年の政策基調が，世界の最富裕層に偏った恩恵をもたらしつつ，先進諸国から開発援助に振り向ける財政余力を奪い，低所得国の自立を妨げていることは，皮肉であるばかりでなく，不正義であるとさえいわなければならない。こうした状況を変えるためにも，今後の財政学はグローバルな視野を備えることが必要であろう。

---

込んで，すぐさま世界的な金融危機へと発展した。

世界金融危機とその危機対応を通じて，2つの問題があらわとなった。1つは，金融グローバル化の際限なき進行が，財政金融政策による一国レベルの自律的・裁量的な政策展開をますます困難とし，緊密な国際協調を不可避とさせたことで

ある。EUは，共通通貨ユーロを導入し，また欧州中央銀行（ECB）を創設して，金融政策のリージョナルな自律性の確立をめざしてきたが，世界金融危機によりその限界が明白となった。ヨーロッパ各国がアメリカ発の金融危機から甚大な影響をこうむり，ギリシャ，アイルランド，スペインなど脆弱性を抱えた国々が深刻な金融・財政危機に見舞われた結果，EU金融当局はIMFとの協調による巨額の国債買入れや金融機関への資本注入を強いられた。金融市場がグローバルな一体性を強めれば，緊密な国際協調のもと，各国の財政金融政策を絶え間なく調整していかざるをえないということを，一連の事態は示した。

　もう1つは，**財政・金融の一体化**が世界的に進行したことである。日本では，1990年代以来の長期経済停滞と公債残高の急増を受け，極端な金融緩和と中央銀行による大量国債買入が長期化し，財政赤字のコントロールと国債消化余地の確保という財政上の課題に中央銀行が直接コミットする状況が常態化している。そして世界金融危機の後は，ECBやアメリカの連邦準備制度理事会（FRB）も「中央銀行が政府の財政政策に対する独立を保つ」という原則を超えて，量的緩和による金利の抑制と公債買入に踏み出した。このような各国・地域における財政・金融の一体化は，出口戦略がみえないまま深まりをみせている。

　こうして，既存の財政金融政策にかんする理論が説明力を失うなかで，各国の財政・金融当局は有効な政策指針をもたないまま，グローバル金融のインパクトにさらされ，綱渡りの国際政策協調を重ねる現状にある。

### 4.2　グローバル化と社会保障財政

　財政学にとって重要な論点として，グローバル化の進展が社会保障財政にどのような圧力をかけるかという問題がある。とくに，いわゆる新自由主義的な立場からは，国際的な租税競争圧力に応じた租税負担の抑制は不可避であり，各国とも社会保障支出を中心に歳出削減を進めざるをえないと主張されてきた。

　このような「小さな政府」志向あるいは「大きな政府」持続不可能論は，まったく的外れだというわけではない。実際，1980年代半ば以降，スウェーデンやデンマークなどの北欧諸国でも社会保障支出は抑制されてきた。グローバル化と高齢化に直面する先進諸国は例外なく，社会保障支出の再編を迫られている。

　しかし，グローバル化，高齢化，さらに国際競争の激化による雇用の不安定化は，財政の社会システム維持機能の重要性を高める，という点にも注意を向ける

必要がある。それはたんに，高齢化が年金や介護サービスのニーズを高め，雇用の不安定化が失業給付や就労支援を必要とさせる，というだけではない。重要なのは，社会システムと経済システムの双方を支える人的資源投資にかかわる政策・制度について再評価が進んでいる点である。

たとえば，生涯学習や技能訓練の充実は，失業期間を短縮させて所得保障を強化するだけでなく，人的資源の質的向上と労働力の成長産業への移動を促進し，一国の経済成長に寄与する。就学前教育を含む基礎教育の充実は，子どもの成育環境の保障により機会の平等を高めると同時に，将来の人的資源の質的向上にも結びつく。保育サービスや（男女含めた）育児休業給付の拡充は，女性（母親）の就労促進による人的資源の有効活用だけでなく，子育て世帯の所得向上とジェンダー平等をも促進する。

このように，社会保障政策の人的資源投資としての性格を重視し，社会保障の削減ではなく積極的再編を志向する考え方は社会的投資（social investment）アプローチと呼ばれ，EUの経済・社会戦略やOECDの政策提言に明確な影響を与えつつある。実際に，社会保障支出が大きい国ほど経済成長率が低かった1980年代とは状況が一変し，近年では社会保障支出の大きさと経済成長率の水準との間に一律の関係はみられない。また，生活保障における家族の役割が重視されたために社会保障政策が発展しなかったが，近年の年金支出の急増を背景に社会保障支出が遅れて拡大しつつあった南欧諸国が，世界金融危機において軒並み危機的状態に陥った。その反面，「大きな政府」の代表である北欧諸国が良好な経済パフォーマンスを維持したことも記憶に新しい。こうした状況が，社会的投資への着目と，社会保障支出の大小そのものは本質的な問題ではないという認識の広まりを後押ししている。

ただし，北欧諸国における税財源・公的サービス供給中心の社会保障制度に揺らぎがみられることも事実である。また，社会的投資アプローチの受容のされ方は国によりさまざまであるし，その具体的な制度化にあたっては，生活保障の切下げを招く可能性もある。たとえば，人的資源投資の色彩が薄い高齢者向け給付は削減される可能性がある。また，女性の就労促進のために1人親世帯への所得保障給付（家族手当）を削減すれば，所得保障が後退する可能性もある。とくに権利保障の意識が比較的希薄な国では，社会的投資アプローチが高齢者向け給付の削減や母子世帯，障がい者など政治的マイノリティの切捨てを正当化しかねな

い。要するに，社会保障の社会的投資としての再評価が，その権利保障としての性格を軽視することにつながれば，社会的投資アプローチは新自由主義的政策を支持する論理にすぎなくなることに注意しなけらばならない。

## 5　多層的ガバナンスと財政学のフロンティア

　グローバル化の進展に伴って，国家単位の自律的な政策展開を前提として国際社会の課題を論じることは難しくなりつつある。財政も例外ではない。財政運営全般における国家の自律性の低下が国家主権を侵食しつつあるといってよい。こうした状況においては，国家間の交渉力の不均等や国際経済・金融メカニズムの作用をふまえた，公正かつ緊密な国際協調を模索する必要がある。

　また，さまざまな政策分野において，いかなる権限をグローバル／リージョナルな超国家レベルに移譲して一体的取組みを推進すべきか。反対に，国家レベルにとどめおくべき権限とその範囲をいかに画定すべきか。加えて，中央政府より住民に近い地方政府への権限移譲，すなわち地方分権という課題もある。問われるのは，**多層的ガバナンス**の内に，公共的意思決定の場と政策実施の主体とをどのように設けていくかである。

　こうした問いの背後には，制度的インフラとしての財政システム，すなわち費用分担と支出配分の制度設計が必ず付随する。従来から，地球温暖化対策に代表される課題別の国際協調枠組みや各種の国際機関に対する各国の費用分担のありかたは論争の的となっている。また，より根本的な次元に目を向ければ，予算や税制にかんする国家単位の自律性の揺らぎは，国家単位での領域支配や市民的権利・義務の構成という，近代主権国家体制のほころびを意味している。国際財政論あるいはグローバル財政論なるものが今後発展するとすれば，それは経済学のみならず政治学，社会学における諸議論をも視野に入れた，学際的な基礎をもつものとなっていくであろう。

**Keyword**
　国際課税　租税競争　政府開発援助　財政運営の自律性　財政・金融の一体化　多層的ガバナンス

**参考文献**

① 植田和弘・新岡智編［2010］『国際財政論』有斐閣
② 片桐正俊編［2014］『財政学――転換期の日本財政（第3版）』東洋経済新報社
③ ヘルド，デヴィッド＝アントニー・マッグルー（中谷義和，柳原克行訳）［2003］『グローバル化と反グローバル化』日本経済評論社
④ Morel,N., B. Palier and J. Palme eds. [2012] *Towards a Social Investment Welfare State? Ideas, Policies and Challenges,* Bristol: Policy Press.

　①は「国際財政」をタイトルに掲げた数少ないテキストの1つ。国際的，あるいはグローバルな財政問題を幅広くカバーする。②の第13章「グローバル化と財政の国際化」（兪和）および第14章「財政金融政策の国際的展開」（佐藤滋・井手英策）は，グローバル化と財政の関連について，有益な議論を展開する。③は，グローバル化を巡る論争をバランスよく整理しつつ，グローバル化の多面性，複雑性，およびグローバル・ガバナンスへの展望を明らかにする。④は，福祉レジームの再編が叫ばれる今日における，社会的投資アプローチの意義とその限界を，ヨーロッパ諸国の具体的事例をもとに論じる。

**演習問題**

① 日本の財政にかんする論議において，グローバル化や国際化はどのような文脈で言及されているか。新聞記事のみならず，政府税制調査会や財政制度等審議会の資料，経済団体の提言などの資料を手がかりに整理してみよう。
② 1990年代以降，世界の開発援助の思想や手法が変化をみせるなかで，日本の開発援助政策はいかなる経緯をたどったか。
③ 金融のグローバル化が財政運営に及ぼすメカニズムについて，先進国と発展途上国で共通する点，異なる点は何か。また，先進国のうち，アメリカ，EU諸国（ユーロ圏）および日本がおかれた状況はいかに異なるであろうか。

※ 高端　正幸

# 終章 現代社会と財政の課題

　現代財政を学ぼうと考えるとき，その対象・視点自体が，その人のもつ問題意識——社会保障の将来，地方分権，財政危機，「民営化」，景気対策など——から出てくることが多い。この場合，重要なのは，次々と打ち出される「改革」キャンペーンの奥に潜む問題を解き明かすことである。

　財政民主主義は，それぞれの国に特有な多元的利害を汲みとる政策過程を含む政策・制度の展開であり，国民国家としての政治システム・経済システム・社会システムを維持する役割を果たしている。これが本書の問題意識であった。ただし，どのような財政制度であれば社会の統合に役立つのか，すなわち制度内容を問うことは，やはり重要である。

　では，現代社会の行方を考える場合，財政はどのような役割を果たすのか。本書を閉じるにあたり，財政による社会統合を巡るこれからのおもな課題について整理してみたい。

### ■ 普遍的サービスと選別的サービス

　公共サービスにおいて重要なのは，普遍的サービスと選別的サービスを適切に組み合わせることである。

　所得・資産を問わずに全国民を対象とする普遍的サービスは，基礎的教育，保健医療，保育，介護などの広義の対人社会サービス，年金，雇用保険，傷病手当，休業手当などの社会保険に代表される社会保障給付，そして公園，上下水道，防犯・消防，国土保全などの生活環境整備である。これらは，生活の基盤を整える共同体機能を担う。もちろん，平和の実現，道路整備なども普遍的サービスである。また，国民は「自分も公共サービスの受益者である」との認識をもっている

ほど租税の存在を肯定的にとらえやすい，という面からも，普遍的サービスに対する国民の評価が問われる．すなわち，普遍主義が公共サービスの原則である．

たとえば，第12章でふれた児童手当（子ども手当）が，子どもは親の付属物ではなく，子ども自身が社会で育つ権利をもち，それを社会全体で保障する，という趣旨をもつ制度であれば，給付を普遍的に行う論理が成り立つ．

他方で，生活条件の不利な者を対象とする選別的サービスによって，階層間再分配が行われる．貧困世帯に対する生活保護・就学援助などの公的扶助，就労支援などがこれに当たる．これらは「格差社会」や相対的貧困率の上昇に対して，生存権保障と社会参加支援の見地から対処するものである．また「機会の平等」の見地から家庭環境に由来する資産格差を緩和する，との視点も存在する．「所得・富の格差は，各人の努力だけでなく，むしろ家庭事情，能力，運などによるところが大きい」のであれば，再分配は拡大する．

ただし，生活保護などの「不正受給」が過大に報道されると，世論は「制度縮小」の方向に流れることがある．実際には，第12章でふれたように「不正」はまれである．逆に，福祉制度の利用資格のある人が利用できていないケースもある．福祉制度運営の実態調査を積み重ねることが，制度改革の前提である．

### ■ 地方分権と地域政策

地域政策には，普遍的サービスと地域間再分配とが同居している．上で述べた居住・生活環境整備に加えて，地域の産業インフラおよび産業振興も普遍的サービスである．それらを担うのは地方政府であり，地方分権すなわち地域住民に身近な政府が地域民主主義によって政策を決定することが原則となる．

ただし，そこに財政力格差があれば，地域間再分配が必要になる．地域間再分配は，財政調整制度，すなわち標準的な地方公共サービスの財源を地方税だけではまかなえない地方政府へ財源を移転する形で行われる．これは，第9章で述べたように，地域ごとに所得水準が異なるために地方税収格差が生じることや，住民の年齢構成・自然条件などにより標準的サービスを行うための経費が異なることによる．また，財政力格差が住民と企業の行動に無用な影響を与えることを防ぐという点，地域間を移動する人々について一生を通じた地方公共サービスの受益と負担をバランスさせるという点，そして地域を超えた国土全体としての環境保全という点でも，財政調整制度は重要な意義をもつ．

東日本大震災復興のような災害対策や将来へ向けた防災・減災についても，地方分権は重要である。もちろん緊急の災害救助における中央政府の支援は必要であるが，中長期的な生活支援，公共施設と住宅・事業所の再建，地域経済の再生等について，地域の事情は多様である。地方政府のグランドデザインを尊重し，その財源を保障することが課題となる。

　なお，人口減少が予想されている日本の場合，公共施設の老朽化対策と維持管理にあたっても，第13章でふれた公共投資最優先型の地域政策を復活するのは現実的でない。建設工事を発注しても，それは「供給力」すなわち資材・技術や労働力をつくり出すわけではないので，資材価格の高騰，技術者・一般労働者の不足を招きやすい。事業ニーズ，事業予算および事業者・労働者・資材の供給を地域ごとに調整することが課題となる。

### ■ 少子高齢化対策と教育・文化政策

　いずれの国においても，前世代から後世代への移転は，子育て，教育，小児医療，科学技術・自然環境・交通体系の継承などの形をとる。逆に，後世代から前世代へは，賦課方式年金，高齢者医療・介護などの形で移転が行われる。

　高齢化率，高齢者への所得保障と公的医療・介護保障の水準などは国ごとに異なる。しかし，長寿化の実現と合計特殊出生率の低下に伴う少子高齢化傾向は先進国に共通している。財政制度を通じた世代間再分配についても，高齢者の生活保障を適切なレベルで確保するとともに，子育て支援，教育などの面で公共サービスの現物給付と現金給付を充実することが課題となる。また，相続・贈与による家族内の世代間資産移転は，若者同士の間の資産格差を拡大させてしまう。さらに，高齢者同士の間の所得・資産格差は大きいことも考慮すれば，所得税，相続税，贈与税の役割は重要である。

　なお，移民の流入に寛容な政策をとる国では，人口構成の少子高齢化傾向は緩和される。ただし，人口に占める移民とその子孫の割合が高まれば，社会の民族的・文化的多様性も高まり，それらの調和をはかる社会サービス・現金給付の急増について国内の合意を保つという課題も拡大する。

　また，経済危機や不況に際して，在職期間の短い者から順に人員整理の対象になるとすれば，若年者・移民の失業者が増大する。とくに若年失業率が高まると，高齢者向け生活保障への批判や移民排斥の主張にもつながりかねない。そこで，

社会サービス・現金給付による再分配の方向性が問われることになる。

　子育ての延長上にある初等中等教育は，社会システム維持サービスの中核をなす。それは生徒個々人だけのために行われるのではなく，家族と地域社会の維持・発展を支える人間形成に資するからである。また，科学・技術の研究発展と高度職業人の育成を結びつけた高等教育は，経済システム維持サービスでもあり，さらに民主主義の基盤を育成する意味では政治システムの基盤である。これらの役割は，学校の設置形態——国公立か，私立か——を問わない。とくにグローバル化が進む今日，社会科学，人文科学および自然科学の発展を通じた教育水準の向上と国際的な相互理解・文化交流の促進が進められている。それぞれの国家にとって，家庭の所得・資産格差，親の学歴などによる子どもの間の格差拡大に歯止めをかけつつ，地域ごとの民主主義的なコントロールを重視した教育・文化政策を展開することが課題である。

### ■ 経済政策と環境政策

　投資条件の整備と労働能力の強化をはかる財政政策としては，経費支出のみならず，政策税制，政策金融，公企業なども活用される。具体的には，本書でみてきたように，交通・通信，エネルギー，研究開発，高等人材育成などの産業基盤が整備され，産業を育成・維持する補助金が支給され，投資を優遇する租税減免措置がとられる。需要面では，不況期に公債発行を伴いつつ公共投資や減税を行い，有効需要を拡大することによって企業の収益を拡大し，それを家計所得と雇用の増大に結びつける政策が展開される。

　また，環境対策は社会システム維持のために重要である。ただし，それを「経済的には負担だ」とみるのは適切ではない。人々は生活環境が向上すれば幸福度が高まる。それが環境政策に対する需要を生み出す。したがって，環境の改善を生産・流通・消費する財・サービスの質向上としてとらえれば，それは経済活動の分野でもある。

　さらに，海面上昇や異常気象を促進する権利，あるいは呼吸器疾患を蔓延させる権利を，個々の人間あるいは企業に認めるのは適切ではない。それに加えて，短期的利益を重視する企業・業界団体は，環境問題を軽視するおそれがある。そこで，経済活動に伴い増大した二酸化炭素（$CO_2$）による地球温暖化，粉じん・ばい煙・硫黄酸化物（$SO_X$）・窒素酸化物（$NO_X$）による微小粒子状物質（PM2.5）

が引き起こす大気汚染などに対する社会・経済システム維持政策は，国家もしくは国際機関がコントロールして人々が共同消費する公共サービスとなる。

たとえば地球温暖化対策としては，$CO_2$排出量に応じて化石燃料に課税する炭素税，総量規制を行ったうえで排出権取引を認める手法，森林の保護・再生などが試みられている。また，化石燃料と原子力から再生可能エネルギーへの転換，廃棄物のリサイクル促進および安全処理など，環境配慮型産業構造を志向した規制と補助金の方向転換も，それぞれの国で課題とされている。

### ■ 租税国家の課題

現代国家は，租税，すなわち公権力による強制的な貨幣徴収を収入の中心とする租税国家である。この点に揺らぎはないのだろうか。

先進諸国において，租税・社会保障負担に占める一般消費税の割合が高まっていることは事実である。しかし，第7章でみたように，それは個別消費税に取って代わっているにすぎず，消費課税全体としての水準は停滞している。個人所得税をはじめとする所得課税が租税・社会保障負担の中軸であることに変わりはない。課税ベースをできる限り広げた所得課税および資産課税において累進的負担を課したうえで，それに消費型付加価値税が加わるのが現代税制の基本型である。なお，近年急増している社会保障負担（社会保険料）は，その負担構造が逆進的であることが問題とされている。

第7章で述べたように，法人企業にとっては，市場アクセスと情報獲得の利便性，賃金と労働市場，物価・地価，為替相場，教育・技術水準，治安，保健衛生，産業インフラ，規制等が立地選択の主たる要因であり，税制は要素の1つにすぎない。むしろ，法人は公共サービスの受益者であるため，事業活動を支える経済システム維持サービスに対する応益負担の評価が，税制の多様性を生み出す。たとえば，経済のグローバル化は迅速な行動を要請し，時間の価値を高めるので，政府が空港・情報通信網などを整備し，教育を高度化して人材を育成することが重要になる。また，経営者も労働者も，家族を含めた生活のコストを重視する。たとえば，公的医療制度が整備され，それが私的医療保険より低コストで運営されれば，家計の負担は低下する。それは，企業からみても労働者の保健管理コスト軽減につながる。さらに教育と治安の水準が高いことは，企業の人材確保と労務コスト軽減に役立つ。そのような公共サービスおよびそれを支える租税負担で

あれば，定着しうるのである。

　日本の場合，法人所得の実効税率が先進国のなかでも高いといわれる。しかし，課税ベースが相対的に狭く，社会保険料の雇用主負担が高くないことを考えれば，法人負担が重いとはいえない。さらに，新興国・途上国と比較する場合も，さまざまな租税公課（法人税，社会保険料，固定資産税等）や社会保障制度発展の状況を総合的に評価する必要がある。

　なお，第14章で述べたように，企業もしくは個人が租税負担を回避するために，所得や資産を低税率の国・地域に移す動きもみられる。しかし，国家はそれぞれ対策を講じている。一方で，外国に設置した支社や子会社が生んだ所得について，その国（所得の源泉地国）で納める租税と国内（所得者の居住地国）で納める租税が二重課税にならないように，外国税額控除もしくは国外源泉所得非課税の制度がとられる。他方で，不当に課税を逃れる行為に対しては，税率が著しく低い国・地域（タックス・ヘイブン）に設けた子会社に留保された所得を内国法人の所得と合算して課税する外国子会社合算税制，国外からの過剰な借入による支払利子を経費や損金と認めない過少資本税制，外国に設けた関連会社との不自然な取引を独立企業間の取引額に修正して課税する移転価格税制，所得に比して過大な利子を関連者間で支払う場合に一定額を超える分を経費や損金と認めない過大支払利子税制などの対策がとられている。とくに租税条約の締結やOECDの協議により，諸国間で課税上の情報交換，徴税協力などが進められ，企業の情報報告義務が拡大されてきた。先進国は，タックス・ヘイブンに対しても，課税上の情報を提供するよう外交圧力を強めている。

## ■ 世界的規模の生存権──格差是正・環境・平和

　先進国と新興国および途上国との間に所得格差が存在する現在，国際的な地域間再分配としての政府開発援助（ODA），すなわち国際機関の活動および二国間協力も重要である。そこに人類としての一体感があれば，国際援助は世界的規模の経済，社会発展，環境保全などに寄与する。また，グローバル化が進んで人々の国際的移動が日常化すれば，感染症，貧困，治安などの対策は先進国の国民にとっても「他人事」ではない。とくに，第1次世界大戦から生まれた国際連盟，第2次世界大戦から生まれた国際連合は，それぞれ国際紛争解決の面ではしばしば問題が顕在化するものの，難民保護，飢餓・貧困対策，保健衛生の向上，労働

者・女性・子どもの権利拡大などの面で成果を上げてきた。

「賃金や社会保険料負担，すなわち労働コストが低い国」「環境規制の甘い国」へ企業が「逃避」すなわち生産拠点を移すとすれば，それは経済発展が相対的に先行する国の賃金と労働条件を引き下げる。しかし，いつまでも新興国・途上国の賃金水準・労働条件が低く，環境規制が甘いとは限らない。むしろ，国際機関などの活動を通じて世界的な人権拡大，勤労者の生活向上，環境保護などを支援し，所得・生活の格差是正を進めれば「逃避」は次第に無意味になる。

世界規模の環境問題，たとえば地球温暖化対策について，国ごとの$CO_2$排出量上限設定を巡って，先進国と新興国・途上国の意見が対立している。問題を打開するための焦点は，省エネルギーと再生可能エネルギーへの転換を促進する環境対策技術の国際協力である。

対外関係や民族・宗教等を巡る緊張は体制の危機を招く。この点は，第2次大戦後70年を経た現在も変わらない。とくに，軍事費は国民の支持と戦闘状況に影響されるので，財政悪化と政治危機をもたらしうる。平和の実現は，民族・宗教等の共存を政治システムとして確立し，貿易，投資，観光，文化交流を通じて経済システムを支えるとともに，民族・文化の多様性を尊重する多文化社会として個々人の生存権を保障することで社会システムを強化する。平和は，将来世代が生きる持続可能な社会の基盤である。

### ■ 「財政健全化」の方向性

現代国家の財政収支が悪化する場合，以下のようなケースが考えられる。第1に，社会保障関係費が増大しているにもかかわらず，社会システム維持サービスの市場化もしくは再家族化に過度の期待を抱いて増税を回避しようとすれば，給付を支える税収を確保できない。第2に，対外関係や民族・宗教等を巡る問題が緊迫すれば，軍事，治安等の政治システム維持サービスにかんする経費が急増する。第3に，不況時にケインズ主義な景気対策を行っても，それが中・低所得層の将来不安を緩和する社会保障政策と結びつかなければ，消費は伸びにくいので，景気回復による税収増大は限定的になる。第4に，投資の促進をめざして所得税の累進性緩和，金融所得減税・法人減税等を行っても，それが投資増加に結びつくとは限らず，むしろ景気拡大時に税収が伸びにくくなる。第5に，バブル経済が崩壊したとき，金融機関救済のために公的資金を注入すれば政府債務が拡大す

る。これらの要因が重なれば，財政赤字は慢性化する。

　もちろん，財政が赤字でも，直ちに体制が揺らぐわけではない。しかし，財政赤字が慢性化すれば，それが財政危機・政治危機を招くことがある。たとえば，公債を外国投資家が保有する割合が高ければ，公債売却による値下りと通貨値下りが同時に起こる。償還困難に対して，国際機関が介入して緊縮財政を国民に強制すれば，「外圧」による国家主権の喪失という認識が高まり，政治危機を招く。とくに，地域経済統合に参加している国で政府債務不履行のおそれが生じれば，危機波及防止，通貨価値維持のため，周囲の国からの圧力も強まる。また，政府に対する国民の不信が強い国では増税に対する抵抗が強く，そのような国では社会保障関係費の増大とともに財政赤字が急増する。さらに，軍事費の支出は国際情勢と国民世論に影響されるので，いったん増大すると削減が困難になり，財政悪化と政治的信任の低下をもたらすおそれがある。

　日本の場合，第7章，第8章などでみてきた通り，政府債務は膨大であるが，その最大の理由は租税負担が軽いことである。給与所得者の所得税負担は先進国のなかでも最も軽い部類に入り，金融所得の税率も低い。消費型付加価値税の税率もEU諸国の税率と比較すれば明らかに低い。政府が保有する資産が多く，これまでは公債の9割以上が国内で保有されており，さらに長期金利が抑えられて，公債の純利払い費が急増しなかったため，問題は表面化しなかった。しかし，少子・高齢化が進行して人口が減少するのに応じて貯蓄率は低下し，経常収支も悪化しており，公債消化の余力は低下している。また，財政赤字が続いたまま景気が回復して投資需要が増えれば，金利は上昇し，公債費の重圧で財政が硬直化する。現状では日本銀行が国債を大量に購入・保有しているが，仮にインフレ懸念が生じた場合，財政赤字補填のために日銀が国債購入を続ければインフレを助長し，貨幣類似資産が大幅に減価して，経済は混乱する。

　そこで「財政健全化」が課題とされているが，それ自体は財政政策の目標とはいえない。目標は，社会を統合し，その持続可能性を高めることである。第12章でみたように日本が「家族主義レジーム」の特徴を有するとはいえ，少子高齢化と家族構成員の分散が進んでいる現在，社会保障の水準を引き下げて共同体としての家族・地域もしくは個人のリスクを増やす基盤は失われている。

　日本の社会保障制度は社会保険の形式を重視しており，とくに逆進性をもつ社会保険料の引上げが繰り返されている。また，消費型付加価値税の税率が高い国

は社会保障と教育の分野で日本を大きく上回る経費を支出している。所得税負担抑制や財政赤字補塡のために消費税率だけを引き上げれば，財政制度全体を逆進的な方向に導いてしまう。税制改革は所得課税，資産課税，消費課税を総合的に拡充してはじめて「財政健全化」につながる。

## ■ おわりに——民主国家における財政の持続可能性

　公共サービスの現物給付と現金給付，そして租税による財源調達を中心とする財政政策の方向性は，それぞれの国の歴史に根ざす政治制度を通じて決定される。選挙で選んだ議員が構成する立法府もしくは行政府の長への信頼が保たれ，予算および租税制度に示される財政政策を国民自身がコントロールしている，との実感が民主国家としての政治システムを安定させるのである。

　予算および税制の政策が決定されるにあたり，資本主義的な経済システムを特徴づける市場原理を重視する財界・業界団体，地域ごとの経済的利害を重視する団体，労働者の利害を代表する労働組合，社会システム維持の意義を強調する社会保障関係団体，消費者団体などがどのように影響力を行使するかは，それぞれ大きな要素である。しかし，それ以上に重要なのは，政策決定の仕組みを形づくる民主主義における政党の政策策定能力である。政党の指導者が政党組織および行政府幹部の合意をはかりつつ，国民の理解を得て立法府の意思決定に導くこと，それが民主国家における財政の持続可能性を高める。ただし，その政策体系は，平和・教育・文化・経済・福祉・環境などの面で国民が将来にわたって生活していく条件を整えるという意味で，社会の持続可能性を高めるものであることが大前提である。

　財政制度の効率性を論じる場合も，決められた政策目標を最小の費用で実現するという意味での内部効率性と，国民の公共サービス現物給付と現金給付に対する需要を満足させるという意味での外部効率性の両方に着目する必要がある。とくに外部効率性は，議会制民主主義を通じて評価されることになる。

　日本財政の持続可能性を語る場合も，租税負担が軽い国ほど増税は困難である現実をふまえて，経費支出と税制の将来像を示すことが求められるのである。

❖ 池上 岳彦

# 索 引

## 事項索引

### アルファベット

ECB →欧州中央銀行
EU　119, 155
FRB →アメリカ連邦準備制度理事会
IMF（体制）　273, 274, 262
IMF＝GATT体制　246
IS-LM分析（モデル）　8, 249, 250, 260
JR　214, 218　→日本国有鉄道（国鉄）も参照
JT　214　→日本専売公社も参照
NISA →少額投資非課税制度
NTT →日本電信電話公社
ODA →政府開発援助
OECD →経済協力開発機構
PFI　198
SNA →国民経済計算
VAT →付加価値税

### あ　行

アイルランド　146, 276
赤字公債　145
赤字国債　7, 149, 150, 152
アジア通貨危機　61, 146, 257, 274
足による投票　172
新しい古典派　247
アベノミクス　62, 259, 260
アメリカ　66, 87, 89, 96, 98, 108, 121-126, 128-131, 146, 159, 162, 166, 169, 171, 191, 226, 230, 245, 246, 255, 262, 271, 273, 274
アメリカ連邦準備制度理事会（FRB）　259, 276
アルゼンチン通貨危機　274
安価な政府　47, 89，→小さな政府も参照
暗黙の政府保証　215
イギリス　66, 87, 122-126, 128, 129, 131, 160, 163, 166, 169, 171, 176, 178, 205, 226, 230, 231, 247
いざなみ景気　259
意思決定過程　43, 174
依存財源　179, 188, 194
イタリア　98, 146

一般会計　73, 209, 212, 214
一般均衡分析　111
一般財源（地方）　188
一般財投　209
一般消費税　20, 122, 126, 137, 284
一般政府　100
一般報償原理　16
一般補助金　169
移転価格税制　267, 285
移転財源　197
移　民　263, 282
──政策　23
医療サービス　221
医療費の抑制　231
医療保険制度　229
インフレ・ターゲティング　259, 261
インボイス方式　139
永久税主義　80
益　税　138, 140
円キャリー・トレード　258
援助疲れ　270
円高不況　59
オイル・ショック　57, 58, 113, 146, 150, 212, 246, 254, 255
応益課税　136, 168
応益原則　104, 166, 188
欧州債務危機　259
欧州中央銀行　259, 276
応能原則　104, 166, 188
大きな政府　5, 18, 23, 245, 247, 251, 254, 276, 277
オーストラリア　169, 224
オフショア金融センター　267

### か　行

会計検査院　79
会計年度独立の原則　70, 72, 212
外形標準　136
外国子会社合算税制　268, 285
外国税額控除方式　265
介護の社会化　222
介護保険　232, 233

289

外　債　145, 152
概算要求組替え基準方式　61
外部性　91
外部不経済　128
開放型補助金　169
価格弾力性　114
格差社会　281
隠れた補助金　134
影の価格　91
家産国家　201
課税自主権　168
課税の公平性　116
課税の中立性　116
課税標準（課税ベース）　116
課税ベース選択論　115
家族主義レジーム（諸国）　226, 235, 254, 287
家族単位課税　118
カナダ　66, 87, 108, 140, 159, 161, 169, 171, 226, 230, 231, 237
ガバナンス　270, 273
　グローバル・――　263
　多層的――　278
　良い――　270
株式会社化　218
簡易課税制度　138, 139
環境（関連）税　103, 128
環境対策　283
患者負担　230, 231
間接税　108, 109
完全雇用　246
還付型税額控除制度　140
官房学　34, 84
かんぽ生命　217
管理通貨制（度）　52, 246
議会制民主主義　288
機会の平等　140, 223, 281
基準財政収入額　192
基準財政需要額　192-194
規制緩和　264
帰属主義　266
義務教育　176, 177, 179, 185
義務的経費（地方）　185, 186
逆進性　139
キャッシュフロー法　113
キャピタル・ゲイン　113, 136
救貧法　222
教　育　236

教育訓練給付　233, 240
協会けんぽ　→全国健康保険協会
共済組合　230
共済年金　227
行政サービス　177, 180
行政府　65, 66, 68, 70
競争入札方式　146
共通善　27, 29, 39, 40
共同作業　244
共同方式　167
居住地（課税）原則　118, 119, 265
ギリシャ　146, 276
ギリシャ危機　259
金為替本位制　246
均衡予算主義　252, 253
近代国家　10, 68
近代財政　6, 46
均等割　189
金本位制　49, 246
金融緩和（政策）　276
　異次元（の）――　218, 261
　包括的な――　259
　量的・質的――　259
金融自由化　259, 262
金融政策　251, 257
　非伝統的な――　257
勤労学生控除　238
クラウディング・アウト　147, 148, 251
クロスボーダー・ショッピング　118
グローバル・イシュー　263
グローバル化（グローバリゼーション）　5, 9, 22, 41, 58, 118, 145, 163, 173, 241, 262, 283
　金融の――　274, 275
グローバル財政論　278
クロヨン問題　134
軍事費　286, 287
景気政策　243, 244
経済安定化（機能）　11, 164, 165, 264
経済安定9原則　55
経済協力開発機構（OECD）　18
経済財政諮問会議　76, 77, 79
経済システム　11, 12, 277, 280, 283
経済社会学　37
経済政策　243-245, 253, 254
経済的中立性　115
傾斜生産　55
経　費　82

経費の生産性　90
経費膨張の法則（ワグナーの法則）　86
経路依存性　42
ケインジアン・クロス　249
ケインズ経済学　32
ケインズ主義　65, 286
ケインズ主義政策　12, 246, 247, 251, 252, 255
決　算　78
限界税率　116
現金給付　82, 220, 222, 223, 235, 245, 288
健康保険組合　229
原産地原則　119
原資見込　206
減　税　256, 257, 283
建設公債　20, 145, 153
建設国債　56, 149
健全財政（主義）　54, 56
源泉地（課税）原則　118, 265
現代国家　68
現代財政　6, 50, 52, 54
現代資本主義論　2
現物給付　82, 223, 231, 233, 288
公営住宅　204
高額療養費　230
公企業　8, 201, 208, 209, 213
後期高齢者医療制度　230
恒久的施設　266
公共経済学　16, 28, 41, 85
公共財　16, 30, 38
公共サービス　11, 19, 82-84, 88, 92, 103, 136, 166, 168, 170, 172, 280, 281, 284, 288
公共事業　92, 151, 156, 206
公共職業安定所（ハローワーク）　233
公共選択学派　29, 30
公共選択論　247
公共投資　9, 91, 153, 165, 249, 253, 255, 257, 283
　──基本計画　256
　──100兆円計画　255
合計特殊出生率　235, 282
公権力　262
公　債　15, 20, 25, 49, 144
　──の大量発行　144
　──不発行主義　149, 150
厚生経済学　85, 92
厚生年金　227
構造調整政策　270, 271

構造的財政赤字　57
公団住宅　204
公的医療サービス　231
公的医療制度　18
公的金融　203
公的年金　221
公的扶助（生活保護）　204, 222
　──制度　234
高等学校の無償化　239
高等教育　237, 239, 283
高度経済成長　55
高年齢雇用継続給付　233
幸福度　275, 283
交付税及び譲与税配付金特別会計　74, 194
交付税率　192, 194
公平性　170
効率性　170
合理的期待形成仮説　247
合理的経済人　28, 30, 36
高齢化　276
国　債　194, 215, 217
　──整理基金　57, 74, 78
　──費　96
　──への運用　208, 209
国際課税　118, 119, 263, 265
国際協調　262, 268
　──枠組み　278
国際財政論　278
国　税　108
『国富論』　105
国民皆年金　56, 150, 227
国民皆保険　56, 150
国民経済計算（SNA）　97, 98, 100
国民健康保険　230
国民所得　248, 249
国民所得倍増計画　252, 253
国民年金　227
国連ミレニアム開発目標　271
個人住民税　189
　──所得割　135
個人所得課税　123
　──の対GDP比　121
個人所得税　20
個人単位課税　117, 124
国　家　1, 10
国家経費膨張法則　6
国庫委託金　194

索　引　291

国庫支出金　169, 179, 180, 182, 184, 194, 197
国庫負担金　194
国庫補助金　194
国庫補助負担金　195
固定資産税　190
固定相場制　246
古典派（経済学）　33, 84, 247
子ども手当　235, 281
子どもの権利条約　222
個別消費税　127, 137, 284
雇用保険　222, 233, 240
『雇用・利子および貨幣の一般理論』　246, 247
コンクリートから人へ　61, 257
コンディショナリティ　271, 273, 274

## さ　行

財源移転　182
財源再分配　170
財源保障　182, 185, 191, 193, 194
　——機能　170
財　政　1, 10
　——の経済的側面　14
　——の国際化　262
　——の社会理論　6, 27, 37, 39, 44
　——の政治的側面　14
　——の特質　16
財政赤字　20, 86, 153, 163, 198, 287, 288
財政運営の自律性　274
財政改革　196
財政学　85
　正統派——　84
　ドイツ正統派——　34, 35, 38, 86
財政議会主義　213
財政危機宣言　257
財政金融政策　243, 246, 252
財政・金融の一体化　276
財政健全化　77, 156, 172, 236, 287, 288
財政硬直化　151, 152, 185
財政再建　58, 157, 197, 257
財政史　2
財政社会学　3, 4, 6, 35, 37-39, 43
財政政策　249, 251
財政調整（制度）　13, 88, 169, 171, 174, 182, 192, 281
財政投融資（財投）　8, 151, 153, 203, 204, 206, 209, 212, 214, 223, 240, 253, 254

——改革　211, 215
——機関　150, 209, 213
——機関債　215
——債　215
——資金　150
財政投融資計画　206, 209
——（2012年）　217
財政民主主義　2, 3, 6, 7, 46-48, 54, 64, 68, 70, 71, 149, 172, 280
財政力格差　170, 281
——是正機能　170
財政連邦主義　164, 165
最適課税論　7, 112, 114, 115, 124, 135
歳入歳出予算　72
財務省　76, 180
——主税局　79, 80
債務保証　203
債務負担行為　72, 73, 195
サービス受給権　234
サブシステム（論）　4, 5, 11, 82
サブプライム・ローン　146
サプライサイド経済学　57
産業革命　204
産業政策　243, 244
産業投資特別会計　208
三位一体の改革　61, 189, 195, 197
3割自治　188
仕入税額控除　138
ジェンダー平等　277
私学助成　239
事業仕分け　61, 77, 92
事業税　189
資金運用部　214
——資金　206, 208, 215
資源配分（機能）　11, 164, 264
資産移転税　128, 129, 141
資産課税　109, 122
資産性所得　124
資産保有税　129, 140
自主財源（地方）　188
支出税（論）　7, 112-115
市場化　241
市場公募債　196
自治事務　185
失業手当　222
実効税率　125, 137, 268, 285
指定管理者制度　198

児童手当　235, 281
使途別分類表　206, 209
仕向地原則　119
シャウプ勧告　55, 131, 189
社会インフラ　149
社会化　241
社会科学　27, 29
社会契約　38
　──説　103
　──の動揺　41
社会システム　11, 12, 220, 277, 280, 283
社会資本　245
社会政策　243, 244, 254
　──的融資　206, 210-212
社会的限界費用　91
社会的セーフティー・ネット　22, 237
社会的投資アプローチ　277, 278
社会統合　1, 9, 66, 71, 241, 280, 287
社会保険　223, 245, 280, 287
　──料　141, 142
社会保障関係費　90, 153, 156, 190, 223 226, 286, 287
社会保障基金　97, 98, 223
社会保障給付　84
　──費　226
社会保障財政　276
社会保障制度（改革）　56, 220, 260
社会保障と税の一体改革　80, 96, 235, 260
社会民主主義レジーム（諸国）　225, 226, 237, 254
衆議院予算委員会　77
集権の分散システム　160, 169, 180
自由主義レジーム（諸国）　226, 230, 237
住宅金融公庫　204, 212, 217
集中過程　87, 163
自由民主党（自民党）　76, 77, 197
住民税　189
首長の優越的地位　184
準公共財　17, 18
少額投資非課税制度（NISA）　134
少子化　222, 223
　──対策　235
少子高齢化　23, 153, 156, 225, 241, 282, 287
少子高齢社会　187
消費（ベース）課税　109, 115, 123
　──の対GDP比　121
消費型付加価値税　138

消費税　59, 137
　──率引上げ　235, 236
情報の非対称性　221
初等中等教育　239, 283
所得（ベース）課税　109, 115
　──法人　189
所得再分配（機能）　11, 20, 164, 165, 173, 204, 264
　　グローバルな──　269
所得税　131, 133, 142, 236, 238
所得捕捉率　134
所得割　189
新経済計画　255
新古典派経済学　5, 28, 30-34, 264
シンジケート方式　146
新自由主義　247, 264, 276, 278
人　税　108
新保守主義　6
信用乗数　258, 260
診療報酬　229, 230
垂直的外部性　168
垂直的公平性　116, 135
垂直的財政不均衡　170
水平的外部性　168
水平的公平　134
水平的財政不均衡　170, 171
スウェーデン　121, 122, 125-127, 129-131, 160, 165, 166, 169, 171, 229, 276
スタグフレーション　246, 247
スペイン　146, 276
聖域なき構造改革　257
税額控除　133
生活保護　185, 186, 234, 281
税源移譲　197
政策協調　163
政策金融　203, 223, 253
政策金利　209
政策決定過程　4, 6, 29, 67
政策税制　223
政策ネットワーク論　67
生産物市場　14, 16
政治システム　11, 17, 280, 283, 288
性質別経費（地方）　185, 186
税制改革　80
税制調査会　79
生存権　222, 223, 241
正のフィードバック　42

セイの法則　33
政府開発援助（ODA）　13, 263, 265, 269, 285
政府関係機関　75, 207, 212, 216
政府間財政移転　169
政府間財政関係　7, 159, 160
政府税制調査会　79
政府の失敗　247
政府保証　203
　――債　150, 208
税率の選択（税率選択論）　115, 116
世界銀行　270, 273
世界金融危機　275, 276
世代間再分配　221, 282
世代間の負担移転　148
折半ルール　194
セーフティー・ネット　17
ゼロ金利（政策）　257, 260
ゼロ国債　73
ゼロ・シーリング　59
全国健康保険協会（協会けんぽ）　230
先進国首脳会議（サミット）　255
選別主義　173, 239
選別的給付　129, 131, 226, 240
選別的サービス　92, 280, 281
総供給　248, 249
総合課税　124, 133, 134, 142
総合主義　266
相互扶助　244
総需要　248, 249
　――の抑制　255
増税なき財政再建　59, 96, 255
相続税　128, 141
相対的貧困率　222
総務省　79, 180, 196
贈与税　129, 141
総力戦　50
租　税　15, 102, 204, 223, 231, 233, 288
　――の外部性　168
　――の簡素の原則　105
　――の帰着　109-111, 129
　――の強制性　102
　――の経済的中立性の原則　105
　――の公平性の原則　105
　――の転嫁　109, 111, 129
　――の無償性　102
　――の歴史　112
　――への同意　38, 39

租税義務説　103, 104
租税競争　137, 163, 165, 168, 265, 269
　有害な――　268
租税原則（論）　7, 105, 188
　スミスの――　105, 106
　ノイマルクの――　107
　マスグレイヴの――　107
　ワグナーの――　106, 107
租税構造（日本）　131
租税国家　11, 284
租税条約　265, 267, 285
租税抵抗　38-41
租税特別措置　245, 253
租税負担配分の原則　104
租税負担率　153
租税法律主義　79, 80
租税輸出　168
租税利益説　103, 104
ソブリン危機　58, 146
損　税　140

た　行

第1号被保険者　232
第1次全国総合開発計画　252
第1次地方分権改革　195, 196
大学教育費　239
第3次全国総合開発計画　255
大衆課税化　54
大衆民主主義　23, 53, 68, 70, 223, 245
対人社会サービス　173, 185, 186, 197, 223, 231, 233, 243, 245, 280
第2号被保険者　232
対日援助見返り資金　208
大日本帝国憲法　47, 48
太平洋ベルト地帯構想　252
多国間援助　269
多国籍企業　263
脱家族化　225, 241, 254
タックス・ヘイブン　285
　――税制　267, 268
タックス・ミックス　115
脱商品化　225, 241, 254
単一制国家　21, 67, 159, 160, 166, 176
単純累進税率　116
炭素税　128
単年度原則　212
地域民主主義　174, 182

294

小さな政府　5, 22, 24, 47, 163, 245, 247, 251, 252, 257, 276
地球温暖化　283
　──対策　284, 286
地方公共サービス　281
地方交付税　8, 151, 169-171, 179, 180, 182, 184, 191-194, 197, 198, 239
地方債　8, 150, 151, 171, 172, 180, 195, 206, 209
　──計画　196
地方財政　176
　──計画　8, 180-182, 194, 198
　──健全化法　198
地方自治体（地方公共団体）　79, 176, 177, 201, 206, 238
　──の独自課税　191
　──の予算　183
地方消費税　189, 190
地方税　8, 108, 133, 174, 179, 195
　──原則　188
地方政府　97, 98, 159, 160, 162, 164, 166, 176, 223
　──の事務　161
地方分権　21, 168, 174, 233, 278, 281, 282
　──化　163
　──改革　163, 171, 196, 197
地方法人特別税　190
中央銀行　260
　──の独立性　257
　──の引受　147
中央政府　97, 159, 160, 162, 164, 166, 176, 223
　──の事務　161
中立命題　149
超過課税　191
超過需要　248
超過累進税率　13, 20, 112, 116, 123, 128, 129, 133, 134
超長期債　152
　──市場　151
重複方式　167
直接税　108, 109
貯蓄　204
直間比率　40
賃金代替　233, 234
積立方式　221, 228
定額補助金　169
底辺への競争　263, 268

定率補助金　169
テネシー渓谷開発公社（TVA）　52
デフォルト　263
　──・リスク　151
デフレーション（デフレ）　48, 258
転位効果　87, 163, 245, 251
転　嫁　108
転減税率　139
伝統的な税源配分論　166
デンマーク　276
ドイツ　87, 90, 98, 108, 122, 125, 126, 129, 159, 163, 166, 169, 171, 226, 235
同　感　31
投資的経費　185
当初予算　77
特殊会社　218
特定財源（地方）　188
特定補助金　169, 194
特別会計　73-75, 209, 212
特例公債　255, 257
都市計画税　190
ドッジ・ライン　55, 96
富の再分配　128
トランスミッション・メカニズム　258

## な　行

内　閣　78
内　債　145, 152
内発的発展　252
ナショナル・スタンダード　170, 191
ナショナル・ミニマム　51, 197
ニクソン・ショック　57, 58, 146, 150, 246, 254, 256, 262
二元的経済組織論　35
二元的所得税（論）　112, 124, 135
二国間援助　269
西ドイツ　255
二重課税（問題）　111, 119, 133, 136, 265, 267, 268, 285
　国家間の──　118
　地域間の──　119
日独機関車論　255
日米構造協議　256
日中戦争　54
日本銀行（日銀）　152, 287
　──貸出　253
　──当座預金残高　257, 258

索　引　295

日本国憲法　54, 71
日本国有鉄道（国鉄）　209, 214, 218　→ JR も参照
日本住宅公団　213
日本政策金融公庫　75, 206
日本専売公社　214　→ JT も参照
日本電信電話株式会社（NTT）　208, 214　→ 日本電信電話公社（電電公社）も参照
日本電信電話公社（電電公社）　208, 214　→ 日本電信電話株式会社（NTT）も参照
日本道路公団　209, 214
日本列島改造計画　255
ニュージーランド　224
ニューディール（政策）　52, 246
認定こども園　239
ねじれ国会　80
納税義務者　109
納税コスト　138
ノルウェー　224
ノン・アフェクタシオン（の原則）　69, 74

## は　行

ハーヴェイ・ロードの前提　251
発展途上国　263, 269
バブル（経済）　60, 150, 211, 286
バブル崩壊　212
バリア・フリー　222
ハローワーク　→公共職業安定所
版籍奉還　47
比較福祉レジーム論　225
東日本大震災　61, 80, 96, 197, 217, 260, 282
非競合性　16
非正規雇用（労働者）　233, 259
非排除性　17
非募債主義　56, 195
費　用　90
　——便益分析　90, 92
比例税率　116, 129
貧困削減　271
貧困削減戦略　271, 273
　——ペーパー　271, 273
貧困率　259
フィスカル・ポリシー　51, 55, 58, 85, 90
フィリップス曲線　246
付加価値税（VAT）　121, 126
　——の実効税率　127
賦課方式　221, 227, 228

福祉元年　58, 255
福祉国家　241
福祉政策　245, 251
福祉目的化　138
福祉レジーム（論）　8, 225, 241, 254
不正受給　234, 281
普通交付税　192, 193
普通選挙制度　54
物価連動債　151
復興金融公庫債　55
復興債　217
復興増税　80
物　税　108
部分均衡分析　110, 111, 114
普遍主義　173, 235, 239, 281
普遍的給付　129, 226, 240
普遍のサービス　92, 280, 281
普遍的対人社会サービス　174
プライマリー・ディーラー制度　151
プライマリー・バランス　154, 156
プラザ合意　59, 256
フランス　98, 122, 124-126, 129, 160, 162, 163, 166, 169, 171, 176, 178, 226
フランス人権宣言　46
ブレトンウッズ体制　146
ブロック経済化　246
ブロック補助金　169
分権型の税源配分論　166
分権化定理　172, 173
分権的な政府間財政関係　174
分権的分散システム　160
分離課税　124, 131, 134, 140, 142
分離方式　167
ペイ・アズ・ユー・ゴー原則　155
閉鎖型補助金　169
平成の市町村合併　196
ベヴァリッジ報告　51
便　益　90
変動相場制　246, 274
包括的所得税論　7, 112, 113, 115, 131
法人擬制説　135, 136
法人事業税　189
法人実在説　135, 136
法人住民税　189
法人税　135
法人税割　189
法治国家　11

法定外税　191
法定自治事務　185
法定受託事務　185
法定相続分課税方式　129, 141
補完性原理　165, 239
保守主義レジーム（諸国）　225, 226, 237, 254
補助金　84, 169, 182, 197
補正予算　78
ポーピッツの法則　88, 163
ポリシー・ミックス　251
ポルトガル　146

## ま　行

マイナス・シーリング　59
前川レポート　256
マクロ経済スライド方式　228
マクロの予算編成　76
マネタリズム　57, 247
マルクス主義経済学　41
ミクロの予算編成　76
みなし仕入率　139
ミニマム保障　98
民営化　57, 198, 217, 218, 264
民間貯蓄　254
民業圧迫　212
民主国家　11
民主主義の発展　4
民主党（政権）　76, 92, 197, 235, 239, 257
民生費　187
無産国家　10, 68, 201
名誉革命（イギリス）　10, 46
免税点制度　138, 139
目的別経費（地方）　185
モラル・サイエンス　5, 31, 34, 37, 38, 43

## や　行

有機体説　103
有効需要　247, 248, 283
郵政公社　217
郵政民営化法　217

ゆうちょ銀行　217
夕張市（北海道）　196
郵便貯金事業　206
ユーロ　155
要素市場　14, 16
予　算　69
　——原則（論）　69, 182
　——国家　68
　——の単年度原則　69, 70
　——編成　76, 77
預託金制度　206, 214, 217
　——の解体　215

## ら　行

ラムゼイ・ルール　114
利子補給　203
立地選択　284
立法府　65
利払い　148
リーマン・ショック　20, 58, 146, 156, 197, 258, 265, 274
流動性の罠　260
流用禁止の原則　212
量出制入　16
量的緩和政策　152, 257, 258, 260
量入制出　16
臨時行政調査会（第2次臨調）　255
臨時財政対策債　194, 195, 198
累進税率　116
累積債務危機　274
ルーブル合意　256
列島改造　58
連結納税制度　118
連邦制国家　21, 67, 108, 159, 160, 166
労働者災害補償保険（労災保険）　233
労働保険　8, 74, 98, 233

## わ　行

ワーク・ライフ・バランス　235

# 人名索引

## あ 行

安倍晋三　62, 259
アレシナ（A. Alesina）　155
井藤半彌　84
犬養毅　53
井上準之助　53
ウェッブ夫妻（S. Webb and B. Webb）　205
エスピング・アンダーセン（G. Esping-Andersen）　225
エリザベス 1 世（Elizabeth Ⅰ）　222
オーツ（W. E. Oates）　164, 172
小渕恵三　61

## か 行

カイツェル（J. Kaizl）　84
カルドア（N. Kaldor）　113
菅直人　61, 62
ケインズ（J. M. Keynes）　8, 29, 33, 34, 246
小泉純一郎　20, 61, 96, 257, 260
コッサ（L. Cossa）　84
ゴルトシャイト（R. Goldscheid）　3, 35, 37
コルム（G. Colm）　35, 37

## さ 行

サイモンズ（H. C. Simons）　113
サッチャー（M. Thatcher）　20, 57, 247
シェフレ（A. E. F. Schäffle）　34
ジェボンズ（W. S. Jevons）　28
シスモンディ（J. C. L. S. Sismondi）　29
シャウプ（C. S. Shoup）　38, 55
シャンツ（G. V. Schanz）　113
シュタイン（L. von Stein）　34
シュメルダース（G. Schmölders）　37
シュンペーター（J. A. Schumpeter）　3, 35-37
神野直彦　4, 11, 98
鈴木善幸　59
スタインモ（S. Steinmo）　4
スミス（A. Smith）　31, 32, 34, 83, 89, 90, 105, 107
セリグマン（E. R. A. Seligman）　37

## た 行

高橋是清　53
竹下登　59
田中角栄　58, 255
ディーツェル（C. Dietzel）　147
ティボー（C. Tiebout）　172
トクヴィル（A. de Tocqueville）　38
ドッジ（J. Dodge）　55

## な 行

中曽根康弘　20, 59
ニスカネン（W. Niskanen）　88
ノイマルク（F. Neumark）　107
野田佳彦　62

## は 行

橋本龍太郎　60, 211
バステーブル（C. Bastable）　85
鳩山由紀夫　61
ハーバーガー（A. Harberger）　90, 92
浜口雄幸　53
原敬　53
バロー（R. J. Barro）　149
ハンセン（A. H. Hansen）　148
ピーコック（A. T. Peacock）　86, 87, 89, 163, 245
ビスマルク（O. von Bismarck）　223
ヒューム（D. Hume）　31
フィッシャー（I. Fisher）　113
ブキャナン（J. M. Buchanan）　29-31, 88, 148
福田赳夫　255
福田康夫　260
ヘイグ（R. M. Haig）　113
ベヴァリッジ（W. H. Beveridge）　51
ペロッティ（R. Perotti）　155
ベンサム（J. Bentham）　28, 33, 34
ボーエン（W. G. Bowen）　148
ホッブス（T. Hobbs）　27, 30
ポパー（K. Popper）　29
ポーピッツ（J. Popitz）　88, 163

## ま 行

マスグレイヴ（R. Musgrave）　11, 107, 164, 264
松方正義　48
マルサス（T. R. Malthus）　29
ムーア（G. E. Moore）　33
メンガー（C. Menger）　28
モディリアーニ（F. Modigliani）　148

## ら 行

ラーナー（A. P. Lernar）　148
ラムゼイ（F. Ramsey）　114
リカード（D. Ricardo）　148
リスト（F. List）　90
リッチュル（H. Ritschl）　85
ルーズベルト（F. Roosevelt）　52
ルロワ・ボーリュ（P. Leroy-Beaulieu）　84
レーガン（R. Reagan）　20, 57, 247
ローゼン（H. S. Rosen）　89
ロビンズ（L. Robins）　28

## わ 行

ワイズマン（J. Wiseman）　86, 87, 89, 163, 245
ワグナー（A. Wagner）　6, 34, 85, 86, 106, 107
ワルラス（M. S. L. Walras）　28

**編者紹介**

池上　岳彦（いけがみ　たけひこ）
　　立教大学経済学部教授

現代財政を学ぶ
*Contemporary Public Finance*　　　　　　　　〈有斐閣ブックス〉

2015 年 3 月 30 日　初版第 1 刷発行
2024 年 5 月 20 日　初版第 2 刷発行

　　編　　者　　池　上　岳　彦
　　発行者　　江　草　貞　治
　　発行所　　株式会社　有　斐　閣
　　　　　　　　　　　　郵便番号 101-0051
　　　　　　　　　　　　東京都千代田区神田神保町 2-17
　　　　　　　　　　　　https://www.yuhikaku.co.jp/

印刷・萩原印刷株式会社／製本・大口製本印刷株式会社
©2015, T. Ikegami. Printed in Japan
落丁・乱丁本はお取替えいたします。
★定価はカバーに表示してあります。
ISBN 978-4-641-18424-4

JCOPY　本書の無断複写（コピー）は、著作権法上での例外を除き、禁じられています。複写される場合は、そのつど事前に（一社）出版者著作権管理機構（電話03-5244-5088, FAX03-5244-5089, e-mail：info@jcopy.or.jp）の許諾を得てください。